Java Programmieren für Einsteiger

Michael Bonacina

2. Auflage: Juli 2018

ISBN 978-1983399404

Herausgegeben durch:
BMU Media GmbH
Hornissenweg 4
84034 Landshut

Java Programmieren für Einsteiger

Inhaltsverzeichnis

Alle Programmcodes aus diesem Buch sind als PDF zum Download verfügbar. Dadurch müssen Sie sie nicht abtippen:
https://bmu-verlag.de/java-programmieren

Außerdem erhalten Sie die eBook Ausgabe zum Buch im PDF Format kostenlos auf unserer Website:

https://bmu-verlag.de/java-programmieren
Downloadcode: siehe Kapitel 15

Kapitel 1

Einleitung

Java ist eine Programmiersprache, die in der Praxis ausgesprochen häufig zum Einsatz kommt. Einer der Gründe hierfür besteht in ihren vielfältigen Anwendungsmöglichkeiten. Beispielsweise gibt es zahlreiche Webanwendungen, die in Java programmiert sind. Diese Sprache kommt dabei häufig für die serverseitige Programmierung zum Einsatz. Es ist jedoch auch möglich, die clientseitigen Teile in Java zu programmieren. Früher waren dafür Java-Applets sehr beliebt. Dabei handelt es sich um kleine Programmteile, die in eine HTML-Internetseite eingebunden sind und die die Möglichkeit bieten, dynamische Internetseiten zu erstellen. Sie waren einer der wesentlichen Gründe für den Erfolg dieser Programmiersprache. Mittlerweile kommen sie jedoch nur noch selten zum Einsatz. Java ermöglicht es auch, gewöhnliche Desktop-Anwendungen zu programmieren. Schließlich kommt diese Programmiersprache für Smartphone-Apps für das Betriebssystem Android zum Einsatz. Diese vielfältigen Anwendungsmöglichkeiten zeigen bereits, welche Bedeutung Java im Alltag hat. Diese Programmiersprache zu beherrschen, eröffnet daher viele berufliche Perspektiven. Dieses Buch stellt eine Einführung in Java dar und vermittelt die grundlegenden Eigenschaften dieser Technik. Es richtet sich dabei an Anfänger, die noch keine Programmiererfahrung haben.

1.1 Java – was ist das?

Der Begriff Java hat viele unterschiedliche Bedeutungen. Selbstverständlich kommt vielen Menschen bei diesem Wort zunächst die Insel in Indonesien in den Sinn. Außerdem handelt es sich dabei um die Bezeichnung für eine bestimmte Kaffeebohne. Davon abgesehen spielt Java in der IT eine wichtige Rolle – was der Inhalt dieses Buchs sein soll. Doch auch in diesem Bereich ist der Begriff Java nicht ganz eindeutig. Dieses Werk befasst sich mit der Programmiersprache Java. Diese ist jedoch Teil der Java-Technologie. Dabei handelt es sich um eine Ansammlung mehrerer Elemente, die alle in Verbindung zueinander stehen.

Die Grundlage der Java-Technologie stellt die Programmiersprache Java dar. Diese besteht aus vielen verschiedenen Befehlen und aus einer fest vorgegebenen Syntax, die die Struktur vorgibt. Damit lassen sich Programme in Java formulieren.

Die Java-Technologie umfasst außerdem das Java Development Kit (JDK). Dieses ist nur für Anwender erforderlich, die selbst in Java programmieren möchten. Dabei handelt es sich um ein Software-Paket, das den Programmcode, bei dem es sich lediglich um Text handelt, kompiliert. Dabei übersetzt er ihn in den sogenannten Java-Bytecode, der die Grundlage eines lauffähigen Java-Programms darstellt. Darüber hinaus sind im JDK verschiedene Bibliotheken enthalten, die vorgefertigte Funktionen für Java-Programme enthalten und dadurch das Programmieren deutlich einfacher gestalten.

Darüber hinaus ist die Java-Laufzeitumgebung von großer Bedeutung. Nach dem englischsprachigen Begriff Java Runtime Environment wird diese auch häufig als JRE abgekürzt. Im Gegensatz zu den beiden anderen Bestandteilen spielt diese nicht nur für Programmierer, sondern auch für die Endanwender eine wichtige Rolle. Dabei handelt es sich um ein System, das die Nutzung von Java-Programmen ermöglicht. Insbesondere die virtuelle Maschine (JVM) ist hierbei von großer Bedeutung. Diese führt das Programm aus. JRE ist für viele unterschiedliche Betriebssysteme erhältlich. Jedes Java-Programm kann darauf ausgeführt werden – unabhängig davon, welches Betriebssystem der Installation zugrunde liegt. Java ist daher plattformunabhängig. Das stellt einen großen Vorteil dieser Technologie dar. Ein Java-Programm läuft problemlos unter Windows, Linux, Unix oder anderen Betriebssystemen – unter der Voraussetzung, dass die Java-Laufzeitumgebung darauf installiert ist.

1.2 Ein kurzer Überblick über die Geschichte der Programmiersprache

Java entstand zu Beginn der 90er Jahre. 1991 beauftragte der Computer- und Softwarehersteller Sun Microsystems ein Entwicklerteam unter der Leitung von James Gosling mit dem Green Project. Dieses sollte nicht nur eine Programmiersprache umfassen, sondern eine komplette Betriebssystemumgebung mit virtueller CPU. Zu Beginn trug die Technik den Namen Oak (Object Application Kernel) – der Legende nach in Anlehnung an eine Eiche, die vor dem Bürofenster der Entwickler stand. Da jedoch bereits eine Software mit diesem Namen existierte, mussten das Team eine neue Bezeichnung wählen. Es entschied sich für den Namen seiner bevorzugten Kaffee-Sorte – der Java-Bohne. In Anlehnung daran ist das Symbol von Java bis heute eine Kaffeetasse.

Nach nur 18 Monaten Entwicklungszeit präsentierte die Arbeitsgruppe 1992 die erste Java-Anwendung. Dabei handelte es sich um *7 (ausgesprochen als Star Seven) – eine grafische Benutzeroberfläche mit Touchscreen für die Steuerung verschiedener technischer Geräte. Diese Präsentation war ein voller Erfolg und Sun wollte diese Technik für intelligente Haushaltsgeräte verwenden. Daher wuchs das Projekt stark an. Allerdings setzten sich diese Produkte zunächst nicht wie erhofft durch, sodass die Entwicklung kurz vor dem Abbruch stand. Allerdings kam zu dieser Zeit gerade das Internet auf und Sun erkannte sofort das Potenzial, das Java für die Gestaltung dynamischer Internetseiten hatte. Der Durchbruch der Technologie war erreicht, als der Browser Netscape Navigator – zu dieser Zeit einer der beliebtesten Web-Browser – Java integrierte. Damit wurde diese Technologie und mit ihr die zugrundeliegende Programmiersprache zu einem wesentlichen Bestandteil des Internets, das sich zu dieser Zeit immer weiter ausbreitete.

Java übernahm zahlreiche Fähigkeiten und Funktionen von älteren Programmiersprachen. An erster Stelle sind hierbei C und C++ zu nennen. Die Syntax weist sehr große Ähnlichkeiten zu diesen auf. Allerdings war Java von Anfang an als objektorientierte Programmiersprache geplant. (Was das genau ist, wird im Kapitel VII vorgestellt). Aus diesem Grund stellt auch Smalltalk – die erste objektorientierte Programmiersprache – eine wichtige Quelle von Java dar.

1.3 Compiler oder Interpreter – die Besonderheit von Java

Bei einem Computerprogramm handelt es sich zunächst um reinen Text. Dieser enthält alle wichtigen Anweisungen für die Umsetzung und befolgt dabei fest vorgegebene Regeln. Wenn der Anwender dieses Programm nun einfach aufruft, wird ihm aber lediglich der Text angezeigt. Eine Ausführung der Befehle findet nicht statt. Dafür ist ein weiterer Schritt notwendig. Dafür gibt es zwei Möglichkeiten, die beide einige Vor- und Nachteile mit sich bringen. Um die Besonderheiten von Java zu verstehen, ist es wichtig, auf diese Punkte einzugehen.

Um ein Programm auszuführen, ist es notwendig, es in die Maschinensprache zu übersetzen. Dabei handelt es sich um Befehle in Binärcode, die der Prozessor direkt ausführen kann. Bei vielen Sprachen erfolgt die Übersetzung durch einen Compiler. Das ist ein Programm, das die Textdatei, in der das Programm vorliegt, einliest. Es überprüft dabei, ob alle Regeln beachtet wurden. Daraufhin erstellt es eine neue Datei. Diese enthält nun ausschließlich Maschinencode und ist daher direkt ausführbar. Um das Programm auszuführen, ist es lediglich notwendig, die entsprechende Datei anzuklicken.

Darüber hinaus gibt es Interpretersprachen. Die Programme liegen dabei ursprünglich ebenfalls in Textform vor. Für die Übersetzung kommt jedoch kein Compiler zum Einsatz, sondern ein Interpreter. Der Unterschied besteht darin, dass dieser keine ausführbare Datei erzeugt. Er übersetzt das Programm hingegen in die Maschinensprache und lädt daraufhin die Befehle direkt in den Arbeitsspeicher und führt sie aus. Die Übersetzung erfolgt dabei nur für eine einzelne Anwendung. Wenn das Programm erneut ausgeführt werden soll, muss es aufs Neue übersetzt werden.

Beide Alternativen bieten Vor- und Nachteile. Compilersprachen überzeugen in erster Linie durch eine gute Performance. Da die Übersetzung bereits vor der Ausführung erfolgt, laufen sie sehr schnell ab. Da Interpretersprachen die Übersetzung jedes Mal aufs Neue durchführen, kann es hierbei zu Verzögerungen kommen. Darüber hinaus machen Compilersprachen das Programmieren etwas einfacher, da sie Syntax- und Laufzeitfehler klar trennen. Syntaxfehler sind Verstöße gegen die grundlegenden strukturellen Regeln der Programmiersprache. Laufzeitfehler entstehen, wenn durch die Eingabe spezieller Daten ungültige Werte entstehen – beispielsweise bei einer Division durch 0. Wenn ein Programm nicht richtig funktionieren sollte, macht diese Trennung die Fehlersuche einfacher.

Interpretersprachen überzeugen hingegen durch eine hohe Plattformunabhängigkeit. Eine mit einem Compiler erstellte ausführbare Datei ist immer nur auf einem ganz bestimmten Betriebssystem lauffähig. Bei Interpretersprachen sind normalerweise jedoch Interpreter für viele verschiedene Systeme verfügbar – beispielsweise für Windows, Linux oder MacOS. Auf diese Weise ist es möglich, ein einzelnes Programm auf ganz unterschiedlichen Plattformen auszuführen – selbstverständlich unter der Voraussetzung, dass der entsprechende Interpreter darauf installiert ist.

Nun stellt sich die Frage, in welchen Bereich Java fällt. Diese Programmiersprache zeichnet sich jedoch dadurch aus, dass bei der Umsetzung ein Kompromiss aus beiden Alternativen gewählt wurde. Java verwendet einen Compiler. Dieser übersetzt das Programm jedoch nicht direkt in die Maschinensprache, sondern in den sogenannten Java-Bytecode. Dabei handelt es sich um einen Zwischencode. Der Compiler überprüft die Syntax. Der Bytecode, der dabei entsteht, orientiert sich bereits an der Maschinensprache – was eine spätere Ausführung beschleunigt. Allerdings ist er noch unabhängig von der konkreten Hardware. Dieser Schritt folgt wie bei Interpretersprachen erst bei der Ausführung. Dafür kommt die Java Virtual Machine zum Einsatz. Diese führt den Bytecode schnell und effizient aus. Da diese virtuelle Maschine für viele verschiedene Betriebssysteme erhältlich ist, ist Java plattformunabhängig. Durch diese Kombination verbindet Java zahlreiche Vorteile von Compiler- und Interpretersprachen.

1.4 Java: hervorragend geeignet für den Einstieg in die Programmierung

Aufgrund der großen Anzahl an unterschiedlichen Programmiersprachen fällt es manchmal schwer, sich zu entscheiden, welche davon für den Einstieg gewählt werden soll. Java stellt dabei nur eine von vielen verschiedenen Möglichkeiten dar. Allerdings bietet es gerade für Anfänger viele Vorteile, mit Java zu beginnen. Dieser Abschnitt stellt vor, weshalb es eine gute Wahl ist, diese Programmiersprache für den Einstieg zu wählen.

Ein wichtiger Aspekt für das Erlernen einer Programmiersprache ist sicherlich deren Verbreitung. In diesem Bereich kann Java voll überzeugen. Diese Sprache kommt für unzählige Anwendungen zum Einsatz – von Desktop-Anwendungen bis hin zu Smartphone-Apps. Gerade dieser letzte Punkt zeigt, dass auch sehr moderne und zukunftsträchtige Anwendungen auf Java basieren. Java-Programmierer haben daher sehr umfangreiche Möglichkeiten, um ihre Kenntnisse in die Praxis umzusetzen. Daher bieten gute Java-Kenntnisse auch hervorragende berufliche Perspektiven.

Der vorhergehende Abschnitt machte bereits die Unterschiede zwischen Compiler- und Interpretersprachen deutlich. Für Anfänger ist es sinnvoll, mit einer Compilersprache zu beginnen. Auf diese Weise werden sie beim Kompilieren sofort auf Syntax-Fehler aufmerksam. Das macht es einfacher, ein korrektes und gut funktionierendes Programm zu erstellen.

Variablen kommen in fast jedem Computerprogramm zum Einsatz. Bei den meisten Compilersprachen – so auch bei Java – ist der Umgang mit den Variablentypen recht strikt. Viele Interpretersprachen sind in dieser Beziehung deutlich freier. Um den richtigen Umgang mit den Datentypen zu erlernen, ist ein strikter Umgang jedoch sehr hilfreich. Wenn später eine Programmiersprache erlernt werden soll, die einen freieren Umgang erlaubt, fällt die Umstellung deutlich leichter als umgekehrt.

Zwischen verschiedenen Programmiersprachen gibt es häufig große Ähnlichkeiten. Die meisten von ihnen bauen auf einer älteren Sprache auf und übernehmen einen großen Teil der Syntax derselben. Besonders einflussreich war die Programmiersprache C, die 1972 entstand. Java zählt ebenfalls zu den Programmiersprachen, die auf der C-Syntax aufbauen. Weitere Vertreter sind C++, C#, Perl, PHP, JavaScript und einige mehr. Aufgrund der syntaktischen Ähnlichkeiten ist es relativ einfach, weitere Sprachen aus dieser Familie zu erlernen. Auch aus diesem Grund ist Java reine gute Wahl für die erste Programmiersprache.

Ein weiterer Vorteil ist die Objektorientierung von Java. Dabei handelt es sich um eine spezielle Form der Gestaltung von Programmen, die in einem späteren Kapitel näher erläutert wird. Es kann jedoch schon jetzt vorweggenommen werden, dass es sich dabei um einen der wesentlichen Grundsätze moderner Programmiertechniken handelt. Um sich von Anfang an an diese Vorgehensweise zu gewöhnen, ist es sinnvoll, mit einer objektorientierten Sprache wie Java zu beginnen.

Kapitel 2

Vorbereitungsmaßnahmen für die Programmierung

Um ein Programm mit Java zu erstellen, sind einige Hilfsmittel notwendig. Von besonderer Bedeutung ist dabei das Java Development Kit (JDK). Dieses ist notwendig, um die Programme zu kompilieren und dadurch ihre Ausführung zu ermöglichen. Darüber hinaus ist es wichtig, ein Programm für die Erstellung des Programmcodes zu installieren. Dafür gibt es grundsätzlich zwei Möglichkeiten. Zum einen können die Anwender den Code mit einem Texteditor erstellen. Dieser kennzeichnet bestimmte syntaktische Bausteine des Programms und rückt häufig zusammengehörende Blöcke ein, um die Übersichtlichkeit zu erhöhen. Zum anderen ist es möglich, eine IDE (Integrated Development Environment bzw. integrierte Entwicklungsumgebung) zu verwenden. Diese ermöglicht nicht nur die Eingabe des Programmcodes. Darüber hinaus stellt sie vielfältige Zusatzfunktionen bereit – von der Kompilierung bis hin zum Einfügen vorgefertigter Funktionen. Professionelle Programmierer verwenden in der Regel eine IDE. Deren Nutzung wird auch in diesem Buch vorgestellt. Um die Strukturen von Java zu verstehen, ist es jedoch sinnvoll, zu Beginn den Code vollständig selbst zu schreiben – mit einem Texteditor. Deshalb verwenden die ersten Kapitel des Buchs dieses Werkzeug. Später erfolgt dann die Einführung der IDE. Aus diesem Grund ist es jedoch notwendig, beide Alternativen auf dem Computer zu installieren.

2.1 Java Development Kit und IDE installieren

Um Java-Programme zu erstellen, ist das Java Development Kit unverzichtbar. Dieses enthält unter anderem den Compiler, der den Programmcode in den Java-Bytecode umwandelt und auf diese Weise die Ausführung des Programms erlaubt. Wie bereits angesprochen, ist auch eine IDE für die Programmierung sehr hilfreich. Hierfür gibt es mehrere Möglichkeiten. Besonders häufig kommen dafür die Programme Eclipse und NetBeans zum Einsatz. Obwohl sich beide Alternativen hervorragend für die Programmierung mit Java eignen, verwendet dieses Lehrbuch die IDE NetBeans. Den Ausschlag dafür gab, dass diese genau wie Java von Oracle entwickelt wird. Das hat unter anderem zur Folge, dass Oracle bei den Java-Tutorials, die das Unternehmen herausgibt, auf diese IDE zurückgreift. Da diese gerade für Anfänger sehr hilfreich sind, ist es sinnvoll, sich von Anfang an in den Umgang mit NetBeans einzuarbeiten. Sowohl JDK als auch NetBeans stehen unter folgender Adresse zum Download bereit:

http://www.oracle.com/technetwork/java/javase/downloads/index.html

Falls Sie später auch mit Datenbanken arbeiten möchten, beachten Sie bitte auch die Installationshinweise in Kapitel 15.2 bezüglich den verschiedenen Versionen.

Screenshot 1 Die Downloadseite für JDK und NetBeans

Wie auf dem vorhergehenden Screenshot zu sehen ist, besteht die Möglichkeit, JDK separat herunterzuladen oder das Programm zusammen mit der IDE NetBeans zu installieren. Es ist empfehlenswert, die zweite Alternative zu wählen. Das ist nicht nur einfacher. Darüber hinaus stellt diese Vorgehensweise sicher, dass die verwendeten Versionen kompatibel zueinander sind.

Nach dem Klick auf das Symbol für NetBeans wird der Nutzer zu folgender Seite weitergeleitet:

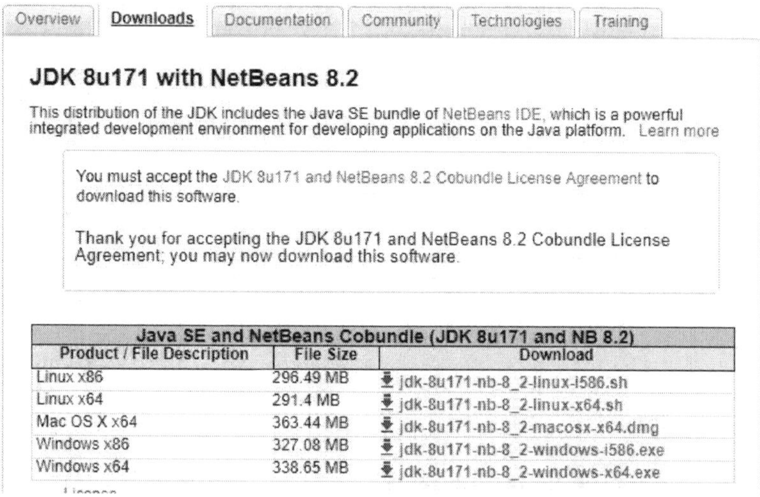

Screenshot 2 Verschiedene Versionen für den Download von JDK und NetBeans

Hier sind verschiedene Versionen von JDK und NetBeans erhältlich. Diese unterscheiden sich in erster Linie durch das Betriebssystem, für das sie vorgesehen sind. Die Software ist für Linux, MacOS und für Windows verfügbar. Darüber hinaus gibt es unterschiedliche Versionen für 32- und für 64-Bit-Rechnerarchitekturen.

Nach dem Download ist es nur noch notwendig, den Installer aufzurufen. Dieser führt den Anwender automatisch durch die Installation. Dabei ist es lediglich erforderlich, einige Angaben zur Installationsweise zu bestätigen. In der Regel ist es möglich, die Standardeinstellungen einfach zu übernehmen.

2.2 Das Java Development Kit für die Anwendung vorbereiten

Wenn die Schritte aus dem vorhergehenden Abschnitt durchgeführt sind, ist die Nutzung von JDK bereits möglich. Allerdings nur, wenn die Kompilierung der Programme über die IDE NetBeans stattfindet. Es wurde jedoch bereits dargelegt, dass es für den Anfang sinnvoller ist, die Programme mit einem Texteditor zu erstellen und direkt zu kompilieren. Dafür ist es jedoch in der Regel notwendig, eine weitere Voreinstellung durchzuführen.

Um ein Java-Programm zu kompilieren, ist ein Kommandozeileninterpreter erforderlich. Dieser ist normalerweise bereits in das Betriebssystem integriert und muss daher nicht extra installiert werden. Bei neueren Windows-Versionen sind sogar zwei verschiedene Alternativen vorhanden: Command.exe und Windows Power Shell. Für die in diesem Buch vorgestellten Anwendungen sind beide Programme gut geeignet. Der Anwender erreicht diese beispielsweise über das Windows-Symbol. Anschließend ist es lediglich notwendig, die entsprechenden Programme aus der daraufhin erscheinenden Liste auszuwählen (Command.exe trägt bei deutschsprachigen Windows-Versionen die Bezeichnung Eingabeaufforderung und ist im Ordner Windows-System zu finden). Alternativ dazu ist ein schneller Zugriff über die Windows-Suchfunktion möglich.

Um zu überprüfen, ob JDK bereits nutzbar ist, ist es sinnvoll, folgenden Befehl in den Kommandozeileninterpreter einzugeben:

```
javac -version
```

Wenn das System bereits verfügbar ist, erscheint daraufhin die Anzeige der Version des Java Development Kits. In der Regel erhält der Anwender jedoch folgender Hinweis: "Der Befehl "javac" ist entweder falsch geschrieben oder konnte nicht gefunden werden."

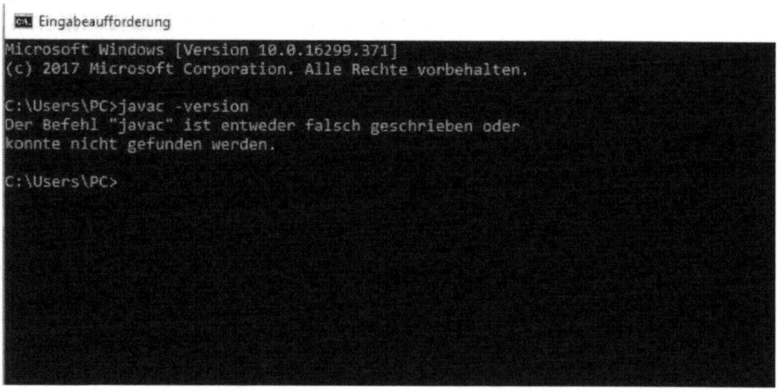

Screenshot 3 Die Fehlermeldung im Kommandozeileninterpreter

Der Grund für diesen Fehler liegt normalerweise nicht darin, dass JDK falsch installiert ist. Durch den Wechsel in den Ordner, in dem das System installiert wurde, ist es möglich, die Version anzeigen zu lassen:

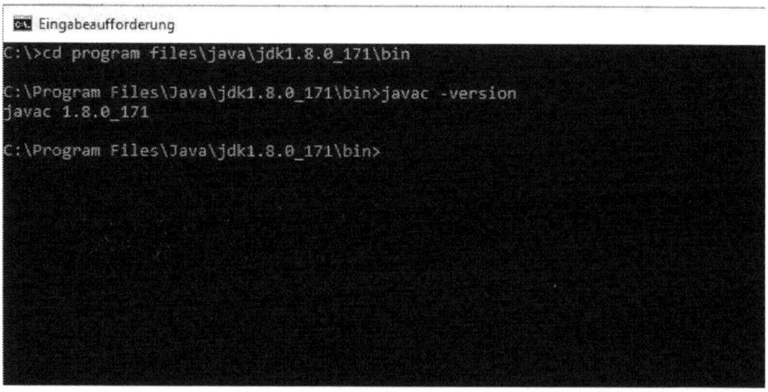

Screenshot 4 Die Anzeige der Version im Verzeichnis, in dem sich die Software befindet

Dafür ist es zunächst notwendig, ins Stammverzeichnis zu wechseln. Dafür ist der Befehl cd .. so oft erforderlich, bis der Kommandozeileninterpreter nur noch die Linie C:\>anzeigt. Danach folgen der Befehl cd und anschließend der Pfad, in dem das Programm installiert wurde. Daran wird der Ordner bin angefügt. Häufig ist dabei folgende Eingabe notwendig: cd program files\java\jdk1.8.0_171\bin. Allerdings kann sich der Pfadname auch unterscheiden – je nachdem, welche Einstellungen bei der Installation ausgewählt wurden und um welche JDK-Version es sich handelt.

Dieser kleine Test zeigte, dass JDK zwar bereits installiert ist, dass der Zugriff darauf jedoch nur aus dem entsprechenden Ordner möglich ist. Da es nicht sinnvoll ist, die eigenen Programme im gleichen Ordner wie die Software selbst abzulegen, ist es wichtig, die Funktion auch in anderen Bereichen zugänglich zu machen. Dies geschieht durch die Erstellung einer Umgebungsvariablen.

Unter Windows ist es hierfür notwendig, die erweiterten Systemeinstellungen aufzurufen. Das geschieht entweder über das Windows-Symbol und anschließend durch einen Klick auf das Zahnrad am linken Rand. Alternativ ist es auch hierfür sehr praktisch, die Suchfunktion zu verwenden. Anschließend sollte folgendes Fenster erscheinen:

Screenshot 5 die erweiterten Systemeigenschaften

Im unteren Bereich des Fensters erscheint ein Button mit der Beschriftung Umgebungsvariablen. Ein Klick darauf führt zu folgendem Fenster:

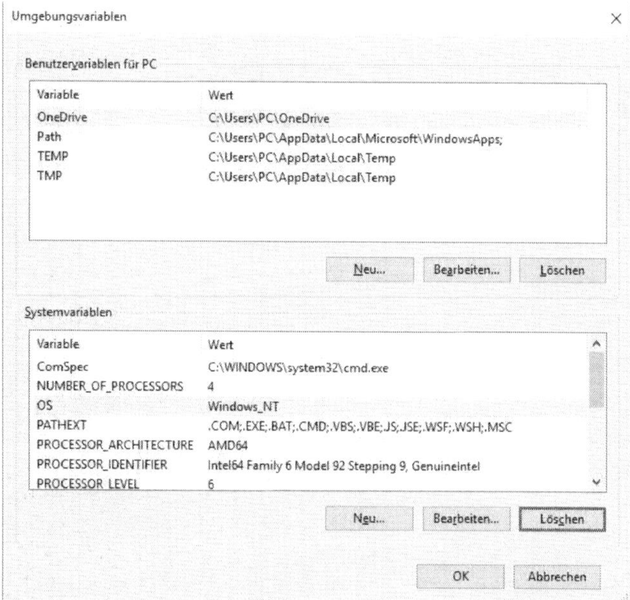

Screenshot 6 Die Umgebungsvariablen

Für die Einstellung ist das untere Feld mit der Bezeichnung Systemvariablen von Bedeutung. Wenn hier noch kein Eintrag mit dem Name PATH vorhanden ist, ist es notwendig, auf den Button "Neu" zu klicken. Im folgenden Fenster ist es nun erforderlich, den Pfadnamen einzugeben. Dieser hängt davon ab, in welchem Verzeichnis JDK installiert wurde. In diesem Beispiel ist der Pfadname C:\Program Files\Java\jdk1.8.0_171\bin.

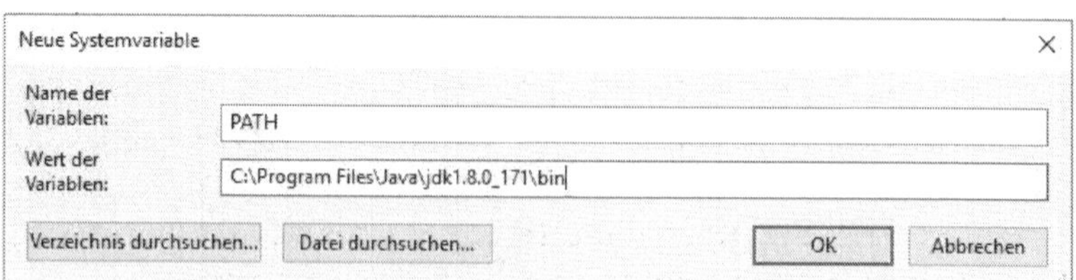

Screenshot 7 eine neue Umgebungsvariable hinzufügen

Sollte bereits ein Eintrag mit dem Namen PATH vorhanden sein, ist es notwendig, diesen zu überarbeiten. In diesem Fall ist es erforderlich, an den bisherigen Eintrag ein Semikolon und anschließend den entsprechenden Pfadnamen anzuschließen. Sowohl bei der Neugestaltung als auch bei der Änderung treten die Einstellungen nur in Kraft, wenn beide Fenster durch einen Klick auf die Schaltfläche OK bestätigt werden. Danach muss der Kommandozeileninterpreter geschlossen und erneut aufgerufen werden. Nun sollte der Zugriff auch aus anderen Ordnern möglich sein. Zur Überprüfung dient wiederum die Versionsabfrage:

Screenshot 8 Der Befehl javac ist nun auch in anderen Ordnern verfügbar.

2.3 Einen passenden Texteditor installieren

Beim Code eines Java-Programms handelt es sich um reinen Text. Um diesen zu erstellen, ist ein passendes Programm notwendig. Die naheliegendste Lösung wäre es wohl, ein gängiges Textverarbeitungsprogramm wie Word dafür zu verwenden. Das ist jedoch nicht möglich. Derartige Programme fügen dem eigentlichen Text noch viele weitere Informationen hinzu – beispielsweise die Schriftart, die Größe und die Farbe. All diese Zusatzinformationen wären beim Programmieren störend. Daher ist es notwendig, hierfür einen Texteditor zu verwenden. Dieser zeichnet sich dadurch aus, dass er nur den Text abspeichert.

Bei vielen Betriebssystemen ist bereits eine geeignete Software installiert. Die Linux-Distribution Ubuntu verwendet beispielsweise gedit. KDE nutzt zu diesem Zweck den Texteditor Kate. Beide Alternativen eignen sich bereits hervorragend zum Programmieren, sodass kein weiterer Editor installiert werden muss. Auch Windows verfügt bereits über eine integrierte Software für diese Aufgabe. Diese trägt den Namen Microsoft Editor. Sie ist jedoch auch unter der früheren Bezeichnung Notepad bekannt. Damit ist das Programmieren zwar möglich, allerdings handelt es sich dabei um eine sehr einfache Ausführung. Hochwertige Texteditoren verfügen beispielsweise über eine farbige Syntaxhervorhebung, die bestimmte Schlüsselbegriffe markiert. Sie rücken zusammengehörige Textblöcke automatisch ein und außerdem ermöglichen sie es, einzelne Bereiche, die im Moment nicht benötigt werden, einzuklappen. Das macht den Programmcode übersichtlicher. Darüber sind in der Regel viele weitere nützliche Funktionen integriert.

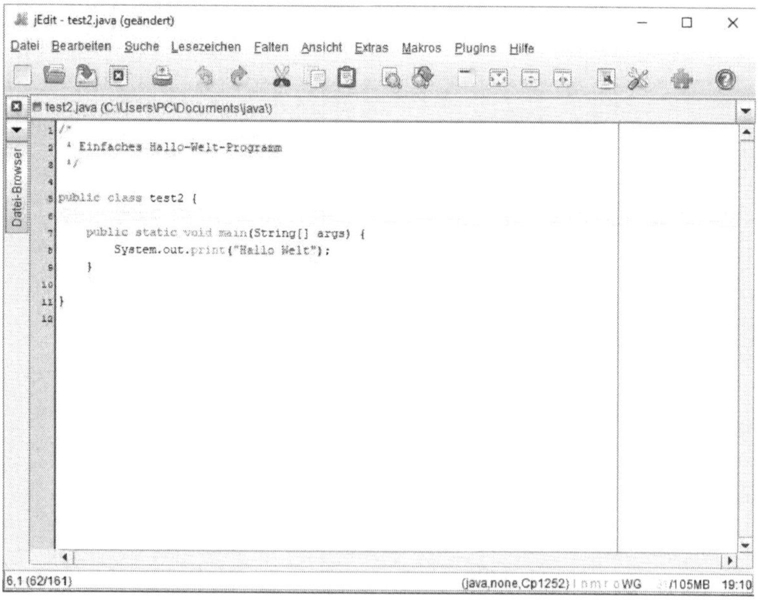

Screenshot 9 farbliche Syntax-Hervorhebung in einem Texteditor

Der Microsoft Editor bieten diese Funktionen jedoch nicht an. Daher ist es empfehlenswert, einen anderen Texteditor zu installieren. Dafür kommen viele verschiedene Möglichkeiten infrage. Unter folgendem Link ist eine Übersicht über die verschiedenen Alternativen verfügbar: https://de.wikipedia.org/wiki/Texteditor .

Im Prinzip kommt jeder der hier aufgeführten Editoren für die Gestaltung der Programme infrage. Dieses Lehrbuch verwendet den Texteditor jEdit. Dieser steht unter http://www.jedit.org/ zum Download bereit. Die Software ist kostenfrei erhältlich und unterstützt die Programmierung in Java. Außerdem ist die Software selbst in Java programmiert und stellt daher auch ein Anwendungsbeispiel für diese Programmiersprache dar. Der Leser kann sich jedoch frei entscheiden und auch einen anderen Texteditor für die Aufgaben in diesem Buch verwenden.

Kapitel 3

Das erste Programm gestalten

Nachdem die Vorbereitungsmaßnahmen abgeschlossen sind, ist es nun an der Zeit, das erste Programm mit Java zu erstellen. Dessen Funktion soll ausgesprochen einfach sein. Es soll lediglich einen kleinen Text auf dem Bildschirm ausgeben. Obwohl die Funktionen sehr begrenzt sind, ist es dabei möglich, die grundlegenden Strukturen eines Java-Programms kennenzulernen. Um mit dieser Programmiersprache vertraut zu werden, ist es empfehlenswert, den hier vorgestellten Programmcode selbst in den Texteditor einzugeben und anschließend das Programm zu kompilieren und auszuführen. Um ein guter Programmierer zu werden, ist viel Übung notwendig. Daher ist es sinnvoll, bereits bei diesen kleinen Beispielen zu beginnen, auch wenn sie sehr einfach sein mögen.

3.1 Ein Programm mit einer einfachen Ausgabe schreiben

Das erste Programm soll eine einfache Nachricht auf dem Bildschirm ausgeben. Passend zu diesem Lehrbuch soll diese lauten: "Herzlich Willkommen zum Java-Kurs!"

Um eine derartige Ausgabe zu erzeugen, gibt es in Java mehrere Möglichkeiten. Beispielsweise kann der Programmierer hierfür ein eigenes Fenster öffnen oder sogar eine grafische Benutzeroberfläche gestalten. Für das erste Programm kommt jedoch der Befehl System.out.print zum Einsatz. Dieser gibt den Text einfach im Kommandozeileninterpreter aus. Das ist zwar nicht besonders ansprechend, doch ist die Funktionsweise besonders einfach und daher für Anfänger leicht zu verstehen.

Um die Ausgabe zu erzeugen, ist es lediglich notwendig, den entsprechenden Befehl in das Programm einzufügen und danach den gewünschten Text zu schreiben. Dieser muss jedoch in runden Klammern stehen. Das ist notwendig, damit klar wird, auf welchen Bereich sich der entsprechende Befehl bezieht. Darüber hinaus ist es notwendig, den Text in Anführungszeichen zu setzen. Dabei kommen nicht die deutschen Anführungszeichen zum Einsatz, bei denen der öffnende Teil nach unten gestellt ist. Anstatt dessen sind hierbei beide Anführungszeichen im oberen Bereich zu setzen. Der Texteditor erledigt dies jedoch in der Regel ganz automatisch. Die Anführungszeichen sind notwendig, um kenntlich zu machen, dass es sich hierbei um einen Text handelt. Fehlen die Anführungszeichen, weiß das Programm nicht, wie es mit dem Inhalt umgehen soll – es könnte sich dabei beispielsweise auch um Variablen handeln. Das führt zu einer Fehlermeldung. Um den Befehl abzuschließen, ist ein Semikolon notwendig. Die vollständige Programmzeile lautet demnach:


```
System.out.print("Herzlich Willkommen zum Java-Kurs!");
```

Damit ist zwar der entsprechende Befehl erstellt, doch ist das Programm damit noch nicht vollständig. Hierfür sind weitere Bestandteile notwendig. Diese rahmen die einzelnen Befehle ein und verleihen dem Programm daher eine passende Struktur. Ohne sie ist das Programm nicht lauffähig. Der vollständige Code lautet daher:

```
public class Willkommen {

    public static void main(String[] args) {
      System.out.print("Herzlich Willkommen zum Java-Kurs!");
    }
}
```

Das mag auf den ersten Blick etwas kompliziert erscheinen, doch ist der Aufbau im Prinzip ganz einfach und bei allen Programmen gleich. Die Bedeutung der einzelnen Bestandteile wird im nächsten Abschnitt erklärt. Zuvor ist es wichtig, das Programm abzuspeichern. Dafür soll der Name Willkommen.java gewählt werden.

3.2 Die verschiedenen Elemente des Programmcodes

Der eigentliche Befehl, der eine bestimmte Aktion innerhalb des Java-Programms durchführt, wurde bereits im vorherigen Kapitel erläutert. Um einfache Programme zu schreiben, ist dies eigentlich ausreichend. Es ist lediglich notwendig, die übrigen Programmelemente hinzuzufügen, ohne deren genaue Funktion zu kennen. Durch das Hinzufügen oder Ändern von Befehlen lassen sich auf diese Weise bereits viele interessante Programme erstellen. Die Elemente, die diese Kommandos einrahmen, ändern sich dabei nicht. Dennoch ist es sinnvoll, sie bereits jetzt zu erklären. Auf diese Weise versteht der Leser deren Funktion und damit den grundsätzlichen Aufbau von Java-Programmen. Wenn später kompliziertere Prozesse programmiert werden, bei denen auch die grundlegenden Programmelemente abgeändert werden, ist es dann einfacher, die hierfür notwendigen Schritte zu verstehen.

Um die Bedeutung der einzelnen Teile zu erklären, ist es sinnvoll, den Programmcode nochmals im Texteditor anzuschauen. Dabei entsteht folgende Anzeige:

```
public class Willkommen {

    public static void main(String[] args) {
        System.out.print("Herzlich Willkommen zum Java-Kurs!");
    }
}
```

Screenshot 10 Die Anzeige des Programmcodes im Texteditor

> **Anmerkung:** In anderen Texteditoren kann sich die farbliche Gestaltung unterscheiden. Jedoch sollten dabei die gleichen Schlüsselbegriffe hervorgehoben werden. Bei manchen Programmen passiert dies jedoch erst, nachdem der Code mit der Endung .java abgespeichert wurde.

Die farbliche Hervorhebung macht bereits deutlich, dass Begriffe wie `public`, `class` oder `main` eine besondere Bedeutung haben. Besonders wichtig ist dabei das Schlüsselwort `class`. Jedes Java-Programm ist in Klassen organisiert. Um mit einem Programm zu beginnen, ist es daher notwendig, eine Hauptklasse zu öffnen. Darüber hinaus ist es jedoch möglich, viele weitere Klassen in das Programm zu integrieren.

Auch der Begriff `public` ist sehr wichtig. Bei jeder Klasse ist es möglich, diese als `public` oder als `private` zu definieren. Auf private Klassen kann nur aus der Klasse zugegriffen werden, in der sie sich selbst befinden. Das schützt die Daten vor einem unberechtigten Zugriff. Der Zugriff auf öffentliche Klassen kann hingegen von jedem beliebigen Programmteil und sogar von außerhalb des Programms stattfinden. Da es sich hierbei um die Hauptklasse handelt, findet der Zugriff immer von außerhalb statt. Daher ist es notwendig, sie als `public` zu definieren.

Anschließend folgt der Name der Klasse. Diesen kann der Programmierer relativ frei wählen. Dafür kann er Buchstaben, Zahlen, den Unterstrich (_) und das Dollarzeichen ($) verwenden. Verboten sind alle übrigen Sonderzeichen und spezielle in Java reservierte Schlüsselbegriffe (Ein Beispiel hierfür ist der Begriff `public`, der bereits vorgestellt wurde. Dieser wäre nicht als Klassenname geeignet.) Der Bezeichner darf nicht mit einer Ziffer beginnen und außerdem keine Leerzeichen enthalten. Es ist üblich, für den Namen der Klasse ein Nomen zu verwenden und ihn mit einem Großbuchstaben zu beginnen. Das ist zwar nicht zwingend vorgeschrieben, es verbessert jedoch die Übersichtlichkeit. Sehr wichtig ist es, dass der Name der Hauptklasse stets dem Dateinamen entspricht. Sonst ist es nicht möglich, das Programm zu kompilieren. Wenn wie in diesem Beispiel der Name der Hauptklasse "Willkommen" lautet, muss das Programm unter dem Namen Willkommen.java gespeichert werden.

Der Inhalt der Klasse steht immer in geschweiften Klammern (`{ }`). Java-Programme verwenden einzelne Blöcke – beispielsweise Klassen, Methoden oder Schleifen. Diese sind häufig ineinander geschachtelt. Um deutlich zu machen, wo ein Block beginnt und wo er endet, kommen geschweifte Klammern zum Einsatz.

Darauf folgt die Methode `main`. Diese stellt den Startpunkt dar, an dem der Java-Interpreter mit der Ausführung des Programms beginnt. Sie darf nur ein einziges Mal in jedem Programm vorkommen. Ihre Inhalte stehen ebenfalls in geschweiften Klammern. Der Interpreter arbeitet die einzelnen Befehle dann in der Reihenfolge ab, wie sie innerhalb der main-Methode aufgeführt sind.

Was der Modifikator `public` bedeutet, wurde bereits erklärt. In diesem Fall kommt ein weiterer Modifikator – `static` – hinzu. Um dessen genaue Funktionsweise zu erklären, wäre es notwendig, etwas tiefer auf die objektorientierte Programmierung einzugehen. Das geschieht jedoch erst in einem späteren Kapitel. An dieser Stelle sei nur so viel gesagt, dass dieser Modifikator notwendig ist, um von außerhalb auf eine Methode zugreifen zu können.

Anschließend folgt der Begriff `void`, der ebenfalls einer Erklärung bedarf. Wenn eine Methode aus einem anderen Programmteil aufgerufen wird, ist es möglich, dass sie einen Wert zurückgibt. Die Methode `main` dient jedoch nur dazu, das Programm zu starten. Ein Rückgabewert ist daher nicht erforderlich. Funktionen ohne Rückgabewert werden mit dem Begriff `void` gekennzeichnet.

Schließlich bleibt noch zu klären, was es mit dem Ausdruck `(String[] args)` auf sich hat. Es ist möglich, einer Methode verschiedene Parameter zu übergeben. Auf diese kann sie zugreifen und ihre Werte weiterverarbeiten. In diesem kleinen Programm ist dies nicht notwendig, weshalb die entsprechenden Werte nicht weiter beachtet werden. Dennoch ist es notwendig, diesen Ausdruck in die `main`-Methode zu integrieren, da es sonst nicht möglich ist, das Programm zu kompilieren. In manchen Programmen kommt anstatt dessen der Ausdruck (`String... args`) zum Einsatz. Dieser ist vollkommen gleichbedeutend.

3.3 Das Programm kompilieren und ausführen

Bislang wurde zwar ein Programm im Texteditor erstellt, doch kam dieses noch nicht zur Ausführung. Wie dies abläuft, soll der folgende Abschnitt vorstellen. Wie bereits in der Einleitung erwähnt, ist es notwendig, den Programmcode dafür zunächst zu kompilieren. Diese Aufgabe findet wieder über den Kommandozeileninterpreter statt. Dafür ist es erforderlich, in das Verzeichnis zu wechseln, in dem das Programm abgespeichert wurde. Das ist über den Befehl cd und die Eingabe des entsprechenden Pfadnamens möglich. Die Kompilierung findet dann mit dem Befehl javac statt – gefolgt vom

Namen der Datei. In diesem Beispiel ist es daher notwendig, folgenden Code in den Kommandozeileninterpreter einzugeben:

```
javac Willkommen.java
```

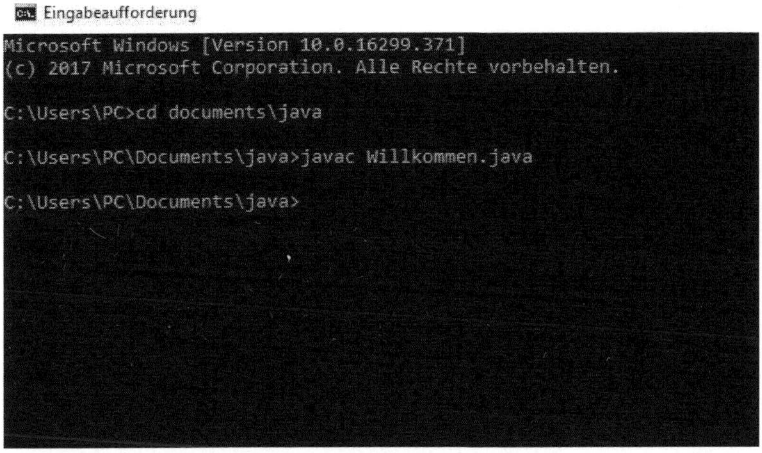

Screenshot 11 So wird das Programm kompiliert

Nach der Eingabe des entsprechenden Befehls ist zunächst keine Änderung zu erkennen. Nach einigen Sekunden Wartezeit zeigt der Kommandozeileninterpreter wieder genau die gleiche Eingabeaufforderung wie zuvor an. Lediglich wenn ein Fehler beim Programmieren unterlaufen ist, erscheint eine Fehlermeldung. Wenn der Code jedoch sorgfältig abgeschrieben wurde, sollte das in diesem Fall nicht passieren.

Allerdings hatte die Eingabe dieses Befehls Auswirkungen, die erst auf den zweiten Blick zu erkennen sind. Das wird bei der Betrachtung des entsprechenden Ordners deutlich. Dafür ist es möglich, wie gewohnt das Verzeichnis über Windows aufzurufen. Eine Alternative dazu stellt es dar, einfach den Befehl dir in den Kommandozeileninterpreter einzugeben. Dieser listet den Inhalt des aktuellen Verzeichnisses auf. Dabei wird deutlich, dass eine neue Datei entstanden ist, die vor der Kompilierung noch nicht existierte. Diese trägt den Namen Willkommen.class. Dabei handelt es sich um die kompilierte Datei, die den Java-Bytecode enthält. Diese kann nun durch die virtuelle Maschine ausgeführt werden.

Zu diesem Zweck ist es notwendig, den Befehl java einzugeben. Darauf folgt der Dateiname – in diesem Fall jedoch ohne Endung. Daraufhin führt die JVM das Programm aus. Nun erscheint der Text, der für die Ausgabe programmiert wurde, im Kommandozeileninterpreter.

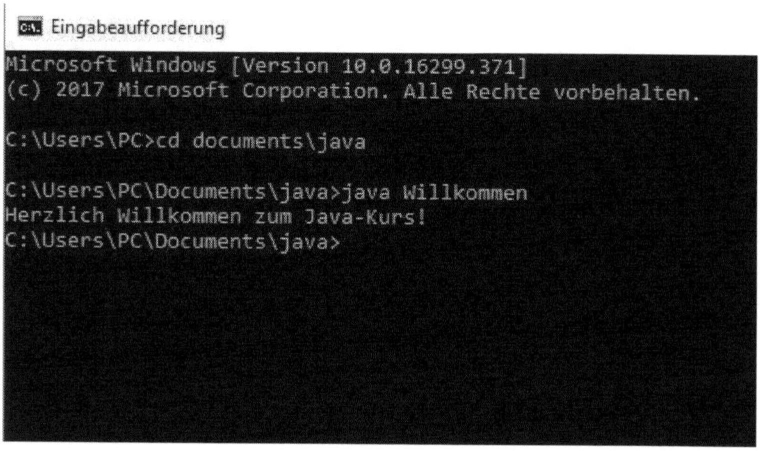

Screenshot 12 Die Ausgabe des ersten Java-Programms

3.4 Kommentare für ein leichteres Verständnis des Programms

Programmiersprachen haben die Eigenschaft, dass sie für den Menschen nicht immer leicht zu verstehen sind. Ein erfahrener Programmierer erkennt zwar sofort die verschiedenen Anweisungen und deren Wirkung. Allerdings ist es oftmals nicht klar, welchen Zweck diese erfüllen sollen. Häufig wird das erst aus einem größeren Kontext klar. Bei umfangreichen Programmen ist es jedoch sehr langwierig und schwierig, den kompletten Programmcode zu lesen, um den Kontext zu verstehen. Das kann in einigen Fällen große Probleme bereiten – beispielsweise wenn der Programmierer nach einiger Zeit eine Funktion des Programms abändern will und sich nicht mehr genau an die Strukturen erinnert oder wenn ein anderer Programmierer eine Erweiterung hinzufügen will.

Wie fast alle Programmiersprachen enthält Java jedoch ein Instrument, um den Code verständlicher zu machen: Kommentare. Diese machen es möglich, zu erklären, wozu ein bestimmter Programmteil dient. Das macht es später deutlich einfacher, die Funktion zu verstehen. Eine entsprechende Kennzeichnung führt jedoch dazu, dass diese Kommentare keinerlei Einfluss auf die Ausführung des Programms haben. Sie dienen lediglich dazu, den Quellencode übersichtlicher zu gestalten. Es ist sinnvoll, sich bereits von Anfang an die Verwendung von Kommentaren anzugewöhnen.

Für einzeilige Kommentare kommt der Doppelslash (//) zum Einsatz. Der Compiler ignoriert alle Inhalte, die in einer Zeile nach diesen Symbolen stehen. Diese Form der Kommentare kommt in der Regel für kurze Anmerkungen zu einer spezifischen Funktion des Programms zum Einsatz. Für längere Kommentare empfiehlt es sich, die Kombination aus /* und */ zu verwenden. Alle Inhalte, die zwischen diesen beiden Symbolen stehen, werden als Kommentar behandelt – selbst wenn sie sich über mehrere Zeilen erstrecken.

Eine besondere Form von Kommentaren steht zwischen den Symbolen /** und */. Dabei handelt es sich um einen Dokumentationskommentar. Dieser erscheint nicht nur im Quellencode, sondern wird durch das Programm javadoc weiterverarbeitet und ist – falls eine entsprechende Dokumentation erstellt wird – auch für den Anwender sichtbar. Er steht direkt vor Klassen, Attributen oder Methoden.

Um die Funktionsweise des ersten Programms leichter verständlich zu machen, ist es möglich, verschiedene Kommentare einzufügen. Der Programmcode könnte beispielsweise wie folgt aussehen:

```
/*Dieses ist das erste Programm, das im Java-Buch erstellt wird.
Es dient dazu, eine einfache Nachricht auf dem Bildschirm
auszugeben.
Außerdem soll es die grundlegende Struktur eines Java-Programms
verdeutlichen.
```

```
*/

/**
Ausgabe einer einfachen Nachricht
*/

public class Willkommen {

    public static void main(String[] args) {
      //In der main-Methode steht der Befehl für die Ausgabe
      //der Nachricht.
          System.out.print("Herzlich Willkommen zum Java-Kurs!");
    }
}
```

3.5 Übungsaufgabe: Mehrere Zeilen mit einem Java-Programm ausgeben

Um das Erlernte zu vertiefen, steht am Ende der meisten Kapitel eine kleine Übungsaufgabe. Diese ist in der Regel mit den Kenntnissen, die in den vorherigen Abschnitten vermittelt wurden, zu lösen. Sollten dabei neue Befehle notwendig sein, die noch nicht erwähnt wurden, werden diese kurz erklärt.

Nach der Aufgabenstellung wird eine Musterlösung angegeben. Es ist jedoch empfehlenswert, immer zuerst zu versuchen, das Programm selbst zu gestalten, ohne die Lösung zu betrachten. Sollten dabei Fehler auftreten, werden diese beim Kompilieren angezeigt. Auf diese Weise lernt der Leser, mit diesen Fehlermeldungen umzugehen. Wenn er später eigene Programme ohne Musterlösung entwerfen will, hat er daher ein wichtiges Werkzeug zur Hand, um eventuelle Fehler zu beheben. Erst wenn das Programm läuft oder wenn es selbst nach vielen Versuchen nicht möglich war, es zum Laufen zu bringen, sollten die Musterlösungen betrachtet werden.

1. Schreiben Sie ein Programm, das mehrere Textzeilen auf dem Bildschirm ausgibt. Um einen Zeilenumbruch zu erzeugen, ist es sinnvoll, anstatt `System.out.print` den Befehl `System.out.println` zu verwenden. Auf diese Weise stehen die darauf folgenden Inhalte in einer neuen Zeile.

2. Fügen Sie in das eben erstellte Programm Kommentare ein, die das Verständnis erleichtern.

Lösungen:

1.

```
public class Willkommen2 {

    public static void main(String[] args) {
        System.out.println("Herzlich Willkommen zum Java-Kurs!");
        System.out.println("Hier lernen Sie die Grundlagen
           der Programmierung mit Java");
        System.out.println("Das Buch erklärt die
           grundlegenden Funktionen der Programmiersprache.");
           System.out.println("Anschließend führen Sie zur
           Vertiefung einige Aufgaben durch.");
    }
}
```

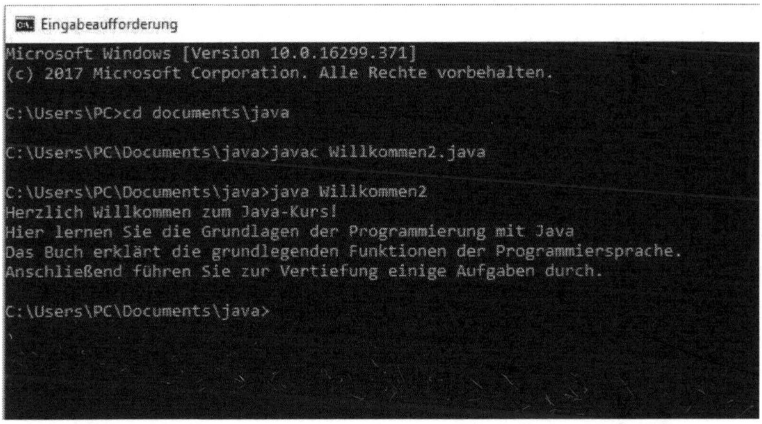

Screenshot 13 Kompilierung und Ausgabe des Programms

2. Das Programm mit Kommentaren:

```
/*Dieses Programm gibt mehrere Textzeilen aus.
Dafür kommt der Befehl System.out.println zum Einsatz.
*/

/**
Programm für die Ausgabe mehrerer Textzeilen
*/
public class Willkommen2 {

   public static void main(String[] args) {
      //Jede Textzeile wird mit System.out.println erzeugt.
      System.out.println("Herzlich Willkommen zum Java- Kurs!");
      System.out.println("Hier lernen Sie die Grundlagen
           der Programmierung mit Java");
      System.out.println("Das Buch erklärt die
           grundlegenden Funktionen der Programmiersprache.");
        System.out.println("Anschließend führen Sie zur
           Vertiefung einige Aufgaben durch.");
    }
}
```

Kapitel 4
Variablen und Operatoren

Die bisher vorgestellten Programme waren denkbar einfach gestaltet und dienten lediglich dazu, einen kurzen Text auszugeben. Der Zweck dieser Übung bestand darin, die grundsätzlichen Strukturen eines Java-Programms vorzustellen. Um den Funktionsumfang des Programms zu erweitern, ist es jedoch notwendig, weitere Elemente zu verwenden. Von großer Bedeutung sind dabei Variablen. Diese dienen dazu, bestimmte Werte zu speichern. Mithilfe von Operatoren ist es möglich, Berechnungen durchzuführen und diese daraufhin in anderen Variablen zu speichern oder auf dem Bildschirm auszugeben. Variablen und Operatoren zählen zu den grundlegenden Elementen der Programmierung und kaum ein Programm kommt ohne sie aus.

4.1 Was sind Variablen?

Variablen sind vielen Lesern wahrscheinlich aus der Mathematik bekannt. Dabei handelt es sich um einen Platzhalter, der einen ganz bestimmten Wert einnehmen kann. Oberflächlich betrachtet haben Variablen in der Informatik eine ähnliche Funktion. Auch hier dienen sie dazu, einen ganz bestimmten Wert festzuhalten.

Wenn man die Funktionsweise jedoch etwas genauer betrachtet, dann ergeben sich gewisse Unterschiede. Die Variable steht hier nicht für eine bestimmte Zahl, sondern für einen ganz bestimmten Ort im Arbeitsspeicher des Rechners. Der Wert, den sie annimmt, hängt davon ab, was hier gespeichert ist.

Um sich die Funktionsweise vor Augen zu führen, ist es möglich, sich den Arbeitsspeicher wie ein großes Regal vorzustellen. Eine Variable bezeichnet dabei ein ganz bestimmtes Fach in diesem Regal. Die Inhalte können dabei unterschiedlich sein. Im Regal ist es möglich, Bücher, Zeitschriften, CDs oder Dekogegenstände aufzubewahren. Die Möglichkeiten bei Variablen sind ebenfalls vielfältig: Sie können Buchstaben, Zeichenketten, ganze Zahlen, Fließkommazahlen und einige weitere Inhalte wiedergeben.

Um eine Variable zu verwenden, ist es notwendig, sie zu deklarieren. Das bedeutet, dass der entsprechende Speicherplatz für sie reserviert wird. Dabei ist es erforderlich, ihr einen Namen zu geben. Wenn der Programmierer die Variable anschließend verwendet, weiß das Programm, an welchem Speicherort sich der entsprechende Wert befindet.

Darüber hinaus ist es wichtig, den Typ anzugeben. Das ist notwendig, da sich beispielsweise der Binärcode für Zahlen und Buchstaben häufig überschneidet. Um den Inhalt richtig anzugeben, muss das Programm daher wissen, auf welche Weise es den Code interpretieren soll. Aus dem Datentyp geht außerdem der benötigte Speicherplatz hervor. Einfache Variablen nehmen nur ein Byte ein. Andere Typen benötigen deutlich mehr Platz. Auch deshalb ist die Deklaration der Variablen so wichtig. Da jeder Datentyp eine fest vorgegebene Länge hat, weiß das Programm, wie viel Platz es reservieren muss. Darüber hinaus hat jede Variable einen Wert. Es ist möglich, ihr bereits bei der Deklaration einen bestimmten Wert zuzuweisen. Sollte dies nicht geschehen, ist es in jedem Fall notwendig, dies vor der ersten Verwendung nachzuholen.

4.2 Variablen in Java verwenden

Nun ist es an der Zeit, die ersten Variablen in ein Java-Programm einzufügen. Dazu ist es immer zunächst notwendig, die Variable zu deklarieren. Dabei werden ihr ein bestimmter Typ und ein Name zugewiesen. Der Datentyp ist wichtig, damit das Programm den notwendigen Speicherplatz reservieren kann. Der Name ist erforderlich, um später aus dem Programm heraus auf die Variable zugreifen zu können. Um die Variable zu deklarieren, ist es daher notwendig, zunächst ihren Typ anzugeben und daraufhin einen Namen auszuwählen.

Für die Benennung der Variablen können Buchstaben, Ziffern, Währungssymbole und Verbinder wie beispielsweise der Unterstrich zum Einsatz kommen. Es ist gängige Konvention, dass Variablennamen immer mit einem Kleinbuchstaben beginnen. Sollte es sich um Zusammenschlüsse mehrerer Wörter handeln, ist es üblich, die darauffolgenden Wörter mit einem Großbuchstaben zu beginnen – beispielsweise `nameKunde` oder `breiteFenster`. Häufig kommen jedoch auch einzelne Buchstaben zum Einsatz. Abschließend ist ein Semikolon erforderlich. Eine vollständige Variablendeklaration sieht beispielsweise wie folgt aus:


```
int i;
```

Diese führt die Variable `i` ein. Außerdem gibt sie an, dass diese vom Typ integer – also eine ganze Zahl – ist. Die Deklaration kann im Prinzip an jeder beliebigen Stelle erfolgen. Es ist jedoch üblich, dass Variablen, die für die ganze Methode von Bedeutung sind, direkt am Anfang genannt werden. Variablen, die lediglich in einer bestimmten Schleife Verwendung finden, werden hingegen in der Regel direkt vor dieser eingeführt.

Beim ersten Aufruf ist es wichtig, sie zu initialisieren. Das bedeutet, dass ihr der Programmierer einen Wert zuweist. Das geschieht mit dem Gleichheitszeichen:

```
i = 0;
```

Um auf die Variable zuzugreifen, ist es im weiteren Verlauf lediglich notwendig, ihren Namen zu nennen. Beispielsweise ist es möglich, sie in die `print`-Funktion zu integrieren. Ein einfaches Programm, das eine Variable verwendet, könnte demnach wie folgt aussehen:

```
public class Variable {

    public static void main (String[] args){
```

```
        int i;
        i = 5;
        System.out.print("Der Wert dieser Variable
        beträgt ");
        System.out.print(i);
    }
}
```

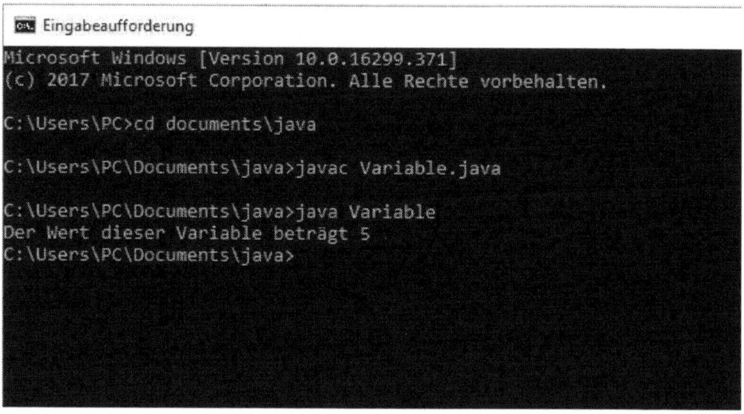

Screenshot 14 Die Ausgabe des Programms mit einer Variable

Dabei wird zunächst die Variable deklariert und anschließend initialisiert. Anschließend wird ihr Wert in der `print`-Funktion ausgegeben. Dabei ist es wichtig, zu beachten, dass die Variable nicht in Anführungszeichen stehen darf. Sollte dies der Fall sein, gibt das Programm nämlich nicht deren Wert, sondern ihren Namen aus.

In vielen Fällen wird die Variable direkt nach der Deklaration initialisiert. Um den Code zu vereinfachen, ist es möglich, beide Schritte zusammenzuführen. Anstatt `int i; i = 5;` zu schreiben, ist es erlaubt, einfach den Ausdruck `int i = 5;` zu verwenden.

Bei Variablen vom gleichen Typ ist es außerdem nicht notwendig, diese alle einzeln zu deklarieren, es ist möglich, sie mit einem Komma voneinander getrennt in einen einzigen Befehl aufzunehmen:

`int i, x, y;` oder `int i = 5, x = 3, y = 7;`

4.3 Verschiedene Variablentypen

Jede Programmiersprache verwendet verschiedene Variablentypen. Der Umgang damit ist jedoch unterschiedlich strikt. Bei manchen Sprachen ist es nicht einmal notwendig, den Typ anzugeben. Dieser wird automatisch während der Ausführung ermittelt – je nachdem, welcher Wert der Variablen zugewiesen wird. Dabei ist es manchmal sogar möglich, den Typ der Variablen innerhalb des Programms zu ändern, ohne dies explizit anzugeben. Java ist im Gegensatz dazu sehr strikt bei der Auslegung der Variablentypen. Daher ist es sehr wichtig, genau auf die richtige Bezeichnung zu achten.

Aufgrund der sehr strikten Unterscheidung ist es notwendig, bei jedem Programm die Datentypen genau zu beachten. Sonst kann es zu erheblichen Fehlern kommen. Die folgende Tabelle zeigt die primitiven Datentypen in Java auf:

Datentyp	**Speicherbedarf**	**Inhalt**
`boolean`	1 Byte	Wahrheitswerte: true, false
`char`	2 Byte	Unicode-Zeichen (Buchstaben, Ziffern und Sonderzeichen)
`byte`	1 Byte	Ganze Zahlen von -128 bis +127
`short`	2 Byte	Ganze Zahlen von -32 768 bis +32 767
`int`	4 Byte	Ganze Zahlen von -2 147 483 648 bis +2 147 483 647
`long`	8 Byte	Ganze Zahlen von –9 223 372 036 854 775 808 bis +9 223 372 036 854 775
`float`	4 Byte	Kommazahlen: ±1.4E-45 bis ±3.4028235E+38
`double`	8 Byte	Kommazahlen: ±4.9E-324 bis ±1.7976931348623157E+308

Bei den meisten dieser Werte handelt es sich um Zahlen. Darüber hinaus gibt es noch Wahrheitswerte, die im Typ `boolean` abgespeichert werden. Diese können nur zwei verschiedene Werte einnehmen: wahr oder unwahr beziehungsweise `true` oder `false`. Buchstaben und andere Zeichen werden im Typ `char` gespeichert.

Um einen Text in einer Variablen zu speichern, ist es jedoch nicht notwendig, diesen in einzelne Buchstaben zu zerlegen. Hierfür kommen Zeichenketten zum Einsatz. Diese werden als `String` deklariert (Achtung: Großschreibung beachten!). Der Unterschied zu den primitiven Datentypen besteht darin, dass hierbei keine fest vorgegebene Größe vorhanden ist. Diese ist flexibel und richtet sich nach der Anzahl der vorhandenen Buchstaben. Zeichenketten müssen stets in doppelten Anführungszeichen stehen.

Ein kleines Beispiel soll verdeutlichen, wie strikt Java bei der Auslegung der Variablentypen ist. Dazu soll im vorherigen Programm der Variablen `i` die Zahl 5,4 (in einem Computerprogramm muss dafür analog zur englischen Schreibweise der Wert 5.4 eingegeben werden) zugewiesen werden. Dazu ist es lediglich notwendig, den Ausdruck `i = 5;` durch `i = 5.4;` zu ersetzen. Bei der Kompilierung erscheint nun folgende Fehlermeldung:

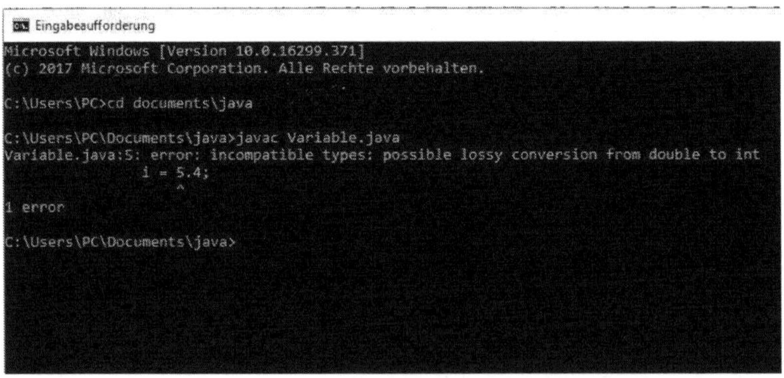

Screenshot 15 Die Fehlermeldung bei der Kompilierung

Daraus geht hervor, dass es nicht möglich ist, einer Variablen einen Wert zuzuweisen, der nicht dem entsprechenden Variablentyp entspricht. Daher ist es bereits zu Beginn des Programms notwendig, sich genau zu überlegen, welcher Datentyp erforderlich ist. Das folgende Programm stellt ein weiteres Beispiel dafür dar, welchen Einfluss die Datentypen auf das Ergebnis haben können. Hierbei soll auf drei unterschiedliche Weisen die Zahl 5 durch 2 geteilt werden. Aus mathematischer Sicht sollte dabei stets das gleiche Ergebnis erscheinen, nämlich 2,5. Java liefert dabei jedoch je nach verwendetem Datentyp unterschiedliche Werte:


```
public class VariableTyp {

    public static void main (String[] args){
        int i;
        double x, y;
        i = 5/2;
        x = 5/2;
        y = 5/2.0;
        System.out.print("Der Wert dieser Variable i beträgt ");
        System.out.println(i);
        System.out.print("Der Wert dieser Variable x beträgt ");
        System.out.println(x);
        System.out.print("Der Wert dieser Variable y beträgt ");
        System.out.println(y);
    }
}
```

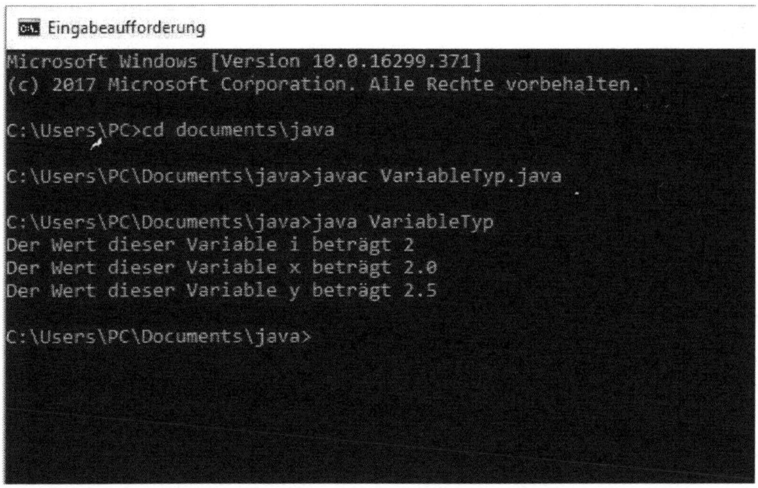

Screenshot 16 Die Ausgabe der verschiedenen Divisionen

Für dieses Programm wird zunächst die Variable `i` als `integer` – also als ganze Zahl – deklariert. Darauf folgen die Variablen `x` und `y` als `double`. Diese Bezeichnung steht für eine Fließkommazahl mit doppelter Genauigkeit. Für die Division kommt der Operator "/" zum Einsatz. Bei der ersten Berechnung führt das Programm automatisch die sogenannte Integer-Division durch. Das bedeutet, dass es nur den ganzzahligen Teil des Ergebnisses wiedergibt. Die Nachkommastellen verfallen. Das Ergebnis wird ebenfalls in einer `Integer`-Variablen gespeichert. In der zweiten Division wird der Wert nun in einer `double`-Variable gespeichert. Eigentlich sollte nun kein Problem mehr bestehen, da diese ja auch die Nachkommastellen aufnehmen kann. Das Ergebnis ist verblüffenderweise jedoch 2.0. Die Angabe der Nachkommastelle macht zwar deutlich, dass es sich hierbei um eine Fließkommazahl handelt. Die Nachkommastellen wurden aber dennoch nicht exakt berechnet. Das liegt daran, dass Java auch den Zahlen, die direkt in das Programm eingegeben werden, Typen zuweist. Da es sich bei 2 und 5 jeweils um ganze Zahlen handelt, führt es die `Integer`-Division mit dem bekannten Ergebnis durch. Dieses wird erst anschließend in eine `double`-Variable überführt. So entsteht der Wert 2.0. Um das exakte Ergebnis zu erhalten, ist es daher notwendig, bereits bei der Division dafür zu sorgen, dass eine Zahl vom Typ `double` integriert wird. Das ist durch die Verwendung einer Nachkommastelle möglich – selbst wenn diese 0 beträgt. Durch die Verwendung der Zahl 2.0 führt das Programm die exakte Division durch und errechnet dadurch das Ergebnis 2.5.

Wie strikt Java bei der Typisierung der Werte vorgeht, wird deutlich, wenn man im letzten Programm den Typ `double` durch `float` ersetzt. Dabei handelt es sich um eine Fließkommazahl von einfacher Genauigkeit. Da dieses Beispiel nur eine einzige Nachkommastelle verwendet, ist diese Genauigkeit ausreichend. Daher sollte dabei eigentlich das gleiche Ergebnis erzielt werden. Allerdings kommt es dabei zu einem Kompilierungsfehler.

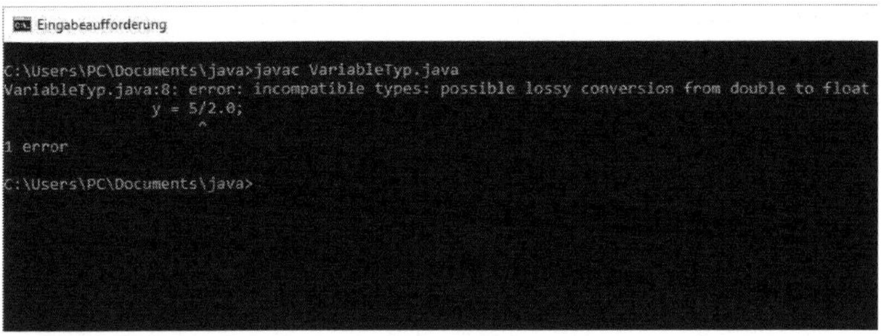

Screenshot 17 Fehler bei der Kompilierung

Dieser Fehler liegt daran, dass Java Zahlen mit Kommastelle im Normalfall als `double`-Werte behandelt. Daher ist das Ergebnis der Division ebenfalls ein `double`-Wert und darf nicht als `float`-Variable gespeichert werden. Um `float`-Zahlen kenntlich zu machen, ist es daher notwendig, den Buchstaben `f` an sie anzuhängen. Wenn nun das gleiche Programm mit `float`-Variablen programmiert werden soll, muss es folgendermaßen aussehen:

```
public class VariableTyp {

    public static void main (String[] args){
        int i;
        float x, y;
        i = 5/2;
        x = 5/2;
        y = 5/2.0f;
        System.out.print("Der Wert dieser Variable i beträgt ");
        System.out.println(i);
        System.out.print("Der Wert dieser Variable x beträgt ");
        System.out.println(x);
        System.out.print("Der Wert dieser Variable y beträgt ");
        System.out.println(y);
    }
}
```

Eine weitere Möglichkeit besteht darin, den `Cast`-Operator zu verwenden. Dieser wandelt die Datentypen um. Dazu ist es lediglich notwendig, den gewünschten Datentyp in Klammern vor den Ausdruck zu setzen: `y = 5/(float) 2;`

4.4 Arrays: mehrere Werte zu größeren Einheiten zusammenführen

Häufig ist es notwendig, mehrere Werte zusammenzufassen. Das ist beispielsweise der Fall, wenn die Lagerbestände eines Unternehmens erfasst oder wenn die Teilnehmer an einer Veranstaltung notiert werden sollen. Bei der analogen Verarbeitung derartiger Werte kommen häufig Listen und Tabellen zum Einsatz. Diese geben den einzelnen Werten eine Struktur und sorgen außerdem für eine gute Übersichtlichkeit. In der Informatik finden hierfür Arrays Verwendung. Dabei handelt es sich eine geordnete Ansammlung einzelner Felder, von denen jedes einzelne einen bestimmten Wert enthalten kann. Ein einzelnes Array-Feld entspricht in seiner Funktion weitestgehend einer Variablen. Der wesentliche Unterschied besteht darin, dass dieser Wert nicht über einen eigenen Namen angesprochen wird. Anstatt dessen sind der Name des Arrays und die entsprechende Index-Nummer notwendig.

Bei der Verwendung eines Arrays ist es wichtig, dass dieser nur gleiche Datentypen enthalten darf. Java ist in dieser Hinsicht im Gegensatz zu einigen anderen Programmiersprachen sehr strikt. Es gibt beispielsweise Arrays für `int`-, `double`- oder `char`-Werte. Auch Strings sind möglich. Arrays müssen genau wie Variablen zunächst deklariert werden. Dies geschieht hierbei ebenfalls durch die Nennung des Datentyps und des Namens des Arrays. Zusätzlich ist es jedoch erforderlich, eine eckige Klammer hinzuzufügen. Daraus wird ersichtlich, dass es sich um ein Array handelt. Diese kann entweder nach dem Datentyp oder nach dem Namen des Arrays stehen. Um den Array `a` mit `Integer`-Werten zu erzeugen, sind daher folgende Deklarierungen möglich:

`int[] a;` oder `int a[];`

Obwohl beide Formen möglich sind, wird dazu geraten, die erste Alternative zu verwenden. Diese ist deutlich gebräuchlicher.

Wie bereits erwähnt, legt Java einen großen Wert auf die Objektorientierung. Das hat zur Folge, dass diese Sprache auch Arrays wie Objekte behandelt. Um ein Objekt zu erzeugen, ist es notwendig, dieses zu instanziieren. Was es damit genau auf sich hat, wird im Kapitel 7 beschrieben. An dieser Stelle ist es lediglich von Bedeutung, das Array korrekt zu erzeugen. Dafür ist wie bei allen Objekten der Operator `new` erforderlich. Anschließend steht der Datentyp und in eckigen Klammern die Anzahl der Elemente, die das Array aufweisen soll. Dieser Ausdruck wird über ein Gleichheitszeichen dem Namen des Arrays zugewiesen:


```
a = new int[5];
```

Schließlich ist es notwendig, das Array mit Inhalten zu füllen. Der Zugriff erfolgt dabei über den Namen des Arrays und dahinter in einer eckigen Klammer die Indexnummer des entsprechenden Feldes. Dabei ist es wichtig, darauf zu achten, dass der Index stets mit 0 beginnt. Um in das erste Feld den Wert 3 einzugeben, wäre daher folgender Befehl notwendig:

```
a[0] = 3;
```

Daraus ergibt sich folgendes Programm, um ein Array zu erstellen und auszugeben:

```
public class Array {

    public static void main (String[] args){
        int[] a;
        a = new int[5];

        a[0] = 3;
        a[1] = 15;
        a[2] = 7;
        a[3] = 12;
        a[4] = 6;

        System.out.print("Der Wert des ersten Feldes beträgt ");
        System.out.println(a[0]);
```

```
        System.out.print("Der Wert des zweiten Feldes beträgt");
        System.out.println(a[1]);
        System.out.print("Der Wert des dritten Feldes beträgt");
        System.out.println(a[2]);
        System.out.print("Der Wert des vierten Feldes beträgt");
        System.out.println(a[3]);
        System.out.print("Der Wert des fünften Feldes beträgt");
        System.out.println(a[4]);
    }
}
```

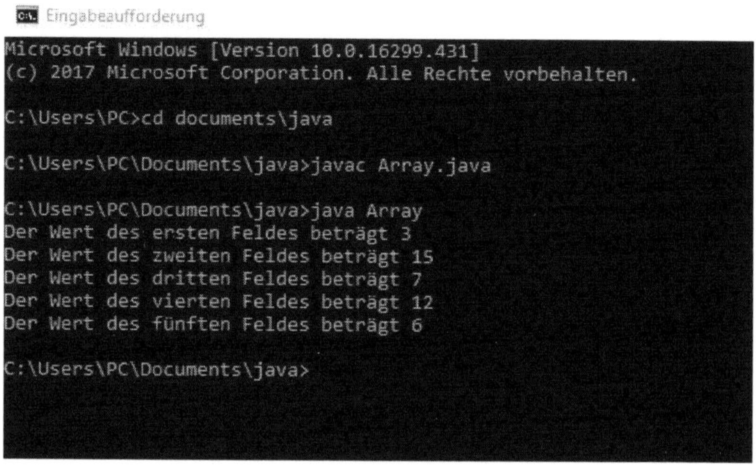

Screenshot 18 Die Ausgabe des Arrays

Einen Array mit dieser Methode zu erzeugen, ist relativ kompliziert. Es ist notwendig, ihn zu deklarieren, zu instanziieren und anschließend zu initialisieren. Es ist jedoch auch möglich, all diese Schritte in einem Befehl zusammenzufassen:

```
int[] a = new int[] {3, 15, 7, 12, 6};
```

Genau wie bei den Variablen wird hier die Deklarierung und die Initialisierung zusammengeführt, indem direkt bei der ersten Nennung ein Wert zugewiesen wird. Da für ein Array jedoch mehrere Werte notwendig sind, werden diese in einer geschweiften Klammer, jeweils mit einem Komma voneinander getrennt, eingefügt. Die für den Array notwendige Instanziierung wird durch den Operator `new` in den Befehl eingefügt.

Java zeigt sich hierbei sogar noch etwas flexibler. Der Programmierer kann sogar auf die explizite Instanziierung des Arrays verzichten. Auf diese Weise lässt er sich besonders schnell und einfach erzeugen:

```
int[] a = {3, 15, 7, 12, 6};
```


Die Arrays, die bisher vorgestellt wurden, sind mit einer Liste vergleichbar. Hierbei steht in jeder Zeile – beziehungsweise in jedem Feld des Arrays – nur ein einziger Eintrag. In vielen Fällen ist es jedoch notwendig, eine Tabelle zu erstellen. Dabei stehen in jeder Zeile mehrere Werte, die jedoch alle in einem Zusammenhang zueinander stehen. Auch derartige Systeme sind mit Arrays möglich. Hierfür kommen sogenannte multidimensionale Arrays zum Einsatz.

Auch hierbei gibt es wieder mehrere Möglichkeiten, um den Array zu deklarieren, instanziieren und zu initialisieren. Die einfachste Vorgehensweise entspricht der Methode, die als letztes vorgestellt wurde. Dabei ist es notwendig, hinter der Nennung des Variablentyps zwei eckige Klammern einzufügen. Anschließend werden die Zahlen durch Arrays ersetzt. Diese stehen wiederum in geschweiften Klammern:

```
int[][] a = {{2,4},{7,9},{5,8}};
```

Der Zugriff auf die einzelnen Werte erfolgt nun durch die Nennung beider Indexzahlen. Der erste Wert gibt die Position im übergeordneten Array an, der zweite Wert die Position im nachgeordneten Array. Die Bezeichnung `a[0][1]` würde beispielsweise die Zahl 4 ausgeben. In einem vollständigen Programm lässt sich ein multidimensionaler Array folgendermaßen darstellen:

```
public class Array2 {

    public static void main (String[] args){

        int[][] a = {{2,4},{7,9},{5,8}};

        System.out.print("Zeile 1: ");
        System.out.print(a[0][0]);
        System.out.print("    ");
        System.out.println(a[0][1]);
        System.out.print("Zeile 2: ");
        System.out.print(a[1][0]);
        System.out.print("    ");
        System.out.println(a[1][1]);
        System.out.print("Zeile 3: ");
        System.out.print(a[2][0]);
        System.out.print("    ");
        System.out.println(a[2][1]);

    }
}
```

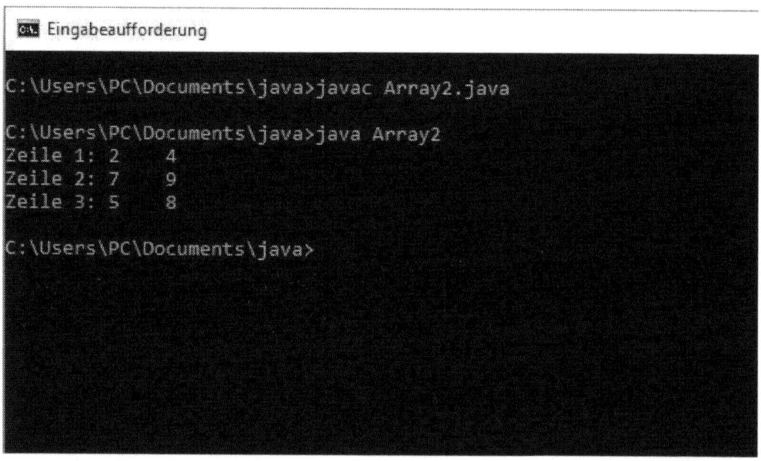

Screenshot 19 Die Ausgabe eines multidimensionalen Arrays in Tabellenform

In diesem Beispiel handelte es sich um ein zweidimensionales Array. Nach dem gleichen Muster lassen sich auch Arrays mit beliebig vielen weiteren Dimensionen erstellen. Auf diese Weise können die Programmierer sehr komplexe Datenstrukturen erstellen.

4.5 Mathematische Operatoren

Um Variablen sinnvoll anzuwenden, ist es notwendig, ihre Werte zu verändern und Berechnungen damit durchzuführen. Für Computerprogramme sind insbesondere mathematische Operatoren von Bedeutung. Einige davon wurden bereits in den vorhergehenden Abschnitten verwendet. Im Kapitel IV.3 wurden beispielsweise Divisionen durchgeführt. Dazu kam der Divisionsoperator "/" zum Einsatz. Auch für alle übrigen Grundrechenarten gibt es entsprechende Operatoren:

Addition:	+
Subtraktion:	-
Multiplikation:	*
Division:	/

Hinzu kommt der Modulus-Operator, der ebenfalls in vielen Programmen Verwendung findet. Dieser wird durch das Zeichen "`%`" gekennzeichnet. Er gibt den Rest einer ganzzahligen `Integer`-Division wieder. Wenn beispielsweise die Zahl 7 durch 2 geteilt wird, wäre bei der ganzzahligen Division das Ergebnis 3 Rest 1. Wenn der Ausdruck `x = 7%2;` im Programm erscheint, erhält die Variable `x` demnach den Wert 1.

Für kompliziertere Berechnungen – beispielsweise für Quadratwurzeln, Potenzen oder für die Sinusfunktion – stehen keine entsprechenden Operatoren bereit. Dafür ist es notwendig, eine Bibliothek einzubinden, die für diese Aufgaben vorgefertigte Funktionen bereithält. Wie das funktioniert, wird in einem späteren Kapitel behandelt.

Die mathematischen Operatoren können entweder mit Variablen oder mit Zahlen verwendet werden. Wenn beispielsweise die Variable `x` den Wert 3 und die Variable `y` den Wert 5 hat, ist es möglich, diese zu addieren und in der Variablen `z` zu speichern:

```
x = 3;
y = 5;
z = x + y;
```

Es ist jedoch genauso möglich, der Variablen `z` diese Summe direkt zuzuweisen:

```
z = 3 + 5;
```

In diesen Beispielen wird das Ergebnis der Berechnungen in einer Variablen gespeichert. Alternativ dazu ist es möglich, den Term direkt in eine Funktion einzubinden, zum Beispiel:

`System.out.print(x + y);` oder `System.out.print(3 + 5);`

Häufig kommt es vor, dass eine Variable auf ihren bisherigen Wert Bezug nimmt. Wenn es beispielsweise notwendig ist, eine Zahl um 5 zu erhöhen, muss diese Zahl zum bisherigen Wert addiert werden. Mit den bisherigen Kenntnissen ist dies ganz einfach möglich:

```
x = x +5;
```

Da derartige Operationen sehr häufig vorkommen, bietet Java hierfür eine Kurzform an. Der Ausdruck `x += 5;` hat genau die gleiche Bedeutung. Für die übrigen Rechenarten sind entsprechende Operatoren verfügbar: -=, *= und /=.

Besonders oft ist es notwendig, den Wert einer Variable um 1 zu erhöhen. Dafür sind bereits zwei verschiedene Möglichkeiten bekannt: `x = x + 1;` und `x += 1;`

In diesem Fall gibt es jedoch noch eine weitere Möglichkeit, die noch etwas kürzer ist: `x++;` Analog dazu reduziert der Operator `x--;` den Wert um 1.

Java beachtet bei der Verwendung von Operatoren die mathematischen Regeln zur Reihenfolge der Berechnungen. Nach der Regel "Punkt vor Strich" führt das Programm zuerst die Operatoren "*" und "/" aus, bevor es "+" und "-" berechnet, wenn diese gemeinsam in einem Ausdruck vorkommen. Darüber hinaus ist es möglich, Klammern zu setzen. Diese Ausdrücke werden stets als erste abgearbeitet.

4.6 Weitere Operatoren für Variablen

Neben den mathematischen Operatoren gibt es noch einige weitere Operatoren, die für die Gestaltung eines Programms sehr wichtig sind. Einer von ihnen wurde in den bisherigen Beispielen bereits mehrfach verwendet: der Zuweisungsoperator. Dieser besteht aus dem Gleichheitszeichen und weist einer Variable einen Wert zu. Er ist beispielsweise für die Initialisierung der Variable unverzichtbar. Außerdem macht er es möglich, der Variablen jederzeit einen neuen Wert zuzuweisen – sei es über eine mathematische Operation, über eine andere Variable oder über die einfache Nennung einer Zahl. Das folgende Programm zeigt einige Möglichkeiten für die Verwendung des Zuweisungsoperators auf.

```
public class Zuweisung {

    public static void main (String[] args){

        int i;
        int m = 10;

        i = 4;
        System.out.print("Nach der ersten Zuweisung
        beträgt der Wert der Variablen ");
        System.out.println(i);
        i = m;
        System.out.print("Nach der zweiten Zuweisung
        beträgt der Wert der Variablen ");
        System.out.println(i);
        i = 8*2;
        System.out.print("Nach der dritten Zuweisung
        beträgt der Wert der Variablen ");
```

```
        System.out.println(i);
    }
}
```

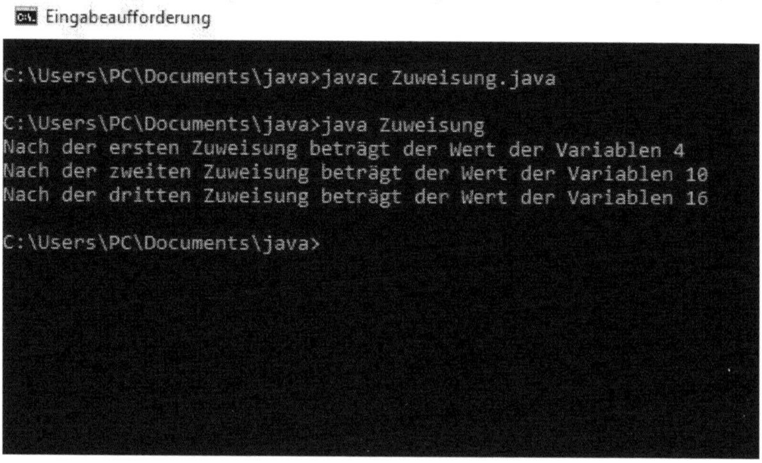

Screenshot 20 Die Ergebnisse der Zuweisungen

Bei der Verwendung des Zuweisungsoperators ist es wichtig, zu beachten, dass dabei die Reihenfolge von großer Bedeutung ist. Während in der Mathematik die Ausdrücke `m = n` und `n = m` vollkommen gleichbedeutend sind, besteht in einem Java-Programm ein großer Unterschied zwischen ihnen. Dabei wird immer der Wert auf der rechten Seite der Variablen auf der linken Seite zugewiesen. Im ersten Ausdruck erhält demnach die Variable `m` den Wert, der unter `n` gespeichert ist. Der zweite Ausdruck weist der Variablen `n` den Wert von `m` zu.

Das Pluszeichen wurde im vorhergehenden Abschnitt bereits als wichtiger mathematischer Operator vorgestellt. Allerdings kann es noch eine weitere Funktion einnehmen. Für den Umgang mit Zeichenketten ist die `String`-Addition von großer Bedeutung. Diese dient dazu, zwei Zeichenketten zusammenzufügen. Der Ausdruck "Java" "+" "Lehrbuch" ergibt beispielsweise den neuen `String` "JavaLehrbuch". Dabei werden die Inhalte einfach aneinandergereiht. Aus diesem Beispiel wird ersichtlich, dass das Programm kein Leerzeichen einfügt. Dafür ist der Programmierer selbst verantwortlich. Der Ausdruck "Java" "+" "+" "Lehrbuch" führt beispielsweise zum `String` "Java Lehrbuch".

Die `String`-Addition ist sehr praktisch, um die `print`-Befehle etwas einfacher zu gestalten. Im vorherigen Programm kamen beispielsweise folgende Ausdrücke zum Einsatz:

```
System.out.print("Nach der ersten Zuweisung beträgt der Wert der
Variablen ");
System.out.println(i);
```


Diese lassen sich durch folgenden Ausdruck ersetzen:

```
System.out.println("Nach der ersten Zuweisung beträgt der Wert
der Variablen "+i);
```

Bei der Variablen i handelt es sich zwar eigentlich um einen `Integer`-Wert. Dieser wird bei der Ausgabe jedoch während der Laufzeit in eine Zeichenkette umgewandelt. Daher ist es möglich, die `String`-Addition durchzuführen.

4.7 Den Typ der Daten ändern

Um darzustellen, auf welche Weise Java Datentypen verändert, soll folgendes Programm als Beispiel dienen:

```
public class Datentyp {

    public static void main (String[] args){

        byte b;
        short s;
        int i;
        long l;
        float f;
        double d;

        b = 3;
```

```
            s = b;
            i = s;
            l = i;
            f = l;
            d = f;

            System.out.print("Der Wert der Variablen d ist
            "+d+".");
        }
}
```

Dieses enthält 6 Variablen unterschiedlicher Typen. Zunächst wird der Variablen vom Typ `byte` der Wert 3 zugewiesen. Dieser Wert soll daraufhin in allen weiteren Variablen gespeichert werden. Bei der Ausführung des Programms zeigt sich, dass dies problemlos möglich ist. Am Ende wird der Wert 3.0 (da es sich um eine Variable vom Typ `double` handelt) ausgegeben.

Dieses Beispiel zeigt, dass alle genannten Datentypen den Wert drei aufnehmen können. Das legt nahe, dass sie beliebig untereinander konvertierbar sind. Dies ist jedoch nicht der Fall. Das wird deutlich, wenn man im Programm die Reihenfolge umkehrt. Wenn man zunächst der `double`-Variablen `d` den Wert 3 zuweist und diesen dann an die `float`-Variable `f` übergeben will, erscheint bei der Kompilierung eine Fehlermeldung. Die Konvertierung ist nur in folgender Reihenfolge möglich:

```
byte → short → int → long → float → double
```

Dabei ist es auch möglich, einen oder mehrere Schritte zu überspringen. Beispielsweise lässt sich ein `short`-Wert problemlos direkt in einen `double`-Wert überführen. Wenn jedoch der umgekehrte Weg eingeschlagen werden soll, ist es notwendig, dieses explizit anzugeben. Dazu kommt der `Cast`-Operator zum Einsatz, der bereits in einem der vorherigen Abschnitte angesprochen wurde. Damit ist es auch möglich, Fließkommazahlen in die zugehörigen ganzen Zahlen zu überführen. Der Wert wird dabei immer abgerundet.

```
public class Datentyp2 {

     public static void main (String[] args){

          byte b;
          short s;
          int i;
          long l;
          float f;
          double d;

          d = 3.7432;
          f = (float)d;
          l = (long)f;
          i = (int)l;
          s = (short)i;
          b = (byte)s;

          System.out.print("Der Wert der Variablen b ist
          "+b+".");
     }
}
```


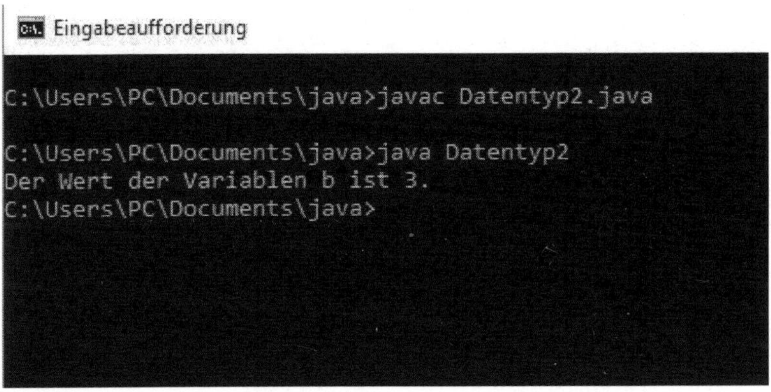

Screenshot 21 Die Konvertierung einer Kommazahl in eine ganze Zahl

Hinzu kommen char-Variablen. Diese lassen sich in `int`-Werte überführen. Dabei ist jedem Buchstaben ein nummerischer Wert zugeordnet. Bei der Übertragung wird daher der Buchstabe in eine Zahl umgewandelt:

```
public class Datentyp3 {

     public static void main (String[] args){

          char c;
          int i;

          c = 'd';
          i = c;

          System.out.println("Der Wert der Variablen c ist
          "+c+".");
          System.out.print("Der Wert der Variablen i ist
          "+i+".");
     }
}
```

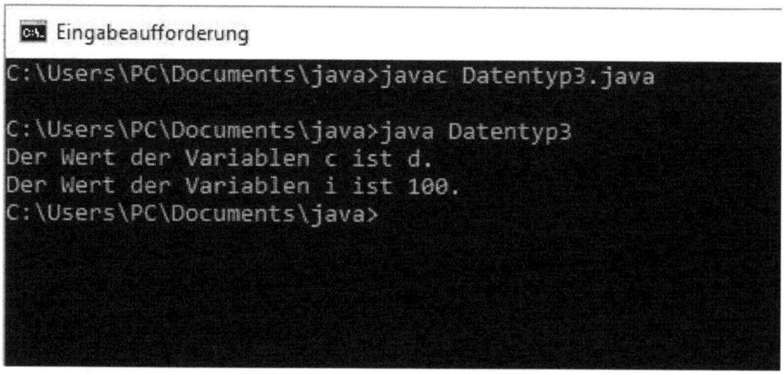

Screenshot 22 Die Ausgabe eines Buchstabens als Zahl

4.8 Übungsaufgabe: Werte mit Variablen verarbeiten

1. Gestalten Sie ein Programm, das die Zahlen 3 und 3,5 jeweils in einer Variablen speichert und die Werte anschließend addiert. Das Ergebnis soll in einer weiteren Variablen als Fließkommazahl gespeichert und anschließend auf dem Bildschirm ausgegeben werden. Wiederholen Sie diesen Vorgang, speichern Sie dabei dieses Mal jedoch nur den ganzzahligen Teil in der Variablen ab.

2. Betrachten Sie nochmals das erste Programm dieses Lehrbuchs (Kapitel III.1.), das den Text "Herzlich Willkommen zum

Java-Kurs!" ausgibt. Schreiben Sie ein Programm, das genau die gleiche Funktion erfüllt. Dabei soll jedoch ein Array gestaltet und dabei jedes einzelne Wort in einem Feld gespeichert werden. Geben Sie daraufhin die einzelnen Felder nacheinander aus.

Lösungen:

1.

```
public class Aufgabe_iv1 {

	public static void main (String[] args){

		int zahl1, ergebnis2;
		double zahl2, ergebnis1;

		zahl1 = 3;
		zahl2 = 3.5;

		ergebnis1 = zahl1 + zahl2;

		System.out.println("Ergebnis 1: " + ergebnis1);

		ergebnis2 = zahl1 + (int)zahl2;

		System.out.println("Ergebnis 2: " + ergebnis2);
	}
}
```

Anmerkung: Anstatt mit `double`-Variablen zu arbeiten, wäre es auch möglich, `float`-Variablen zu verwenden. Anstelle der `int`-Variablen könnten auch Werte vom Typ `short`, `byte` oder `long` Verwendung finden. Das würde zwar (mit Ausnahme der Verwendung von `long`-Variablen) den benötigten Speicherplatz etwas reduzieren. Allerdings bringt das einige Probleme mit sich. Beispielsweise müssen `float`-Werte durch den Buchstaben `f` gekennzeichnet werden. Bei `byte` und `short` ist die Addition nicht ganz einfach. Daher ist es empfehlenswert, für Fließkommazahlen stets `double` und für ganze Zahlen `int` oder – wenn es sich um sehr große Werte handelt – `long` zu verwenden.

2.

```
public class Aufgabe_iv2 {

   public static void main (String[] args){

      String a[] = {"Herzlich", "Willkommen", "zum", "Java-Kurs",
      "!"};

      System.out.print(a[0]+" "+a[1]+" "+a[2]+" "+a[3]+a[4]);

   }
}
```


Anmerkung: Selbstverständlich können Sie auch die anderen Möglichkeiten zur Erzeugung eines Arrays verwenden, die in diesem Buch vorgestellt wurden. Wenn Sie diese jedoch mit dem obigen Programmcode vergleichen, werden Sie feststellen, dass diese deutlich länger sind. Die Ausgabe erfolgt schnell und einfach durch die String-Addition innerhalb des print-Befehls.

Alle Programmcodes aus diesem Buch sind als PDF zum Download verfügbar. Dadurch müssen Sie sie nicht abtippen:
https://bmu-verlag.de/java-programmieren

Außerdem erhalten Sie die eBook Ausgabe zum Buch im PDF Format kostenlos auf unserer Website:

https://bmu-verlag.de/java-programmieren
Downloadcode: siehe Kapitel 15

Kapitel 5

if-Abfragen: unverzichtbar für die Programmierung mit Java

Im vorherigen Kapitel wurden Variablen vorgestellt. Diese können verschiedene Werte aufnehmen und es ist möglich, diese mithilfe von Operatoren zu verändern. In vielen Fällen ist es jedoch notwendig, den Ablauf des Programms an den Wert der Variablen zu koppeln. Nur wenn eine bestimmte Bedingung erfüllt ist, wird der entsprechende Teil ausgeführt. Als Beispiel hierfür kann ein Programm für die Verwaltung eines Warenlagers dienen. Wenn ein bestimmter Artikel angefordert wird, ist dies nur möglich, wenn er vorrätig ist. Daher muss das Programm prüfen, ob das entsprechende Produkt im Lager vorhanden ist und darf den Prozess nur dann verbuchen, wenn dies zutrifft. Ist der Artikel nicht mehr vorrätig, muss es eine Fehlermeldung ausgeben.

Zu diesem Zweck kommen in Java `if`-Abfragen zum Einsatz. Diese überprüfen, ob eine bestimmte Bedingung erfüllt ist und führen den anschließenden Programmteil nur dann aus, wenn die Abfrage positiv ausfällt.

5.1 So ist eine if-Abfrage in Java aufgebaut

Um mit einer `if`-Abfrage zu arbeiten, ist es zunächst notwendig, ihre grundlegende Struktur kennenzulernen. Jede Abfrage dieser Art beginnt mit dem Schlüsselbegriff "`if`". Danach folgt eine runde Klammer. Darin steht die Bedingung, die für die Ausführung erfüllt sein muss. Wie diese Bedingungen genau aussehen, wird im folgenden Abschnitt beschrieben.

Nachdem die `if`-Abfrage eingeführt ist und ihre Bedingung angegeben wurde, folgt ein Block, der aus verschiedenen Befehlen und Anweisungen zusammengesetzt ist. Dieser wird nur dann ausgeführt, wenn die Bedingung zutrifft. Dabei ist es wichtig, den

Anfang und das Ende dieses Bereichs kenntlich zu machen. Dazu dient eine geschweifte Klammer. Sollte die Bedingung nicht erfüllt sein, fährt das Programm mit der ersten Anweisung fort, die nach der schließenden geschweiften Klammer steht.

Die `if`-Abfrage hat daher folgenden schematischen Aufbau:

```
if (Bedingung) {
    beliebig viele Befehle
}
```

5.2 Vergleichsoperatoren und logische Operatoren

Wie aus dem vorherigen Abschnitt hervorgeht, stellt die Bedingung einen unverzichtbaren Teil der `if`-Abfrage dar. Um sie zu formulieren, kommen mehrere Möglichkeiten infrage. Besonders häufig handelt es sich dabei um einen Größenvergleich. Daher wird diese Möglichkeit zuerst vorgestellt.

In diesem Fall wird in der Regel der Wert einer Variable mit einer festen Größe verglichen. Im bereits vorgestellten Beispiel des Warenlagers kann der angeforderte Artikel beispielsweise nur dann ausgeliefert werden, wenn er im Lager vorhanden ist – wenn also der Wert für den Bestand größer als 0 ist. Wenn dieser Wert in einer Variablen mit dem Namen bestand gespeichert ist, müsste folgender Ausdruck zum Einsatz kommen: `bestand > 0`. Darüber hinaus gibt es noch einige weitere Vergleichsoperatoren, die in folgender Tabelle aufgeführt sind.

`x > y`	x ist größer als y
`x < y`	x ist kleiner als y
`x == y`	x ist gleich y
`x != y`	x ist ungleich y
`x >= y`	x ist größer oder gleich y
`x <= y`	x ist kleiner oder gleich y

Mithilfe dieser Operatoren lässt sich bereits ein einfaches Programm für die Lagerverwaltung schreiben:

```
public class Lager {

    public static void main (String[] args){

        int bestand = 10;

        if (bestand > 0){
            System.out.print("Der Artikel wird ausgeliefert.");
        }
        if (bestand == 0){
            System.out.print("Der angeforderte
            Artikel ist leider nicht verfügbar.");
        }

    }
}
```


Dieses Programm enthält zwei `if`-Abfragen. Die erste ermittelt, ob der entsprechende Artikel verfügbar ist. Trifft dies zu, gibt es eine passende Meldung aus. Der zweite Teil wird ausgeführt, wenn keine Artikel mehr verfügbar sind – wenn der Bestand also auf 0 gesunken ist. Dabei ist es sehr wichtig, darauf zu achten, dass für die Abfrage der Bedingung ein doppeltes Gleichheitszeichen notwendig ist. Bei der Verwendung eines einfachen Gleichheitszeichens wird der Variablen bestand der Wert 0 zugewiesen. Das zieht einen Fehler beim Kompilieren nach sich.

Die Funktionsweise dieses Programms lässt sich durch eine Änderung des Werts der Variable `bestand` überprüfen. Nach jeder Änderung ist es notwendig, das Programm zu speichern und erneut zu kompilieren. Wenn nun der Wert 0 verwendet wird, erscheint die Meldung der zweiten `if`-Abfrage.

Um den Vergleich durchzuführen, kommen noch weitere Möglichkeiten infrage. Häufig kommen zu diesem Zweck boolesche Variablen zum Einsatz. Diese geben einen Wahrheitswert an und können die Werte `true` oder `false` annehmen. Hierfür ist es lediglich notwendig, den Namen der Variablen in die Klammer einzufügen. Der Programmierer kann den Wert der entsprechenden Variablen entweder direkt eingeben oder als Wert eines Vergleichs ermitteln:

```
public class Boole {

      public static void main (String[] args){

            boolean b = true;

            if (b){
                  System.out.print("Die Bedingung trifft zu.");
            }
      }
}
```

beziehungsweise:

```
public class Boole2 {

      public static void main (String[] args){

            boolean b;
            int bestand = 10;

            b = bestand > 0;

            if (b){
                  System.out.print("Die Bedingung trifft zu.");
            }
      }
}
```

In vielen Fällen ist es notwendig, den entsprechenden Programmteil nur auszuführen, wenn zwei Bedingungen zugleich erfüllt sind. In anderen Fällen ist es ausreichend, wenn eine von zwei möglichen Bedingungen erfüllt ist. Für diese Fälle kommen logische Operatoren zum Einsatz. Es ist beispielsweise möglich, das Programm für die Lagerverwaltung auszuweiten. Nun soll die Meldung, dass der Artikel ausgeliefert wird, nur dann erscheinen, wenn die Anfrage an einem Werktag eingeht. Andernfalls soll der Hinweis erscheinen, dass der Auftrag erst am nächsten Werktag ausgeführt wird. Dazu kommt eine boolesche Variable mit dem Namen `werktag` zum Einsatz.

```
public class Lager2 {

	public static void main (String[] args){

		int bestand = 10;
		boolean werktag = false;

		if ((bestand > 0) && werktag){
			System.out.print("Der Artikel wird sofort
			ausgeliefert.");
		}

		if ((bestand > 0) && !werktag){
			System.out.print("Der Artikel wird am nächsten
			Werktag ausgeliefert.");
		}

		if (bestand == 0){
			System.out.print("Der angeforderte
			Artikel ist leider nicht verfügbar");
		}

	}
}
```


In diesem Programm kommt zunächst der Operator für das logische Und zum Einsatz. Dieser besteht aus dem doppelten Ampersand (`&&`). Daher wird der Befehl nur ausgeführt, wenn beide Bedingungen erfüllt sind. Dabei ist es wichtig, Bedingungen, die aus mehreren Teilen bestehen, in Klammern zusammenzufassen – wie in diesem Beispiel `(bestand > 0)`. In der nächsten Abfrage kommt dieser Operator erneut zum Einsatz. Darüber hinaus wird ein weiterer Operator hinzugefügt: die logische Negation. Diese wird durch ein Ausrufezeichen ausgedrückt. Das bedeutet, dass die Befehle dieser Abfrage dann ausgeführt werden, wenn die entsprechende Bedingung nicht zutrifft. Darüber hinaus gibt es noch einige weitere logische Operatoren. Die folgende Liste gibt einen Überblick über die verschiedenen Möglichkeiten und zeigt in Klammern den entsprechenden Bezeichner für die Programmierung auf:

Logisches Und (`&&`): Gibt `true` zurück, wenn beide verknüpften Bedingungen erfüllt sind.

Logisches Oder (||): Gibt `true` zurück, wenn mindestens eine der verknüpften Bedingungen erfüllt ist.

Exklusives Oder (^): Gibt `true` zurück, wenn genau eine der verknüpften Bedingungen erfüllt ist.

Logische Negation (!): Gibt `true` zurück, wenn die genannte Bedingung nicht erfüllt ist.

Dabei ist es möglich, beliebig viele logische Operatoren miteinander zu verbinden. In diesem Fall ist es meistens erforderlich, Klammern zu setzen. Diese geben selbst sehr komplizierten Ausdrücken eine klare Struktur und sorgen dafür, dass sie in die richtigen Einheiten zusammengefasst werden.

5.3 Alternativen durch Else-Verzweigungen einfügen

Die `if`-Abfrage überprüft, ob eine Bedingung erfüllt ist. Trifft dies zu, führt sie einen bestimmten Programmteil durch. Ist das nicht der Fall, überspringt sie diesen Teil und fährt mit dem sich daran anschließenden Code fort. In vielen Programmen ist es jedoch notwendig, dass in diesem Fall andere Befehle ausgeführt werden. Dabei tritt eine Verzweigung auf, bei dem das Programm unterschiedliche Wege einschlagen kann.

Ein Beispiel hierfür ist das Programm Lager aus dem vorhergehenden Kapitel. In diesem Fall soll das Programm zurückgeben, dass das Produkt verschickt wird, wenn es noch vorrätig ist. Trifft dies nicht zu, soll es dem Anwender mitteilen, dass es nicht auf Lager ist. In diesem Fall wurde eine zweite `if`-Abfrage eingefügt. Das war in diesem Beispiel sehr einfach, da die Anzahl der möglichen Fälle stark eingegrenzt ist: Entweder ist das Produkt vorrätig, sodass der Wert für den Bestand größer als 0 ist oder es ist nicht vorrätig, sodass der Wert gleich 0 ist. Daher ist es möglich, für die zweite `if`-Abfrage einfach die Bedingung `(bestand == 0)` zu verwenden.

Es kommt jedoch häufig vor, dass die Bedingung für die übrigen Fälle nicht so einfach zu fassen ist. Hierfür wären dann sehr komplizierte Anweisungen notwendig. Man kann sich beispielsweise vorstellen, dass das Programm eine bestimmte Aktion durchführen soll, wenn der Bestand genau 10, 20 oder 30 Produkte beträgt. Die Bedingung hierfür ist noch relativ einfach aufzustellen:

```
if ((bestand == 10) || (bestand == 20) || (bestand == 30))
```


Das Gegenteil dieser Bedingung zu formulieren, ist in diesem Fall bereits recht kompliziert:

```
if ((bestand < 10) || ((bestand >10) && (bestand < 20)) ||
((bestand >20) && (bestand < 30)) || (bestand >30))
```

Ein derartiger Ausdruck gestaltet das Programm sehr kompliziert und unübersichtlich. Deutlich einfacher wäre es bereits, die logische Negation der ersten Bedingung zu verwenden:

```
if (!((bestand == 10) || (bestand == 20) || (bestand == 30)))
```

Java bietet hierfür jedoch eine weitere Möglichkeit an: das Schlüsselwort `else`. Dieses bezieht sich stets auf die Negation der vorhergehenden `if`-Abfrage. Der sich daran anschließende Teil wird daher immer dann ausgeführt, wenn die erste Bedingung nicht zutrifft. Die Struktur des Programms sieht folgendermaßen aus:

```
if (Bedingung) {
    Wird ausgeführt, wenn Bedingung zutrifft.
}
else {
    Wird ausgeführt, wenn Bedingung nicht zutrifft.
}
```

Als Anwendungsbeispiel soll nun das bereits aufgeführte Programm zur Ermittlung des Lagerbestands neu geschrieben werden.

Anstatt der zweiten `if`-Abfrage wird nun jedoch der Ausdruck else verwendet:

```
public class Lager3 {

    public static void main (String[] args){

        int bestand = 10;

        if (bestand > 0){
            System.out.print("Der Artikel wird ausgeliefert.");
        }
        else{
            System.out.print("Der angeforderte
            Artikel ist leider nicht verfügbar.");
        }

    }
}
```

In vielen Fällen kommt es vor, dass es nicht nur zwei verschiedene Möglichkeiten für die Ausführung des Programms gibt, sondern drei oder mehr. Auch in diesem Fall ist es möglich, die `if`-Abfrage in Verbindung mit `else` zu verwenden. In diesem Fall folgen nach der ersten Abfrage die Ausdrücke `else` und `if` und daraufhin eine neue Bedingung. Das kann beliebig oft wiederholt werden. Zum Schluss steht der Ausdruck `else`. Die darauf folgenden Anweisungen werden ausgeführt, wenn keine der vorherigen Bedingungen erfüllt ist:

```
if (Bedingung 1){
   Anweisung 1
}
else if (Bedingung 2){
   Anweisung 2
}
.
.
.
else if (Bedingung x){
   Anweisung x
}
```

```
else {
   Wird ausgeführt, wenn keine der Bedingungen 1 bis x erfüllt
   ist
}
```

Als Beispiel soll wieder das Programm für das Warenlager dienen. Dessen bisherigen Funktionen sollen dabei erweitert werden. Falls der Warenbestand bereits geringer als 10 ist, soll das Programm den Anwender darauf hinweisen und ihn dazu auffordern, die Artikel nachzubestellen:


```
public class Lager4 {

      public static void main (String[] args){

            int bestand = 5;
            if (bestand == 0){
                  System.out.print("Der angeforderte
                  Artikel ist leider nicht verfügbar.");
            }
            else if (bestand < 10){
                  System.out.println("Nur noch wenige
                  Artikel verfügbar.");
                  System.out.print("Bitte nachbestellen!");
            }
            else {
                  System.out.print("Der Artikel wird geliefert.");
            }
      }
}
```

Die erste Abfrage überprüft hierbei, ob der Wert 0 beträgt. Wenn dies zutrifft, gibt das Programm die entsprechende Meldung aus und überspringt die weiteren Teile der Abfrage. Sollte der Wert jedoch ungleich 0 sein, fährt es mit der nächsten Abfrage fort. Der darauf folgende Befehl soll ausgeführt werden, wenn der Wert zwischen 1 und 9 liegt. Da dieser Teil nur ausgeführt wird, wenn der Wert ungleich 0 ist, reicht es hierfür aus, abzufragen, ob der Wert kleiner als 10 ist. In allen übrigen Fällen beträgt der Bestand mindestens 10. Daher gibt das Programm aus, dass die Lieferung möglich ist.

5.4 Übung: Programme mit Abfragen und Verzweigungen erstellen

1. Ein Händler nimmt Bestellungen für ein bestimmtes Produkt entgegen. Dabei speichert er die gewünschte Anzahl in der Variablen bestellmenge. Die Zahl der verfügbaren Produkte wird in der Variablen `bestand` vermerkt. Außerdem nutzt das Programm die boolesche Variable `zahlung`, in der vermerkt ist, ob der Artikel bereits bezahlt wurde. Das Programm soll nun überprüfen, ob die gewünschte Anzahl verfügbar ist und ob die Zahlung eingegangen ist. In diesem Fall gibt es zurück, dass die Ware versendet wird. Ist die benötigte Anzahl vorhanden, die Zahlung jedoch noch nicht eingegangen, soll es den Kunden darauf hinweisen, dass der Artikel nach Zahlungseingang verschickt wird. Wenn nicht genügend Artikel vorhanden sind, wird der Käufer darüber informiert, wie viele Einheiten noch verfügbar sind.

2. Bisher wurden die verschiedenen Werte stets direkt in das Programm eingegeben. In der Praxis ist es jedoch üblich, dass der Anwender diese eingibt. Dieser Vorgang ist in Java relativ kompliziert. Da diese Funktion jedoch auch bei den weiteren Beispielen nützlich ist, soll sie hier kurz vorgestellt werden. Die Einzelheiten werden dabei nicht erklärt – das folgt in den weiteren Kapiteln (vorwiegend in den Kapiteln VII und VIII). Vorerst ist es nur notwendig, den folgenden Programmcode in das Programm einzufügen.

Ganz am Anfang – noch vor dem Öffnen der ersten Klasse – muss folgende Zeile eingefügt werden:

```
import java.io.*;
```

Die Zeile, die die `main`-Methode öffnet, muss folgendermaßen abgewandelt werden:

```
public static void main (String[] args)throws IOException{
```

Daran schließen sich direkt die folgenden beiden Zeilen an:

```
InputStreamReader isr = new InputStreamReader(System.in);
BufferedReader br = new BufferedReader(isr);
```

Nun sind die Vorarbeiten erledigt und Sie können mit dem eigentlichen Programm beginnen. Dazu sollen Sie dem Nutzer eine kleine Rechenaufgabe stellen und ihn dazu auffordern, diese zu lösen.

Danach müssen Sie das Ergebnis einlesen und in der Variablen eingabe speichern. Dazu ist folgende Zeile notwendig:


```
String eingabe = br.readLine();
```

Dieser Wert liegt vorerst jedoch als `String`-Variable vor. Die nächste Zeile wandelt ihn in einen `int`-Wert um und speichert ihn in der Variablen `ergebnis`:

```
int ergebnis = Integer.parseInt(eingabe);
```

Überprüfen Sie nun mit einer `if`-Abfrage, ob der Anwender das richtige Ergebnis ermittelt hat und geben Sie eine entsprechende Meldung aus.

Lösungen:

1.

```
public class Aufgabe_v1 {

    public static void main (String[] args){

        int bestellmenge = 2;
        int bestand = 9;
        boolean zahlung = true;

        if ((bestellmenge <= bestand)&&zahlung){
        System.out.println("Der Artikel wird ausgeliefert.");
        }
        else if (bestellmenge <= bestand) {
        System.out.println("Der Artikel ist verfügbar.");
            System.out.println("Die Lieferung
            Erfolgt sofort nach Zahlungseingang.");
        }
        else {
            System.out.println("Die gewünschte Menge
            ist nicht verfügbar.");
            System.out.println("Es sind nur noch
            "+bestand+" Artikel auf Lager");
        }
    }
}
```

2.

```
import java.io.*;

public class Aufgabe_v2 {

public static void main (String[] args)throws IOException{

        InputStreamReader isr = new
        InputStreamReader(System.in);
        BufferedReader br = new BufferedReader(isr);

        System.out.println("Was ist das Ergebnis aus 3 x 4?");

        String eingabe = br.readLine();
        int ergebnis = Integer.parseInt(eingabe);

        if (ergebnis == (3*4)){
            System.out.print("Das Ergebnis ist richtig.");
```

```
        }
        else {
            System.out.print("Sie haben die Aufgabe
            nicht richtig gelöst.");
        }
    }
}
```

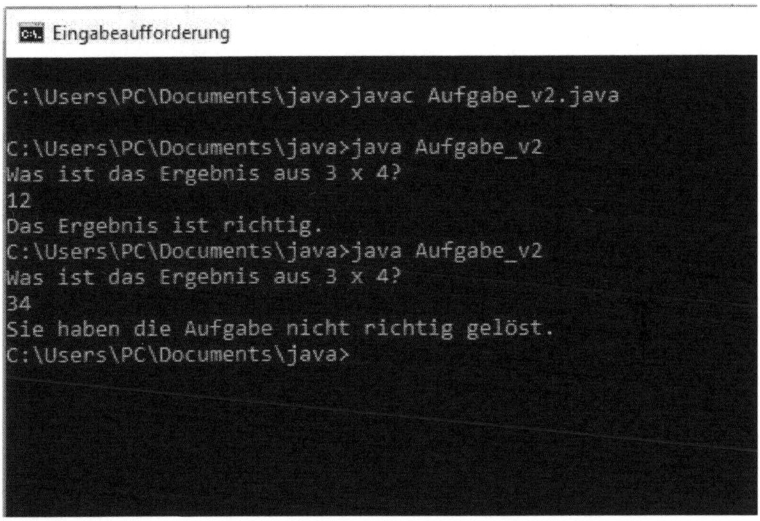

Screenshot 23 Programm mit Interaktionsmöglichkeit für den Anwender

Alle Programmcodes aus diesem Buch sind als PDF zum Download verfügbar. Dadurch müssen Sie sie nicht abtippen:
https://bmu-verlag.de/java-programmieren

Außerdem erhalten Sie die eBook Ausgabe zum Buch im PDF Format kostenlos auf unserer Website:

https://bmu-verlag.de/java-programmieren
Downloadcode: siehe Kapitel 15

Kapitel 6

Schleifen: ein wichtiger Bestandteil vieler Programme

Einer der wesentlichen Vorteile eines Computerprogramms besteht darin, dass es eine einfache Aufgabe unzählige Male mit hoher Geschwindigkeit ausführen kann. Häufig führt der Computer dabei viele Tausend Berechnungen durch und benötigt dafür lediglich Sekundenbruchteile. Um jedoch Tausende Befehle in ein Programm einzufügen, wäre ein riesiger Aufwand beim Programmieren erforderlich. Wenn die einzelnen Berechnungen jedoch nach einem ähnlichen Muster verlaufen, ist es möglich, sie automatisch ausführen zu lassen. Dafür kommen Schleifen zum Einsatz. Diese enthalten verschiedene Befehle, die so lange wiederholt werden, wie eine bestimmte Bedingung erfüllt ist.

6.1 While-Schleifen bieten vielfältige Steuerungsmöglichkeiten

Die `while`-Schleife bietet viele verschiedene Anwendungsmöglichkeiten und stellt daher eine der wichtigsten Schleifen in Java dar. Ihre grundlegende Struktur sieht folgendermaßen aus:

```
while (Bedingung) {
    beliebig viele Befehle
}
```

Der Aufbau ist demnach ganz ähnlich, wie bei einer `if`-Abfrage. Die Bedingungen können dabei auch auf die gleiche Weise formuliert werden. Der Unterschied besteht darin, dass bei der Schleife der entsprechende Block nach der ersten Runde erneut ausgeführt wird – wenn die Bedingung weiterhin erfüllt ist. Dabei kann es zu beliebig vielen Durchgängen kommen. Es ist sehr wichtig, darauf zu achten, die Bedingung so zu formulieren, dass sie nach der gewünschten Anzahl an Durchläufen nicht mehr erfüllt ist.

Sonst kommt es zu einer Endlosschleife und das Programm wird nicht ordnungsgemäß beendet.

Als Beispiel soll ein Programm dienen, das die Zahlen von 1 bis 10 ausgibt. Dafür sollen die entsprechenden Ausgaben nicht einzeln programmiert werden, sondern automatisch in einer Schleife erstellt werden. Dafür ist es notwendig, eine Variable als Zähler zu definieren. Diese soll dann innerhalb der Schleife ausgegeben und anschließend um eins erhöht werden. Die Bedingung muss so gestaltet werden, dass die Schleife so lange ausgeführt wird, wie der Wert dieser Variablen kleiner oder gleich 10 ist:

```
public class Schleife {

    public static void main (String[] args){

        int i = 1;

        while (i<=10){
            System.out.println(i);
            i++;
        }

    }
}
```

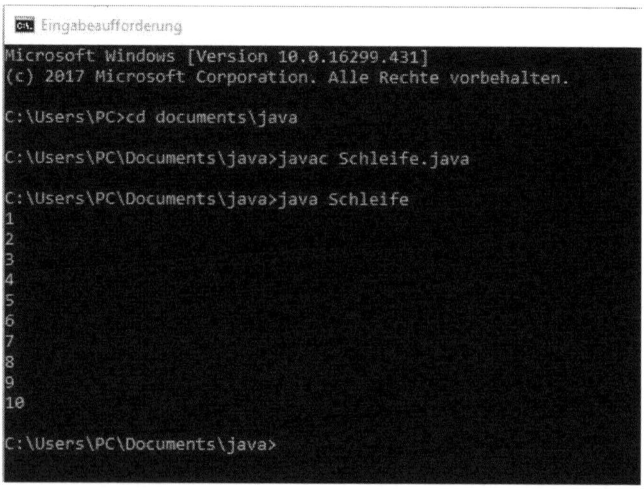

Screenshot 24 Die Ausgabe der Schleifen

Dabei ist es nicht immer notwendig, dass die Schleife mit einer fest vorgegebenen Anzahl an Durchläufen ausgeführt wird. Die Bedingung kann auch so gestaltet werden, dass sie von anderen Faktoren – beispielsweise von einer Eingabe des Benutzers – abhängig ist:

```
import java.io.*;

public class Schleife2 {

public static void main (String[] args)throws IOException{

        InputStreamReader isr = new
        InputStreamReader(System.in);
        BufferedReader br = new BufferedReader(isr);

        int guthaben = 200;
        boolean guthabenReichtAus = true;

        while (guthabenReichtAus){

            System.out.print("Bitte geben Sie den
            Kaufbetrag ein: ");
            String eingabe = br.readLine();
            int betrag = Integer.parseInt(eingabe);

            if (guthaben-betrag > 0){
                System.out.println("Der Betrag
                wurde von Ihrem Guthaben abgezogen");

                guthaben -= betrag;

                System.out.println("Ihr neues
                Guthaben beträgt "+guthaben+" Euro.");
            }
            else {
                System.out.println("Leider ist kein
                ausreichendes Guthaben vorhanden");
                guthabenReichtAus = false;
            }
        }
    }
}
```

Dieses Programm verwendet als Bedingung eine boolesche Variable mit der Bezeichnung `guthabenReichtAus`. Diese wird zu

Beginn auf `true` gesetzt. Darüber hinaus wird ein Guthaben für den entsprechenden Anwender angelegt. Dieser kann nun verschiedene Artikel einkaufen und muss dafür den Betrag in das Programm eingeben. Wenn er noch genug Guthaben besitzt, wird der entsprechende Betrag abgezogen und die Schleife beginnt erneut. Sollte das Guthaben hingegen nicht ausreichen, gibt das Programm eine entsprechende Meldung aus und setzt die Variable `guthabenReichtAus` auf `false`. So wird die Schleife beendet und es kommt zu keinem weiteren Durchlauf.

6.2 Fußgesteuerte do-while-Schleife

Neben der `while`-Schleifen gibt es noch eine weitere Alternative: die `do-while`-Schleife. Der wesentliche Unterschied besteht hierbei darin, dass der Anweisungsblock in jedem Fall mindestens einmal ausgeführt wird. Die `while`-Schleife überprüft zu Beginn, ob die Bedingung erfüllt ist. Trifft dies nicht zu, führt sie die entsprechenden Befehle nicht aus. Die `do-while`-Schleife führt hingegen immer zunächst den Anweisungsblock aus. Erst danach überprüft sie, ob die Bedingung erfüllt ist. In diesem Fall beginnt sie von Neuem. Ist die Bedingung hingegen nicht erfüllt, fährt das Programm mit dem Code nach der Schleife fort.

Dementsprechend ist auch die Syntax der Schleife aufgebaut: Die Bedingung steht erst am Ende. Um die Schleife einzuführen, ist der Schlüsselbegriff `do` notwendig. Nach dem Anweisungsblock steht der Begriff `while` und danach in Klammern die Bedingung. Dabei ist es wichtig, darauf zu achten, dass bei dieser Schleife im Gegensatz zur `while`-Schleife nach der Bedingung ein Semikolon folgen muss:

```
do {
    Anweisungen
}
while (Bedingung);
```

Zur Verdeutlichung soll ein kleines Programm dienen, das eine `do-while`-Schleife verwendet:

```
public class Schleife4 {

    public static void main (String[] args){

        int i = 0;
        boolean weiter;

        do {
            i++;
            System.out.println(i);
            if (i < 10){
                weiter = true;
            }
            else {
                weiter = false;
            }
        }
        while (weiter);
    }
}
```


Dessen Funktionsweise ist ganz einfach: Es gibt die Zahlen von 1 bis 10 auf dem Bildschirm aus. Für die Bedingung kommt die boolesche Variable `weiter` zum Einsatz. Im Schleifenkörper wird der Zähler jeweils um eins erhöht. Außerdem wird überprüft, ob der Zähler noch kleiner als 10 ist. Trifft dies nicht zu, wird die Variable auf `true` gesetzt. Das führt zur Fortsetzung der Schleife. Hat er diesen Wert bereits erreicht, erhält die Variable weiter den Wert `false`, was die Beendigung der Schleife zur Folge hat.

Im Prinzip wäre es möglich, diese Funktion auch mit einer `while`-Schleife auszuführen. Die Umformung erfolgt ganz einfach, indem der Begriff `while` mit der Bedingung entfernt wird und anstelle des Ausdrucks `do` eingefügt wird:

```
public class Schleife4 {

    public static void main (String[] args){

        int i = 0;
        boolean weiter;
```

```
            while (weiter) {
                i++;
                System.out.println(i);
                if (i < 10){
                    weiter = true;
                }
                else {
                    weiter = false;
                }
            }

        }
    }
```

Dabei kommt es jedoch bereits beim Kompilieren zu einer Fehlermeldung, da die Variable `weiter` bei der Abfrage noch nicht initialisiert ist. Das bedeutet, dass der Programmierer ihr bereits vor dem Eintritt in die Schleife einen Wert zuweisen muss. Dieser bestimmt, ob sie ausgeführt wird. Das macht einen wichtigen Unterschied zwischen den beiden Typen deutlich: Bei der `while`-Schleife muss bereits vorher klar sein, ob die Bedingung erfüllt ist. Bei der `do-while`-Schleife wird der Körper in jedem Fall ausgeführt und es ist möglich, die Werte, die für die Bedingung von Bedeutung sind, erst innerhalb des Schleifenkörpers zu bestimmen.

6.3 For-Schleifen: ideal für eine feste Anzahl von Durchläufen

Die erste Schleife des Abschnitts VI.1 zeichnet sich dadurch aus, dass sie eine von Anfang an festgelegte Anzahl an Durchläufen absolviert. Schleifen dieses Typs kommen bei der Erstellung eines Programms sehr häufig zum Einsatz. Aus diesem Grund gibt es in Java – genau wie in vielen anderen Programmiersprachen – eine Möglichkeit, um den Code für diese Schleife abzukürzen. Zu diesem Zweck kommt die `for`-Schleife zum Einsatz. Um das vorgestellte Programm mit einer `for`-Schleife zu programmieren, ohne die Funktion dabei abzuändern, kommt folgender Code zum Einsatz:

```
public class Schleife3 {

    public static void main (String[] args){

        for (int i = 1; i<=10; i++){
            System.out.println(i);

        }

    }
}
```

Wenn man dieses Programm mit dem ursprünglichen Code vergleicht, fällt auf, dass es im Prinzip genau die gleichen Bestandteile enthält. Diese werden jedoch alle in der Klammer nach dem Schlüsselbegriff `for` zusammengefasst, sodass das Programm wesentlich kompakter wird. Die Deklaration und die Initialisierung der Variablen `i` findet bei der `while`-Schleife bereits vor der Einführung der Schleife statt. Bei der `for`-Schleife steht dieser Teil an erster Stelle in der Klammer. Danach folgt die Bedingung `i<=10`, die auch bei der `while`-Schleife in der Klammer steht. Die Aktualisierung des Zählers durch `i++` erfolgt bei der `while`-Schleife im Schleifenkörper. Bei der `for`-Schleife wird sie ebenfalls in die Klammer gezogen.

6.4 For-each-Schleifen: speziell auf Arrays zugeschnitten

Arrays wurden bereits im Kapitel IV.4 vorgestellt und kommen in vielen Programmen zum Einsatz, um Daten strukturiert abzuspeichern. Dabei ist es häufig notwendig, alle Inhalte des Arrays abzurufen – beispielsweise, um sie auf dem Bildschirm auszugeben. Das ist auch mit den bisher vorgestellten Schleifen möglich – zumindest wenn die Größe des Arrays bekannt ist. Beispielsweise ist es möglich, eine `for`-Schleife zu verwenden:

```
public class Schleife5 {

    public static void main (String[] args){

        int a[] = {5, 6, 3, 9, 7};
```

```
        for (int i = 0; i <5; i++) {
            System.out.println(a[i]);
        }
    }
}
```

Der entsprechende Code ist zwar nicht allzu kompliziert, doch gibt es eine Schleife, die speziell auf die Arbeit mit Arrays ausgelegt ist: die `for-each`-Schleife. Deren Aufbau sieht wie folgt aus:

```
for (<Typ> variable : array) {
    Anweisungen
}
```

Auch diese Schleife wird mit dem Begriff `for` eingeführt. Im Gegensatz zu vielen anderen Programmiersprachen kommt in Java der Begriff `each` jedoch nicht zum Einsatz. Dennoch ist es üblich, diese Schleife als `for-each`-Schleife zu bezeichnen. Alternativ dazu ist es möglich, die Bezeichnung enhanced for-loop (auf Deutsch: verbesserte for-Schleife) zu verwenden. Die Abgrenzung zur gewöhnlichen `for`-Schleife besteht darin, dass hier zunächst eine Variable deklariert wird. Diese muss vom gleichen Typ sein wie der Array. Die Bezeichnung kann dabei frei gewählt werden, es ist jedoch üblich, den Begriff `element` zu verwenden, da sie die einzelnen Elemente des Arrays aufnehmen soll. Danach folgen ein Doppelpunkt und schließlich der Name des Arrays. Wenn diese Schleife abgerufen wird, beginnt sie mit dem ersten Element des Arrays. Dessen Wert wird der verwendeten Variablen zugewiesen. Im Anweisungsblock ist es daher möglich, über den Variablennamen Zugriff darauf zu nehmen. Beim nächsten Durchlauf wird der gleichen Variablen der Wert des zweiten Feldes zugewiesen. Dieser Vorgang wird so lange wiederholt, bis das Ende des Arrays erreicht ist. Daraufhin wird die Schleife automatisch abgebrochen. Um das vorhergehende Beispiel mit einer `for-each`-Schleife zu programmieren, wäre folgender Code notwendig.

```
public class Schleife6 {

    public static void main (String[] args){
```

```
        int a[] = {5, 6, 3, 9, 7};
        for (int element : a) {
            System.out.println(element);
        }
    }
}
```

Dieser Code ist zwar nur unwesentlich kürzer als im vorhergehenden Beispiel, doch erscheint er etwas übersichtlicher. Außerdem wird dabei auf den ersten Blick klar, dass darin der komplette Inhalt des Arrays wiedergegeben wird.

Der entscheidende Vorteil liegt jedoch darin, dass es hierbei nicht notwendig ist, die Länge des Arrays zu kennen. Wenn die Anzahl der Felder beispielsweise von den Eingaben bei der Ausführung abhängt, ist es bei der Programmierung unmöglich zu wissen, wie lang der entsprechende Array sein wird. Zwar gibt es auch Möglichkeiten, um die Länge des Arrays abzufragen und den entsprechenden Wert für die `for`-Schleife zu verwenden, doch wird dadurch das Programm etwas komplizierter. Wenn hingegen die `for-each`-Schleife zum Einsatz kommt, ist es überhaupt nicht notwendig, sich um die Länge zu kümmern. Das macht nicht nur das Programmieren einfacher, darüber hinaus hilft dies bei der Fehlervermeidung. Daher sollten beim Umgang mit Arrays wenn möglich `for-each`-Schleifen zum Einsatz kommen.

6.5 Übung: verschiedene Schleifen selbst programmieren

1. Deklarieren und instanziieren Sie zunächst ein `Integer`-Array mit fünf Feldern. Erstellen Sie daraufhin eine `for`-Schleife mit fünf Durchläufen, die den Nutzer dazu auffordert, verschiedene Zahlen einzugeben. Lesen Sie die Werte ein und speichern Sie sie nacheinander in den entsprechenden Array-Feldern. Erstellen Sie danach eine `for-each`-Schleife, die die doppelten Werte der einzelnen Felder nacheinander ausgibt.
2. Erstellen Sie ein Programm, das den Anwender dazu auffordert, eine Zahl einzugeben, dessen Quadrat er berechnen will. Geben Sie daraufhin das entsprechende Ergebnis aus. Fragen

Sie den Anwender daraufhin, ob er einen weiteren Wert berechnen will. Dabei ist es sinnvoll, einfache Zahlen für die Eingabe zu verwenden: 0 für weiter und 1 für abbrechen. Je nach Eingabe des Anwenders soll daraufhin der beschriebene Prozess von neuem beginnen oder beendet werden. Dafür ist eine Schleife notwendig.

Programmieren Sie diese Aufgabe einmal mit einer `while`-Schleife und einmal mit einer `do-while`-Schleife. Überlegen Sie sich, welche Alternative für diese Aufgabe besser geeignet ist.

Lösungen:

1.

```
import java.io.*;

public class Aufgabe_vi1 {

    public static void main (String[] args)throws
    IOException{

        InputStreamReader isr = new
        InputStreamReader(System.in);
        BufferedReader br = new BufferedReader(isr);

        int a[] = new int[5];

        for (int i = 0; i < 5; i++){

            System.out.print("Bitte geben Sie den
            "+(i+1)+". Wert ein: ");
            String eingabe = br.readLine();
            int wert = Integer.parseInt(eingabe);
            a[i] = wert;
        }
        System.out.println("Das Doppelte der
        eingegebenen Werte beträgt:");
        for (int element : a){
            System.out.println(element*2);
        }
    }
}
```

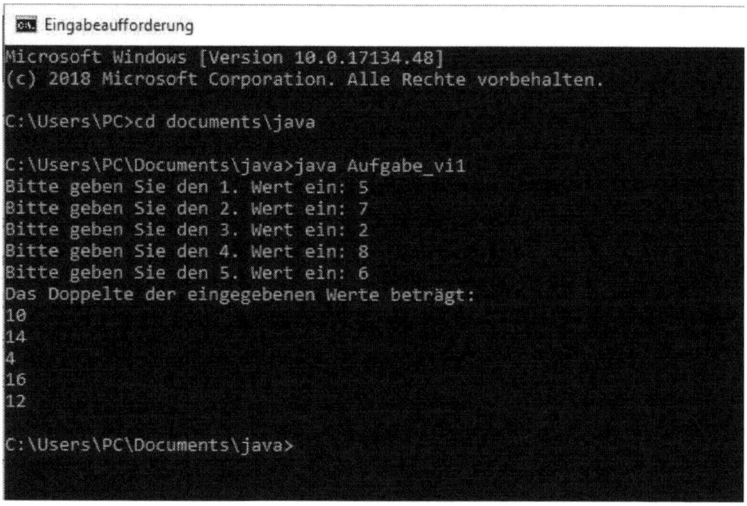

Screenshot 25 Die Ausgabe des Programms

2.

while-Schleife:

```
import java.io.*;

public class Aufgabe_vi2 {

    public static void main (String[] args)throws
    IOException{

        InputStreamReader isr = new
        InputStreamReader(System.in);
        BufferedReader br = new BufferedReader(isr);
        int wert;
        boolean weiter = true;

        while (weiter){
            System.out.println("Bitte geben Sie den
            Wert für die Berechnung ein: ");
            String eingabe = br.readLine();
            wert = Integer.parseInt(eingabe);
            System.out.println("Das Ergebnis ist:
            "+(wert*wert));
            System.out.println("Möchten Sie
            fortfahren?");
```

```
            System.out.println("(0 für weiter und 1
            für abbrechen)");
            eingabe = br.readLine();
            wert = Integer.parseInt(eingabe);
            if (wert == 1){
                weiter = false;
                System.out.println("Vielen Dank.
                Auf Wiedersehen.");
            }

        }
    }
}
```

do-while-Schleife:


```
import java.io.*;

public class Aufgabe_vi2 {

    public static void main (String[] args)throws
    IOException{

        InputStreamReader isr = new
        InputStreamReader(System.in);
        BufferedReader br = new BufferedReader(isr);
        int wert;
        boolean weiter;

        do{
            System.out.println("Bitte geben Sie den
            Wert für die Berechnung ein: ");
            String eingabe = br.readLine();
            wert = Integer.parseInt(eingabe);
            System.out.println("Das Ergebnis ist:
            "+(wert*wert));
            System.out.println("Möchten Sie
            fortfahren?");
            System.out.println("(0 für weiter
            und 1 für abbrechen)");
            eingabe = br.readLine();
            wert = Integer.parseInt(eingabe);
            if (wert == 1){
                weiter = false;
                System.out.println("Vielen Dank.
                Auf Wiedersehen.");
            }
```

```
                else{
                    weiter = true;
                }
            }
            while (weiter);
        }
}
```

Im Prinzip erfüllen beide Schleifen die Aufgabe zufriedenstellend. Dennoch ist für dieses Beispiel die `do-while`-Schleife vorzuziehen. Diese stellt sicher, dass die Schleife mindestens einmal ausgeführt wird, unabhängig davon, welchen Wert die Variable weiter zu Beginn aufweist.

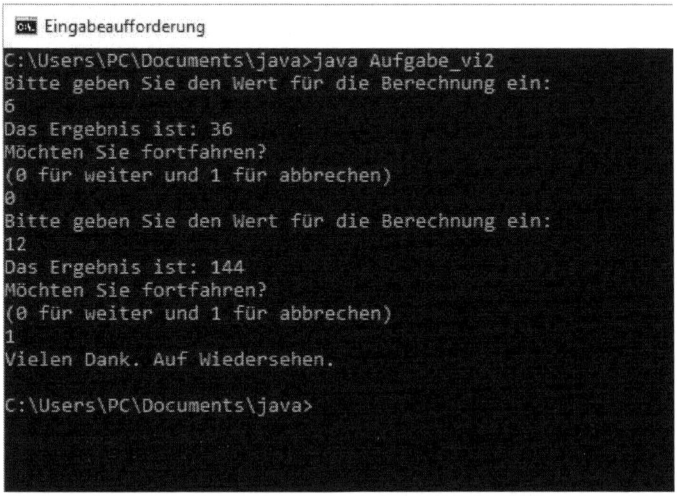

Screenshot 26 Die Ausgabe im Kommandozeileninterpreter

Alle Programmcodes aus diesem Buch sind als PDF zum Download verfügbar. Dadurch müssen Sie sie nicht abtippen:
https://bmu-verlag.de/java-programmieren

Außerdem erhalten Sie die eBook Ausgabe zum Buch im PDF Format kostenlos auf unserer Website:

https://bmu-verlag.de/java-programmieren
Downloadcode: siehe Kapitel 15

Kapitel 7

Objektorientierte Programmierung: essenziell für das Verständnis von Java

In diesem Buch wurde bereits mehrfach erwähnt, dass Java eine objektorientierte Programmiersprache ist. Auch in einigen der bisher erstellten Programme wurden bereits einige Grundzüge der objektorientierten Programmierung angewendet, ohne jedoch eine genaue Erklärung dafür abzugeben. Das nächste Kapitel soll daher etwas genauer erklären, was es damit auf sich hat.

7.1 Grundzüge und Vorteile der objektorientierten Programmierung

Im Alltag kommt ein Mensch jeden Tag mit unzähligen Objekten in Kontakt. Bereits wenn er aufwacht, befinden sich mehrere Objekte in seiner direkten Umgebung: das Bett, die Bettdecke und der Nachttisch. Danach kommt er in Kontakt mit der Zahnbürste, der Kaffeemaschine und mit vielen weiteren Objekten. Jedes dieser Objekte verfügt über verschiedene Eigenschaften. Das Bett kann beispielsweise eine Länge von zwei Metern und eine Breite von 90 cm aufweisen. Es kann gemütlich oder ungemütlich sein, aus Holz oder Metall bestehen und außerdem gibt es Betten in unterschiedlichen Farben.

Der Mensch fasst verschiedene Objekte häufig in Kategorien zusammen. Diese beinhalten mehrere Objekte, die gewisse Ähnlichkeiten zueinander aufweisen. Ein Beispiel hierfür ist die Kategorie Bett. Alle Betten weisen viele Gemeinsamkeiten auf – beispielsweise dass sie zum Schlafen dienen. Die oben genannten Eigenschaften wie die Größe, die Farbe oder das Material können sich jedoch bei den einzelnen Modellen unterscheiden.

Darüber hinaus ist es möglich, bestimmte Aktionen mit den Objekten durchzuführen. Im Fall des Betts ist es möglich, darin zu schlafen. Dadurch wird es unordentlich. Nach dem Aufstehen kann der Besitzer das Bett machen, damit es wieder ordentlich wird. Bei anderen Objekten sind andere Aktionen möglich – bei einem Fahrrad kann der Anwender beispielsweise bremsen oder beschleunigen, bei einer Tasse kann der Besitzer den Inhalt trinken oder neuen Kaffee einfüllen. Jede dieser Aktionen hat Auswirkungen auf die Eigenschaften des Objekts oder auf andere Objekte in der Umgebung.

Ein weiteres Charakteristikum der Objekte besteht darin, dass sich die Eigenschaften im Laufe der Zeit ändern können. Durch häufiges Schlafen verliert die Matratze beispielsweise ihre Elastizität. Auf diese Weise ändert sich die Eigenschaft gemütlich zu ungemütlich. Beim Bremsen ändert sich die Eigenschaft Geschwindigkeit und beim Trinken ändert sich der Inhalt der Tasse.

Die objektorientierte Programmierung bildet diese Merkmale von natürlichen Objekten auf der Ebene der Programmiersprache ab. Dabei zeichnet sich jedes Objekt durch ganz bestimmte Eigenschaften aus. Außerdem entspricht es einer bestimmten Kategorie. Diese wird hierbei jedoch als Klasse bezeichnet. Das Objekt hat Methoden. Das ist die Bezeichnung für die Aktionen, die sich damit durchführen lassen. Durch die Methoden lassen sich die Eigenschaften des Objekts verändern oder abfragen.

Die objektorientierte Programmierung richtet sich an den Eigenschaften realer Gegenstände aus. Das führt dazu, dass die Programme häufig vergleichsweise einfach zu verstehen sind. Darüber hinaus bietet die objektorientierte Programmierung jedoch noch viele weitere Vorteile. Sie macht es möglich, einmal definierte Klassen beliebig oft wiederzuverwenden. Außerdem lassen sie sich falls notwendig problemlos abwandeln. Das sorgt für eine hohe Effizienz bei der Programmierung. Des Weiteren sind objektorientierte Programme recht flexibel. Durch die starke Aufgliederung in verschiedene Objekte lassen sich notwendige Anpassungen gut eingrenzen. Schließlich hilft diese Form der

Programmierung dabei, Fehler zu vermeiden. Durch die klare Abgrenzung verschiedener Objekte ist es vergleichsweise einfach, Fehler zu erkennen und zu verbessern.

7.2 Die Klasse und ihre Attribute

Wie bereits im vorherigen Abschnitt erläutert, ist es im Alltag üblich, Objekte in verschiedene Kategorien zusammenzufassen. Das Gleiche ist bei der Programmierung der Fall. Allerdings werden die Kategorien hier als Klasse bezeichnet. Um ein Programm mit Objektorientierung zu erstellen, ist es daher immer notwendig, eine Klasse zu definieren. Diese enthält konkrete Vorgaben für die Struktur der einzelnen Objekte. Bei der objektorientierten Programmierung werden diese Eigenschaften als Attribute bezeichnet. Dabei ist es wichtig, sich zunächst zu überlegen, welche Attribute für das entsprechende Programm notwendig sind.

Als Beispiel hierfür soll ein Programm für einen Gebrauchtwagenhändler dienen. Dabei ist es sinnvoll, die Klasse `Auto` zu erstellen. Ein Auto verfügt über sehr viele verschiedene Eigenschaften – etwa über ein spezifisches Baujahr, eine Höchstgeschwindigkeit, einen Hubraum und über eine Farbe. Natürlich wäre es möglich, alle Eigenschaften anzugeben. Für den Verkauf des Autos sind diese jedoch nicht alle notwendig. Daher muss der Programmierer entscheiden, welche Eigenschaften für den Händler beziehungsweise für dessen Kunden von besonderem Interesse sind. Das können beispielsweise der Preis, das Modell, das Baujahr, der Kilometerstand und die Farbe sein. Andere Details wie die Höchstgeschwindigkeit oder die maximale Drehzahl sind hierbei hingegen von untergeordneter Bedeutung und sollen nicht in das Programm aufgenommen werden. Für jede Eigenschaft, die relevant ist, muss ein eigenes Attribut erstellt werden.

Eine Klasse beginnt in der Regel mit dem Schlüsselbegriff `public`. Das bedeutet, dass der Zugriff von außerhalb möglich ist. Der Begriff `private` kommt nur für verschachtelte Klassen zum Einsatz, die innerhalb einer anderen Klasse stehen. Diese Vorgehensweise wird in diesem Lehrbuch jedoch nicht behandelt. Anschließend folgen der Name der Klasse und schließlich die einzelnen Attribute:

```
public class Klassenname {
     Attribute
}
```

Die Deklaration der Attribute erfolgt ähnlich wie bei Variablen durch die Angabe des Typs und des Namens. Allerdings ist es zuvor notwendig, zu bestimmen, ob sie öffentlich oder privat sein sollen. Von wenigen Ausnahmen abgesehen ist es üblich, die Attribute als privat zu deklarieren. So ist kein Zugriff von außen möglich. Das entspricht dem Prinzip der Kapselung, die zu einer erhöhten Sicherheit der Daten beiträgt.

Eine Klasse für die Autos des oben beschriebenen Gebrauchtwagenhändlers könnte demnach wie folgt aussehen:

```
/**Diese Klasse stellt einen Gebrauchtwagen dar. Sie enthält
den Preis, das Modell, das Baujahr, den Kilometerstand und die
Farbe.*/
public class Auto {
     private double preis;
     private String modell;
     private int baujahr;
     private int kilometerstand;
     private String farbe;
}
```

In Java ist es notwendig, jede öffentliche Klasse in einer eigenen Datei zu speichern. Deren Namen muss dem Klassennamen entsprechen – mit der Endung .java.

In diesem Beispiel kommt ein javadoc-Kommentare zum Einsatz, der bereits im Kapitel III.4 vorgestellt wurde. Durch den Befehl javadoc Auto.java ist es möglich, die entsprechende Dokumentation zu erstellen. Auf diese Weise lässt sich die Funktionsweise der Klasse darstellen, ohne dass dafür ein Zugriff auf den Code notwendig ist. Die Kommentare, die vor der Klasse, ihren Attributen und Methoden (diese werden im übernächsten Abschnitt vorgestellt) stehen, werden in der Dokumentation wiedergegeben – allerdings nur dann, wenn diese als öffentlich deklariert sind.

7.3 Objekte: Instanzen der Klassen

Die Klasse gibt die Strukturen für Objekte des entsprechenden Typs vor. Um mit einem konkreten Objekt zu arbeiten, ist es jedoch notwendig, dieses zunächst zu erzeugen. Das geschieht in der Haupt-Methode. Dabei ist es wichtig, dass sich die Datei, in der die Klasse abgespeichert ist, im gleichen Verzeichnis befindet. Das gesamte Objekt wird in einer Variablen gespeichert. Daher erfolgt die Deklarierung fast genau wie bei Variablen. Anstelle des Datentyps ist es hier jedoch notwendig, den Namen der Klasse anzugeben. Daraufhin wird eine neue Instanz der Klasse erstellt. Hierfür ist der Schlüsselbegriff `new` notwendig. Dieser wurde bereits für Arrays und für die Eingabe von Befehlen über die Kommandozeile verwendet. Nun wird deutlich, dass in diesen Fällen jeweils ein neues Objekt erzeugt wurde. Genau wie bei Variablen ist es möglich, die Deklarierung und die Instanziierung getrennt oder gemeinsam vorzunehmen:

```
Klassenname Variable; Variable = new Klassenname();
oder: Klassenname Variable = new Klassenname();
```

Auf diese Weise entsteht ein neues Objekt mit dem entsprechenden Variablennamen, dessen Struktur den Vorgaben in der entsprechenden Klasse entspricht. Die Werte der einzelnen Attribute werden dabei bereits initialisiert – alle Zahlen erhalten den Wert 0, Variablen vom Typ char den Wert " (also einen leeren Wert) und Variablen vom Typ boolean werden auf false gesetzt.

Häufig ist es jedoch erwünscht, den Attributen sofort passende Werte zuzuweisen. Das ist mit einem Konstruktor möglich. Dieser steht in der Klasse und seine Struktur sieht wie folgt aus:

```
public Klassenname(Datentyp wert 1, … , Datentyp wert n){
     Anweisungen
}
```

Bei der Initialisierung ist es nun möglich, in der Klammer hinter dem Klassennamen Werte zu übermitteln. Der Konstruktor nimmt diese auf und ermöglicht es, diese den einzelnen Attributen zuzuweisen. Um innerhalb der Klasse Zugang zu den Attributen zu erhalten, ist die Referenz `this` notwendig. Danach folgt ein Punkt und schließlich der Name des Attributs. Dieser Ausdruck ist ein Verweis auf das Objekt, das in dieser Klasse beschrieben wird. Er sagt aus, dass der Zugriff auf dessen eigene Attribute erfolgen soll. Die Deklarierung der Klasse mit einem Konstruktor sieht demnach wie folgt aus:

```
/**Diese Klasse stellt einen Gebrauchtwagen dar.
Sie enthält den Preis, das Modell, das Baujahr,
den Kilometerstand und die Farbe.*/
public class Auto {
     private double preis;
     private String modell;
     private int baujahr;
     private int kilometerstand;
     private String farbe;

     /**Konstruktor benötigt folgende Werte: Preis, Modell,
     Baujahr, Kilometerstand
     und Farbe.*/
     public Auto (double wert1, String wert2, int wert3,
     int wert4, String wert5){
          this.preis = wert1;
          this.modell = wert2;
          this.baujahr = wert3;
          this.kilometerstand = wert4;
          this.farbe = wert5;
     }
}
```

Um das Objekt zu erzeugen und mit dem Konstruktor zu initialisieren, ist folgendes Hauptprogramm notwendig:

```
public class Gebrauchtwagen {

     public static void main (String[] args){

          Auto Auto1 = new Auto(8999.99, "VW Golf", 2007,
                    56845, "blau");
     }
}
```

Für die Ausführung ist es lediglich notwendig, das Hauptprogramm zu kompilieren. Die Kompilierung der Klassen, die darin verwendet werden, findet automatisch statt.

7.4 Methoden: Funktionen für Objekte

Im vorherigen Abschnitt wurde zwar ein neues Objekt erzeugt, doch wurde damit keinerlei weitere Aktion durchgeführt. Um auf die einzelnen Attribute aus dem Hauptprogramm zuzugreifen, ist es möglich, den Namen des Objekts gefolgt von einem Punkt und dem Namen des Attributs zu verwenden (z.B. `Auto1.modell`). Wenn nun ein entsprechender Befehl in das Hauptprogramm eingefügt wird (z.B. `System.out.print(Auto1.modell)`), erscheint beim Kompilieren jedoch eine Fehlermeldung. Das liegt daran, dass die Attribute als privat deklariert wurden. Zu Übungszwecken ist es nun selbstverständlich möglich, das entsprechende Attribut einmal als `public` zu deklarieren. So ist der Zugriff möglich. Dadurch gehen jedoch einige Vorteile der objektorientierten Programmierung verloren. Daher sollte auf diese Vorgehensweise wenn möglich verzichtet werden.

Um dennoch auf den Wert eines Attributs zuzugreifen, kommt eine Methode zum Einsatz. Diese wird innerhalb der Klasse deklariert und eignet sich, um eine ganz bestimmte Aktion durchzuführen. Eine Methode ist wie folgt aufgebaut:

```
public Datentyp Methodenname (){
     Anweisungen
}
```

Auch hier ist es wieder notwendig, anzugeben, ob die Methode öffentlich oder privat sein soll. Da sie in diesem Fall aus dem Hauptprogramm aufgerufen werden soll, muss sie als öffentlich deklariert werden. Die Methode gibt eine Information an das Hauptprogramm zurück. Deren Datentyp muss als Nächstes angegeben werden. Um das Modell des Fahrzeugs abzufragen, müsste hier beispielsweise `String` stehen. Es gibt auch Methoden, die keinen Rückgabewert erzeugen. In diesen Fällen muss hier der Ausdruck `void` stehen (wie dies beispielsweise bei der `Main`-Methode der Fall ist). Anschließend folgt der Name der Methode. Dient sie dazu, den Wert eines Attributs abzufragen, ist es üblich, den Begriff `get` gefolgt vom Namen des Attributs zu verwenden (in diesem Fall also `getModell`). Soll der Wert eines Attributs verändert werden, kommt anstelle des Begriffs `get` der Ausdruck `set` zum Einsatz. Diese Namensgebung ist zwar nicht verbindlich, sie erleichtert das Verständnis des Programms jedoch erheblich. Für alle weiteren Funktionen ist es möglich, den Namen der Methode beliebig zu wählen. Anschließend folgt der Anweisungsblock. Wenn dabei ein Wert an das Hauptprogramm zurückgegeben werden soll, kommt dafür der Befehl `return` gefolgt vom Namen des entsprechenden Attributs oder eines anderen Werts zum Einsatz. Die Methode, um das Modell abzufragen, sieht demnach wie folgt aus:

```
public String getModell (){
     return modell;
}
```

Diese Form der Kapselung schützt die Werte der einzelnen Attribute. Der Programmierer legt dabei genau fest, welche Aktionen damit durchgeführt werden dürfen. In diesem Fall ist es beispielsweise nur möglich, das Modell abzurufen, jedoch nicht, es zu ändern. Da die meisten Attribute bei einem Gebrauchtwagen unveränderlich sind, ist es in diesem Programm nicht vorgesehen, sie zu manipulieren. Lediglich der Preis soll gelegentlich an die aktuelle Marktsituation angepasst werden. Dazu kommt die Methode `setPreis` zum Einsatz:

```
public void setPreis (double wert){
        this.preis = wert;
    }
```

Der übergebene Wert wird dabei in der Variable `wert` erfasst und daraufhin dem entsprechenden Attribut zugewiesen. Dafür ist die Referenz `this` notwendig.

Wenn nun für jedes einzelne Attribut eine `get`-Methode und für das Attribut `Preis` zusätzlich eine `set`-Methode erstellt wird, ergibt sich folgender Code für die Definition der Klasse:

```
/**Diese Klasse stellt einen Gebrauchtwagen dar.
Sie enthält den Preis, das Modell, das Baujahr,
den Kilometerstand und die Farbe.*/
public class Auto {
    private double preis;
    private String modell;
    private int baujahr;
    private int kilometerstand;
    private String farbe;

    /**Konstruktor benötigt folgende Werte: Preis, Modell,
    Baujahr, Kilometerstand
    und Farbe.*/
    public Auto (double wert1, String wert2, int wert3,
    int wert4, String wert5){
        this.preis = wert1;
        this.modell = wert2;
        this.baujahr = wert3;
        this.kilometerstand = wert4;
        this.farbe = wert5;
    }
    /**Gibt den Preis zurück*/
    public double getPreis (){
        return preis;
    }
    /**Gibt das Modell zurück*/
    public String getModell (){
        return modell;
    }
```

```
        /**Gibt das Baujahr zurück*/
        public int getBaujahr (){
                return baujahr;
        }
        /**Gibt den Kilometerstand zurück*/
        public int getKilometerstand (){
                return kilometerstand;
        }
        /**Gibt die Farbe zurück*/
        public String getFarbe (){
                return farbe;
        }
        /**Ändert den Preis*/
        public void setPreis (double wert){
                this.preis = wert;
        }
}
```


Um auf die Methode aus dem Hauptprogramm zuzugreifen, ist es notwendig, zunächst das Objekt, auf das sie angewendet werden soll, zu nennen. Danach folgen ein Punkt und der Name der Methode:

```
public class Gebrauchtwagen {

        public static void main (String[] args){
                Auto Auto1 = new Auto(8999.99, "VW Golf", 2007,
                56845, "blau");
                System.out.println(Auto1.getPreis());
                System.out.println(Auto1.getModell());
                System.out.println(Auto1.getBaujahr());
                System.out.println(Auto1.getKilometerstand());
                System.out.println(Auto1.getFarbe());

                Auto1.setPreis(8799.99);
                System.out.print("Der neue Preis beträgt:
                        "+Auto1.getPreis());

        }
}
```

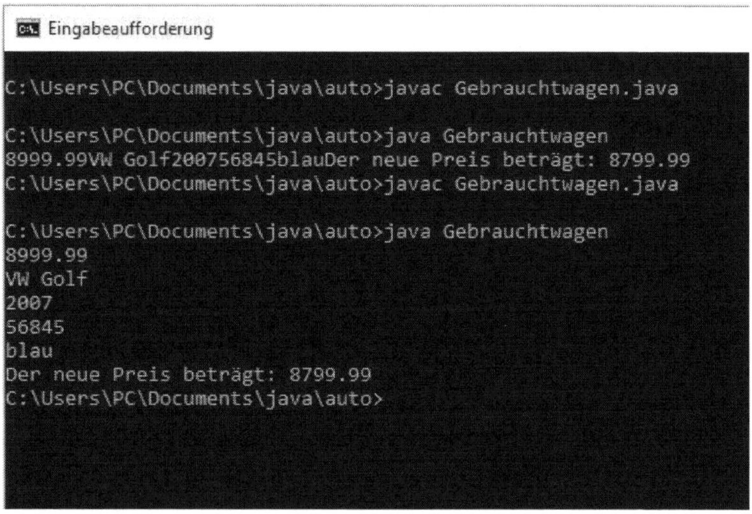

Screenshot 27 Die Ausgabe der Werte des Objekts

7.5 Vererbung: wichtiges Prinzip der objektorientierten Programmierung

Es ist üblich, für ähnliche Kategorien übergeordnete Strukturen zu entwerfen: ein Bett gehört beispielsweise zu den Möbelstücken und ein Auto zu den Fahrzeugen. Die übergeordneten Kategorien haben bestimmte Eigenschaften, die auf alle darin enthaltenen Objekte zutreffen. Die einzelnen Unterkategorien erlauben weitere Differenzierungen. Das gleiche gilt für Klassen in der objektorientierten Programmierung. Es gibt sogenannte Superklassen, die zuerst definiert werden müssen und die mehrere Subklassen enthalten können.

Im vorherigen Beispiel soll der Gebrauchtwagenhändler nun nicht nur Autos, sondern auch Motorräder verkaufen. Bei beiden Arten von Objekten handelt es sich um Fahrzeuge. Daher ist es sinnvoll, eine entsprechende Superklasse zu bilden. Diese enthält grundlegende Merkmale wie das Modell, das Baujahr, den Kilometerstand und den Preis. Das Attribut Farbe sieht der Händler bei Motorrädern jedoch als nicht so entscheidend an, sodass dieses hier wegfällt. Dafür soll der Hubraum angegeben werden, da dieses Merkmal entscheidend für den benötigten Führerschein ist.

Zu diesem Zweck ist es notwendig, die Klasse `Fahrzeug` zu definieren. Diese ist beinahe identisch mit der Klasse `Auto`. Es ändert sich jedoch der Klassenname und außerdem fallen das Attribut `Farbe` und die damit zusammenhängende Methode weg. Außerdem ist es nötig, den Konstruktor anzupassen:

```
public class Fahrzeug {
	private double preis;
	private String modell;
	private int baujahr;
	private int kilometerstand;

	/**Konstruktor benötigt folgende Werte: Preis, Modell,
	Baujahr und Kilometerstand.*/
	public Fahrzeug (double wert1, String wert2, int wert3,
	int wert4){
		this.preis = wert1;
		this.modell = wert2;
		this.baujahr = wert3;
		this.kilometerstand = wert4;
	}

	/**Gibt den Preis zurück*/
	public double getPreis (){
		return preis;
	}
	/**Gibt das Modell zurück*/
	public String getModell (){
		return modell;
	}
	/**Gibt das Baujahr zurück*/
	public int getBaujahr (){
		return baujahr;
	}
	/**Gibt den Kilometerstand zurück*/
	public int getKilometerstand (){
		return kilometerstand;
	}
	/**Ändert den Preis*/
	public void setPreis (double wert){
		this.preis = wert;
	}
}
```

Um nun die Klasse `Motorrad` zu erstellen, ist es erforderlich, die übergeordnete Klasse zu erweitern. Das geschieht in der Deklarierung mit folgendem Befehl:

```
public class Motorrad extends Fahrzeug
```

Damit verfügt die Klasse `Motorrad` über alle Attribute und Methoden der Klasse `Fahrzeug` – wenn diese als `public` definiert sind. Zusätzlich ist es notwendig, das Attribut `Hubraum` und die dazugehörige `get`-Methode hinzuzufügen. Da die einzelnen Attribute privat sind, ist kein direkter Zugriff möglich. Deshalb ist es für die Initialisierung notwendig, den öffentlichen Konstruktor der Klasse `Fahrzeug` zu verwenden. Dieser ist über das Schlüsselwort `super` erreichbar. Anschließend ist es noch notwendig, das Attribut `hubraum` zu initialisieren:

```
/**Klasse für Motorräder*/
public class Motorrad extends Fahrzeug{

	private int hubraum;

	/**Konstruktor benötigt folgende Werte: Preis, Modell,
	Baujahr, Kilometerstand und Hubraum.*/
	public Motorrad (double wert1, String wert2, int wert3,
	int wert4, int wert5){

		super(wert1, wert2, wert3, wert4);
		this.hubraum = wert5;
	}


	/**Gibt den Hubraum zurück*/
	public int getHubraum (){
		return hubraum;
	}
}
```

7.6 Übung: objektorientierte Programme gestalten

1. Erstellen Sie ein Programm für die Personalverwaltung. Dieses soll den Vornamen, den Nachnamen und das Gehalt eines Mit-

arbeiters enthalten. Gestalten Sie Methoden, die es erlauben, die Werte abzurufen und das Gehalt anzupassen. Schreiben Sie ein passendes Hauptprogramm, das die Inhalte der Variablen ausgibt und es ermöglicht, das Gehalt über eine Eingabe im Kommandozeileninterpreter anzupassen.

2. Im Programm im Kapitel VII.5 wurde lediglich die Subklasse `Motorrad` erstellt. Programmieren Sie nun auch eine Subklasse `Auto`, die die gleichen Eigenschaften wie die Klasse im Kapitel VII.4 aufweist, aber aus der Superklasse `Fahrzeug` erstellt wird.

Lösungen:

1.

Klasse:

```
/**Diese Klasse stellt einen Mitarbeiter dar.
Sie enthält Vor- und Zunamen und das Gehalt.*/

public class Mitarbeiter {
     private String vorname;
     private String nachname;
     private int gehalt;


     /**Konstruktor benötigt folgende Werte: Vorname, Nachname
     und Gehalt.*/
     public Mitarbeiter (String wert1, String wert2, int wert3)
{
          this.vorname = wert1;
          this.nachname = wert2;
          this.gehalt = wert3;
     }
     /**Gibt den Vornamen zurück*/
     public String getVorname (){
          return vorname;
     }
     /**Gibt den Nachnamen zurück*/
     public String getNachname (){
          return nachname;
     }
     /**Gibt das Gehalt zurück*/
     public int getGehalt (){
          return gehalt;
     }
     /**Ändert das Gehalt*/
     public void setGehalt (int wert){
          this.gehalt = wert;
     }
}
```

Hauptprogramm:

```
import java.io.*;
public class Personalverwaltung {
```

```
    public static void main (String[] args)throws IOException{

        Mitarbeiter mitarbeiter1 = new
        Mitarbeiter("Franz", "Müller", 3475);
        System.out.println(mitarbeiter1.getVorname());
        System.out.println(mitarbeiter1.getNachname());
        System.out.println(mitarbeiter1.getGehalt());

        InputStreamReader isr = new
        InputStreamReader(System.in);
        BufferedReader br = new BufferedReader(isr);

        System.out.print("Bitte geben Sie das neue Gehalt
        ein: ");
        String eingabe = br.readLine();
        int gehaltNeu = Integer.parseInt(eingabe);

        mitarbeiter1.setGehalt(gehaltNeu);
        System.out.print("Das neue Gehalt beträgt:
        "+mitarbeiter1.getGehalt());

    }
}
```


2.

```
/**Klasse für Autos*/
public class Auto extends Fahrzeug{

    private String farbe;

    /**Konstruktor benötigt folgende Werte: Preis, Modell,
    Baujahr, Kilometerstand und Farbe.*/
    public Auto (double wert1, String wert2, int wert3,
    int wert4, String wert5){

        super(wert1, wert2, wert3, wert4);
        this.farbe = wert5;
    }

    /**Gibt die Farbe zurück*/
    public String getFarbe (){
        return farbe;
    }
}
```

Alle Programmcodes aus diesem Buch sind als PDF zum Download verfügbar. Dadurch müssen Sie sie nicht abtippen:
https://bmu-verlag.de/java-programmieren

Außerdem erhalten Sie die eBook Ausgabe zum Buch im PDF Format kostenlos auf unserer Website:

https://bmu-verlag.de/java-programmieren
Downloadcode: siehe Kapitel 15

Kapitel 8

API: Mit vorgefertigten Routinen arbeiten

In den bisherigen Programmen kamen relativ einfache Befehle zum Einsatz: mathematische Operatoren, Variablen, Schleifen und `if`-Abfragen. Java bietet jedoch noch viel mehr. Diese Programmiersprache enthält unzählige Möglichkeiten, um die Funktionalität eines Programms erheblich zu erweitern. Zu diesem Zweck kommen APIs zum Einsatz. Die folgenden Abschnitte stellen vor, was es damit auf sich hat.

8.1 Was bedeutet der Begriff API?

Im vorherigen Abschnitt wurden Klassen und Methoden vorgestellt. Diese gestalten die Programmierung schnell und einfach. Wenn diese Elemente einmal angelegt sind, ist es möglich, sie beliebig oft wiederzuverwenden. Dazu ist es lediglich notwendig, sie aufzurufen. Das spart viel Arbeit.

APIs gehen noch einen Schritt weiter. Dieser Begriff steht für application programming interface – auf Deutsch etwa Schnittstelle für die Programmierung von Anwendungen. Dabei handelt es sich um vorgefertigte Programmbausteine. Diese sind bereits in der Entwicklungsumgebung von Java enthalten, sodass der Programmierer ganz einfach auf sie zugreifen kann. Auf diese Weise kann er die Funktionen verwenden, ohne sie selbst zu programmieren. Das reduziert den Aufwand erheblich.

In diesem Buch wurden bereits Funktionen einer API verwendet: beim Einlesen einer Eingabe über die Kommandozeile. Dabei wurden Objekte erstellt, die diese Inhalte aufnehmen und so aufbereiten, dass sie für das Programm nutzbar sind. Zu diesem Zeitpunkt wurden die entsprechenden Funktionen nicht weiter erklärt. Jetzt wird jedoch klar, dass es sich hierbei um vorgefertigte Objekte handelt. Diese lassen sich ganz einfach in das Programm übernehmen. Dabei ist es nicht notwendig, genau zu wissen, wie diese programmiert sind. Es ist ausreichend, ihre Funktionen und ihre Anwendungsweise zu kennen.

Die entsprechenden Klassen und Methoden sind in sogenannten Bibliotheken gespeichert. Um diese zu verwenden, ist es zunächst notwendig, sie in das Programm einzubinden. Dies geschah mit dem Befehl `import java.io.*;` Der Ausdruck `import` bedeutet, dass die entsprechende Bibliothek importiert werden soll. Danach folgt ihr Name. Dieser beginnt mit `java`. Nach einem Punkt folgt in diesem Beispiel die Bezeichnung `io` – das steht für input/output, also für Eingaben und Ausgaben. Andere Bibliotheken tragen ebenfalls Namen, die bereits auf die Inhalte schließen lassen. Die meisten Bibliotheken beinhalten weitere Unterbibliotheken. Deren Name folgt nach einem weiteren Punkt. In diesem Fall steht anstatt dessen jedoch ein Stern. Das bedeutet, dass alle Unterbibliotheken von `io` importiert werden sollen.

8.2 Anwendungsbeispiel: Fenster für den Dialog mit dem Anwender

Um zu verdeutlichen, wie nützlich APIs sind, soll nun bereits ein Anwendungsbeispiel folgen. Dieses soll die Interaktion mit dem Nutzer eines Programms verbessern. Bislang kam zu diesem Zweck der Kommandozeileninterpreter zum Einsatz. Dieser ist jedoch optisch nicht allzu ansprechend und außerdem ist er für ungeübte Nutzer schwer zu verstehen. Um diese Punkte zu verbessern, ist es selbstverständlich möglich, eine grafische Benutzeroberfläche für das Programm zu erstellen. Das empfiehlt sich jedoch nur für etwas fortgeschrittenere Programmierer. Außerdem benötigt diese Aufgabe viel Zeit. Um schnell und einfach für eine Verbesserung zu sorgen, ist es sinnvoll, eine API zu verwenden. Folgendes Programm öffnet ein Fenster für den Dialog mit dem Anwender:

```
import javax.swing.JOptionPane;

public class Fenster {
    public static void main(String... args) {
        JOptionPane.showMessageDialog(null,"Dieser
        Dialog erscheint in einem Fenster.");
    }
}
```

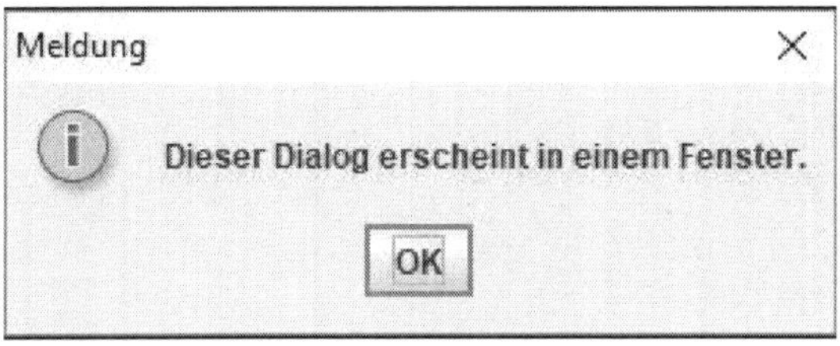

Screenshot 28 Die Ausgabe des Dialogfensters

Zunächst ist es notwendig, die entsprechende Bibliothek mit dem Befehl `import javax.swing.JoptionOPane` zu importieren. So stehen alle Methoden dieser Klasse zur Verfügung. Das wird anschließend in der `Main`-Methode genutzt. Die Bibliothek ist so programmiert, dass ihre Methoden nicht an ein bestimmtes Objekt gebunden sind. Daher ist es möglich, sie direkt mit dem Klassennamen gefolgt von einem Punkt und dem Namen der Methode aufzurufen. In der Klammer stehen die notwendigen Parameter. Der erste davon gibt an, ob eine Abhängigkeit von einem anderen Fenster besteht. Da dies nicht der Fall ist, muss hier der Wert null stehen. Danach folgt der Inhalt, der im Fenster wiedergegeben werden soll.

Darüber hinaus gibt es noch eine weitere Version dieser Methode, die mit vier Parametern arbeitet. Die ersten beiden sind genau gleich wie im vorherigen Beispiel. Der dritte Parameter gibt hierbei den Titel des Dialogfensters wieder. Der vierte bestimmt das Icon, das erscheinen soll. Das Informations-Icon, das bislang im Fenster erschien, entspricht dem Wert 1. Für Warnmeldungen kommt der Wert 2, für Fragen der Wert 3 und für Fehlermeldungen der Wert 0 zum Einsatz. Für Dialogfenster ohne Icon dient der Wert -1. Auf diese Weise lassen sich vielfältige Meldungen ausgeben:

```
import javax.swing.JOptionPane;
public class Fenster2 {
    public static void main(String... args) {
        JOptionPane.showMessageDialog(null,
        "Wie geht's?", "Frage", 3);
    }
}
```

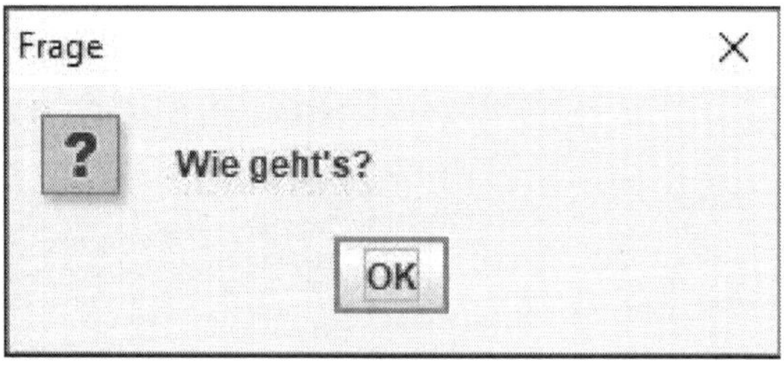

Screenshot 29 Die Ausgabe einer Frage

Damit sind die Möglichkeiten dieser API jedoch bei Weitem noch nicht erschöpft. Es bestehen noch viele weitere Funktionen, von denen noch eine weitere exemplarisch vorgestellt werden soll. Sehr praktisch ist das Fenster für die Texteingabe. Dieses ermöglicht es auf einfache Weise, den Anwender zu einer Eingabe aufzufordern und diese aufzunehmen:

```
import javax.swing.JOptionPane;

public class Eingabefenster {
    public static void main(String... args) {
        String eingabe =
        JOptionPane.showInputDialog("Text für die Eingabe :");
        System.out.println(eingabe);
    }
}
```

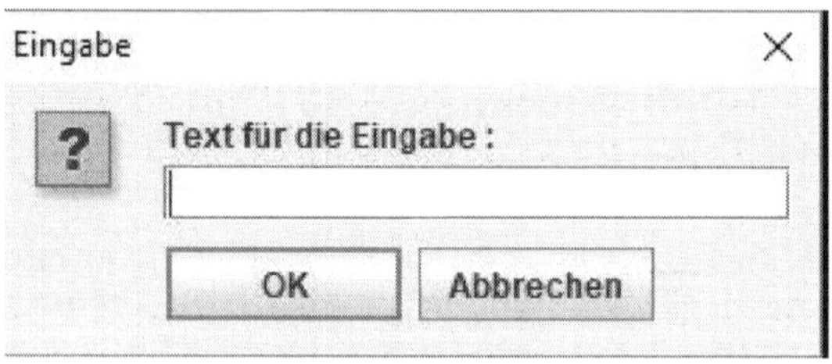

Screenshot 30 Einfache Möglichkeit für die Eingabe von Werten

8.3 Vielfältige weitere Bibliotheken nutzen

Die Dialogfenster aus dem vorherigen Abschnitt stellen nur einen winzigen Ausschnitt aus den vielfältigen Möglichkeiten dar, die APIs in Java bieten. Darüber hinaus gibt es unzählige weitere Pakete mit praktischen Funktionen. Eines der wichtigsten davon trägt den Namen java.lang. Das ist übrigens das einzige Paket, das nicht extra importiert werden muss. Alle Klassen, die darin enthalten sind, stehen automatisch zur Verfügung. Es enthält viele grundlegenden Funktionen eines Java-Programms, die teilweise bereits in diesem Buch Verwendung fanden. Sehr wichtig ist die Klasse `System`. Der allererste Befehl, der vorgestellt wurde, zählt zu dieser Klasse: `System.out.print`. Sie enthält neben Funktionen für die Ein- und die Ausgabe auch Möglichkeiten, um Dateien einzulesen oder abzuspeichern, um Arrays zu bearbeiten, um die Zeit abzufragen und um viele weitere Aufgaben, die direkt mit dem System in Verbindung stehen, auszuführen.

Für Programme, die mathematische Aufgaben erledigen sollen, ist auch die Klasse `Math` sehr wichtig, die ebenfalls im Paket `java.lang` enthalten ist. Diese enthält unter anderem die mathematischen Konstanten Pi (`Math.PI`) und e (`Math.E`). Darüber hinaus sind vielfältige mathematische Funktionen als Methoden darin implementiert – von der Berechnung der Quadratwurzel über Sinus- und Kosinusfunktionen bis hin zur Bestimmung des Maximalwerts.

Von großer Bedeutung ist auch das Paket `javax.swing`. Auch dieses wurde bereits genutzt. Im vorherigen Abschnitt kamen Dialogfenster der Klasse `JOptionPane` zum Einsatz. Diese gehören zu diesem Paket. Darüber hinaus enthält es sehr viele Möglichkeiten, um grafische Benutzeroberflächen zu gestalten, die eine einfache und ansprechende Kommunikation mit dem Anwender ermöglichen.

Darüber hinaus gibt es zahlreiche Pakete, die ganz spezifische Aufgaben erfüllen – beispielsweise `java.sql` für den Umgang mit Datenbanken, `java.applet` für die Integration kleiner Java--Programme in Internetseiten oder `java.time` für den Umgang mit Zeiten. So stehen bereits für vielfältige Aufgaben passende Objekte und Methoden bereit, die das Programmieren deutlich einfacher gestalten.

8.4 Die Dokumentation der APIs

Die riesige Anzahl an Methoden und Objekten, die APIs in Java bereitstellen, führt dazu, dass selbst erfahrene Programmierer diese nicht alle auswendig kennen. Daher ist es wichtig, zu wissen, wo man die entsprechenden Funktionen nachschlagen kann. Dazu dient die Dokumentation der APIs. Diese ist unter folgender Adresse erreichbar:

http://docs.oracle.com/javase/8/docs/api/

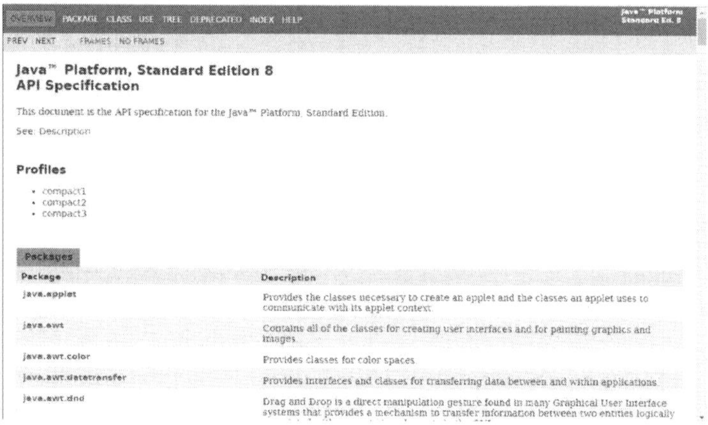

Screenshot 31 Die Startseite der API-Dokumentation

Diese Dokumentation ist beim Programmieren von großer Bedeutung. Viele Programmierer haben sie während ihrer Arbeit stets in einem Browserfenster geöffnet. So können sie sich bei Bedarf schnell und einfach über verschiedene Klassen und Methoden der API informieren. Die Dokumentation dient zum einen dazu, deren genaue Funktionsweise anzugeben. Wenn der Programmierer eine bestimmte Methode verwenden will, sieht er genau, welche Aktionen diese durchführt, welche Parameter dafür erforderlich sind und welchem Datentyp diese entsprechen müssen. Diese Informationen sind unerlässlich, um die entsprechenden Hilfsmittel zu verwenden.

Zum anderen ist diese Dokumentation sehr hilfreich, um passende Funktionen für das Programm zu finden. Wenn dieses beispielsweise eine mathematische Berechnung durchführen soll, die über die Verwendung der grundlegenden Operatoren hinausgeht, ist es sinnvoll, die Klasse `java.Math` zu betrachten. Wenn eine Datenbank in das Programm eingebunden werden soll, ist es empfehlenswert, sich die Klasse `java.sql` näher anzuschauen. Die einzelnen Pakete und Klassen haben in der Regel selbsterklärende Namen, sodass es normalerweise recht einfach ist, passende Methode für eine bestimmte Problemstellung zu entdecken. Auf diese Weise findet der Programmierer für viele Anwendungen eine einfache Lösung.

8.5 Übung: vorgefertigte Methoden nutzen

1. Schauen Sie sich nochmals das Programm für den Gebrauchtwagenhändler aus dem Kapitel VII.4 an. Das Hauptprogramm gibt dafür automatisch einen neuen Preis für das Fahrzeug ein. Verändern Sie das Programm derart, dass sich nun ein Fenster öffnet, das den Anwender fragt, ob er den Preis ändern möchte. Lesen Sie dazu die Dokumentation von `JOptionPane` und wählen Sie eine Methode aus, die dies ermöglicht. Sollte der Anwender in diesem Fenster "Ja" anklicken, erstellen Sie ein neues Fenster, das den Preis abfragt. Die hierfür erforderliche Methode wurde bereits im Kapitel VIII.2 vorgestellt. Speichern Sie den Wert nun im entsprechenden Objekt und geben Sie eine Bestätigung aus. Beachten Sie, dass die Methode `showInputDialog` stets einen Wert vom Typ `String` zurückgibt. Wie Sie diesen in den erforderlichen `double`-Wert umwandeln, erfahren Sie in der Dokumentation der Klasse `java.lang.Double`.

> **Anmerkung:** Die Klassen `Auto` und `Fahrzeug`, auf denen das Programm beruht, müssen für diese Aufgabe nicht verändert werden. Wenn Sie das neue Programm im gleichen Verzeichnis ablegen, stehen sie automatisch zur Verfügung. Sollten Sie ein anderes Verzeichnis wählen, ist es notwendig, sie zu kopieren und hier ebenfalls abzuspeichern.

2. Schreiben Sie ein Programm für mathematische Berechnungen. Öffnen Sie zunächst ein Fenster und fordern Sie den Anwender dazu auf, eine Zahl für die gewünschte Art der Berechnung einzugeben: 1 für die Berechnung der Quadratwurzel, 2 für den natürlichen Logarithmus und 3 für den Sinus-Wert. Erstellen Sie nun für jede Option ein Fenster, das den Anwender zur Eingabe eines entsprechenden Werts auffordert und das Ergebnis berechnet. Die passenden Funktionen finden Sie in der Dokumentation von `java.lang.Math`.

Lösungen.

1.

```
import javax.swing.JOptionPane;

public class Aufgabe_viii1 {
    public static void main(String... args) {

        Auto Auto1 = new Auto(8999.99, "VW Golf", 2007, 56845,
        "blau");
        System.out.println(Auto1.getPreis());
        System.out.println(Auto1.getModell());
        System.out.println(Auto1.getBaujahr());
        System.out.println(Auto1.getKilometerstand());
        System.out.println(Auto1.getFarbe());

        int x = JOptionPane.showConfirmDialog(null,
        "Möchten Sie den Preis ändern?");
        if (x == 0){
            String eingabe = JOptionPane.showInputDialog
            ("Neuer Preis :");

            double preisNeu = Double.parseDouble(eingabe);

            Auto1.setPreis(preisNeu);
            System.out.print("Der neue Preis beträgt:
            "+Auto1.getPreis());
        }
        else{
            System.out.print("Der Preis wurde nicht
            verändert. Er beträgt "
            +Auto1.getPreis());
        }
    }
}
```

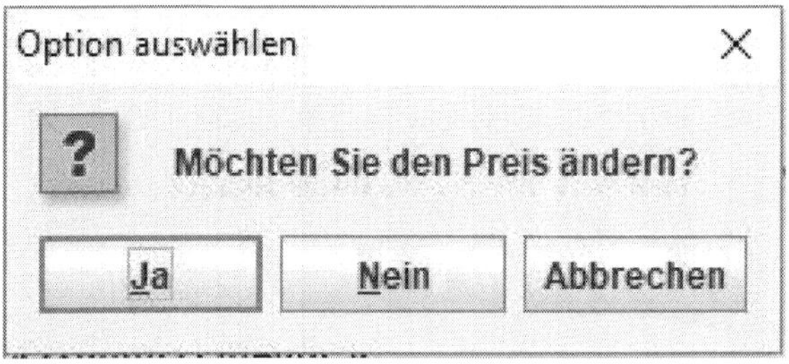

Screenshot 32 Das Fenster für die Auswahl

2.

```
import javax.swing.JOptionPane;

public class Aufgabe_viii2 {
    public static void main(String... args) {
        String ausgabe = "Geben Sie eine Nummer für die
        gewünschte Operation ein:\n"
        +"1 für die Berechnung der Quadratwurzel\n"
        +"2 für die Berechnung des natürlichen
        Logarithmus\n"
        +"3 für die Berechnung des Sinus-Werts";
        String eingabe =
        JOptionPane.showInputDialog(ausgabe);
        double auswahl = Integer.parseInt(eingabe);

        if (auswahl == 1){
            ausgabe = "Geben Sie den Wert für die
            Wurzel-Berechnung ein:";
            eingabe =
            JOptionPane.showInputDialog(ausgabe);
            double wert =
            Double.parseDouble(eingabe);
            double ergebnis = Math.sqrt(wert);
            JOptionPane.showMessageDialog(null,
            ergebnis, "Ergebnis", 1);
        }
        else if (auswahl == 2){
            ausgabe = "Geben Sie den Wert für die
            Logaritmus-Berechnung ein:";
            eingabe =
            JOptionPane.showInputDialog(ausgabe);
            double wert =
            Double.parseDouble(eingabe);
            double ergebnis = Math.log(wert);
            JOptionPane.showMessageDialog(null,
            ergebnis, "Ergebnis", 1);
        }
        else if (auswahl == 3){
            ausgabe = "Geben Sie den Wert für die
            Sinus-Berechnung ein:";
            eingabe =
            JOptionPane.showInputDialog(ausgabe);
            double wert =
            Double.parseDouble(eingabe);
            double ergebnis = Math.sin(wert);
            JOptionPane.showMessageDialog(null,
            ergebnis, "Ergebnis", 1);
        }
```

```
        else{
            JOptionPane.showMessageDialog(null,
            "Kein gültiger Wert eingegeben",
            "Fehler", 3);
        }
    }
}
```

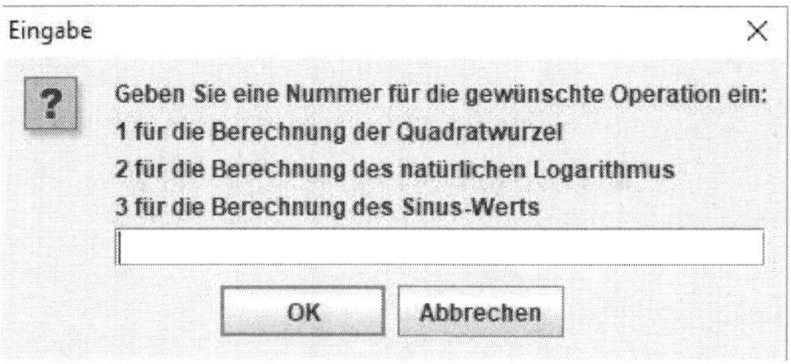

Screenshot 33 Die Auswahlmöglichkeiten für die Berechnungen

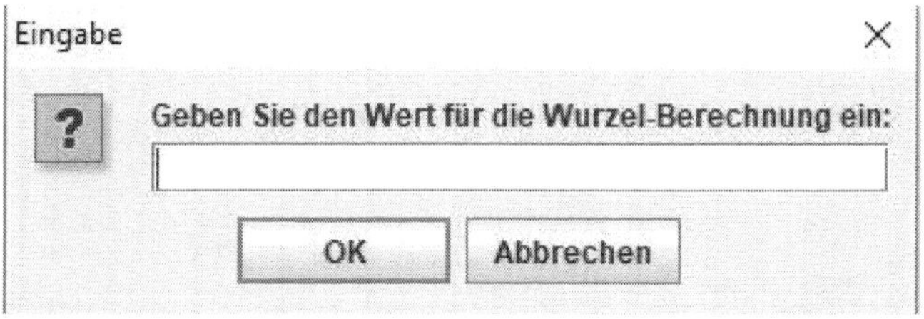

Screenshot 34 Die Abfrage der Werte am Beispiel der Wurzel-Berechnung

Anmerkung: Die Anweisung im ersten Dialogfeld ist sehr lang. Daher ist es sinnvoll, einen Zeilenumbruch einzufügen. Das erreichen Sie durch die Zeichenfolge \n.

Alle Programmcodes aus diesem Buch sind als PDF zum Download verfügbar. Dadurch müssen Sie sie nicht abtippen:
https://bmu-verlag.de/java-programmieren

Außerdem erhalten Sie die eBook Ausgabe zum Buch im PDF Format kostenlos auf unserer Website:

https://bmu-verlag.de/java-programmieren
Downloadcode: siehe Kapitel 15

Kapitel 9

Exception Handling

Bei der Ausführung eines Programms können immer wieder unerwartete Probleme auftreten. Diese kann der Programmierer häufig nicht vermeiden. Damit dabei jedoch nicht gleich das ganze Programm abstürzt, ist es wichtig, sich darauf vorzubereiten. Zu diesem Zweck dient das Exception Handling. Dabei handelt es sich Methoden, die es erlauben, mit Laufzeitfehlern umzugehen. Das macht das Programm deutlich stabiler und ermöglicht es, auch unerwartete Ereignisse zu verarbeiten. Insbesondere bei Programmen, die später tatsächlich in der Praxis zum Einsatz kommen, ist das Exception Handlung von sehr großer Bedeutung.

9

9.1 Was sind Laufzeitfehler?

In der Einleitung zu diesem Kapitel wurde bereits erwähnt, dass das Exception Handling dazu dient, Laufzeitfehler abzufangen. Allerdings wurde noch nicht genau erläutert, was ein Laufzeitfehler eigentlich genau ist. Zur Erklärung soll folgendes kleines Programm erstellt werden:

```
import javax.swing.JOptionPane;

public class Arrayfeld {

     public static void main (String[] args){

          int a[] = {3, 5, 2, 1};
          String eingabe = JOptionPane.showInputDialog("Welches
          Array-Feld soll angezeigt werden?");
          int wert = Integer.parseInt(eingabe);
          JOptionPane.showMessageDialog(null, "Inhalt:
          "+a[wert]);
     }
}
```

Dieses Programm enthält ein Array und fragt anschließend den Nutzer, welches Feld er anzeigen lassen will. Die Syntax dieses Programms ist korrekt, sodass es sich problemlos kompilieren lässt. Auch die Ausführung läuft zunächst problemlos ab – solange der Anwender Werte zwischen 0 und 3 eingibt. Um zu zeigen, was ein Laufzeitfehler ist, ist es sinnvoll, einmal einen größeren Wert einzugeben. In diesem Fall ist jedoch kein Feld mit dem entsprechenden Index vorhanden. Daher ist kein Zugriff möglich und das Programm stürzt ab. Die unvorhergesehene Eingabe hat einen Laufzeitfehler verursacht.

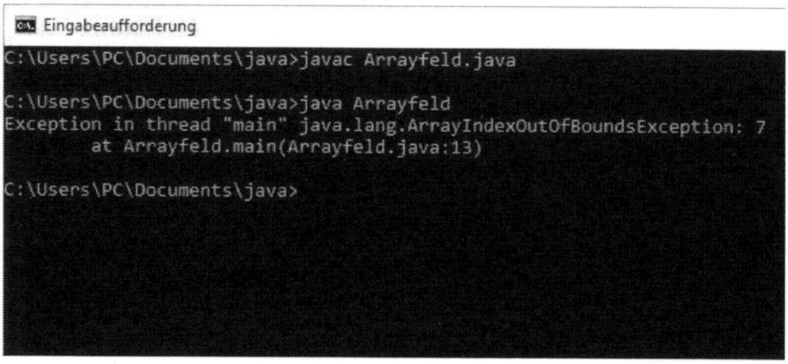

Screenshot 35 Fehlermeldung beim Versuch, auf ein nicht vorhandenes Array-Feld zuzugreifen

Der falsche Zugriff auf ein Array ist nicht das einzige Beispiel für einen Laufzeitfehler. Darüber hinaus gibt es viele weitere Möglichkeiten – beispielsweise der Zugriff auf ein nicht erzeugtes Objekt oder der fehlerhafte Zugriff auf eine Datei.

9.2 Laufzeitfehler durch Ausnahmen abfangen

Java bietet Methoden, um derartige Fehler abzufangen. Das ist immer dann möglich, wenn das System die Fehlfunktion selbst erkennt. In diesem Fall löst es eine Ausnahme aus. Das macht es möglich, die Fehlfunktion zu behandeln, ohne dass das ganze Programm abstürzt. Dazu ist es zunächst notwendig, den Bereich, in dem ein Laufzeitfehler zu erwarten ist, in eine geschweifte Klammer zu setzen. Um ihn zu markieren, wird ihm der Schlüsselbegriff `try` vorangestellt. Das bewirkt, dass das Programm lediglich versucht, den entsprechenden Bereich auszuführen. Sollte dabei jedoch ein Fehler auftreten, bricht es den Versuch ab.

Damit ist der Fehler jedoch noch nicht aufgefangen. Dazu ist es notwendig, einen weiteren Block einzufügen. Dieser enthält die Befehle, die ausgeführt werden sollen, wenn der vorangehende Bereich eine Ausnahme aufgeworfen hat. Um diesen Block zu kennzeichnen, kommt der Begriff `catch` zum Einsatz. Danach folgt eine runde Klammer, in der der Typ der Ausnahme steht, die mit dem folgenden Block abgefangen werden soll. Welcher Typ das sein kann, wird beispielsweise an der Fehlermeldung im vorherigen Abschnitt deutlich. Diese lautete:

```
Exception in thread "main" java.lang.
ArrayIndexOutOfBoundsException: 6
        at Arrayfeld.main(Arrayfeld.java:13)
```


Das Objekt, das hier genannt wird, bestimmt den Typ der Ausnahme: `ArrayIndexOutOfBoundsException`. Um einen Fehler durch ein nicht vorhandenes Arrayfeld einzufangen, ist es also nötig, diesen Begriff in die Klammer zu schreiben. Danach folgt lediglich durch ein Leerzeichen abgetrennt ein beliebiger Variablenname. Dieser nimmt den Inhalt der Ausnahme auf und ermöglicht es beispielsweise, sie in die Fehlermeldung zu integrieren – was in diesem Beispiel allerdings nicht notwendig ist. Der anschließende Block muss wieder in einer geschweiften Klammer stehen. Daraus ergibt sich folgendes Programm:

```
import javax.swing.JOptionPane;

public class Arrayfeld2 {

     public static void main (String[] args){

          int a[] = {3, 5, 2, 1};
          try {
               String eingabe =
               JOptionPane.showInputDialog("Welches
```

```
                Array-Feld soll angezeigt werden?");
                int wert = Integer.parseInt(eingabe);

                JOptionPane.showMessageDialog(null,
                "Inhalt: "+a[wert]);
            }
            catch (ArrayIndexOutOfBoundsException
                ausnahme){
                JOptionPane.showMessageDialog(null,
                "Bitte das nächste Male einen"
                +"Wert zwischen 0 und 3
                eingeben.", "Fehler", 2);
                System.out.print(ausnahme);
            }
        }
}
```

Darüber hinaus gibt es einige weitere Ausnahmen. Diese sind unter folgendem Link ersichtlich:

https://docs.oracle.com/javase/8/docs/api/java/lang/RuntimeException.html

Wichtig sind insbesondere `NullPointerException` für den Zugriff auf nicht erzeugte Objekte und `IllegalArgumentException` für die Verwendung von falschen Datentypen.

Wenn in einem `try`-Block mehrere Ausnahmen unterschiedlichen Typs möglich sind, ist es notwendig, für jeden einzelnen von ihnen einen neuen `catch`-Block zu schreiben. Dieser wird einfach unter dem ersten Block eingefügt. Anschließend kann optional ein `finally`-Block eingefügt werden. Dieser wird immer ausgeführt, unabhängig davon, ob eine Ausnahme geworfen wurde oder nicht.

Es ist nicht nur möglich, mit vorgefertigten Ausnahmen zu arbeiten. Der Programmierer kann diese auch selbst anfertigen. Dazu dient der Schlüsselbegriff `throw`. Danach folgt der Begriff `new`, um eine neue Ausnahme zu erstellen. Daran schließen sich ein frei gewählter Name für die Ausnahme und eine leere runde Klammer an:

```
throw new Ausnahme ();
```

Um diese abzufangen, muss im `catch`-Block der gewählte Name der Ausnahme eingefügt werden. Außerdem ist es am Anfang des Programms notwendig, die verwendeten Namen als Objekte für die Ausnahme zu definieren. Das geschieht durch die Erstellung einer Klasse mit dem entsprechenden Namen, die die Klasse Exception erweitert:

```
class Ausnahme extends Exception{}
```

Das Programm mit selbst definierten Ausnahmen sieht demnach wie folgt aus:

```
import javax.swing.JOptionPane;

class Ausnahme1 extends Exception{}
class Ausnahme2 extends Exception{}

public class Arrayfeld3 {

    public static void main (String[] args){

        int a[] = {3, 5, 2, 1};
        try {
            String eingabe =
            JOptionPane.showInputDialog("Welches
            Array-Feld soll angezeigt werden?");
            int wert = Integer.parseInt(eingabe);
            if (wert > 3){
                throw new Ausnahme1();
            }
            if (wert < 0){
                throw new Ausnahme2();
            }

            JOptionPane.showMessageDialog(null,
            "Inhalt: "+a[wert]);
        }
        catch (Ausnahme1 ausnahme){
            JOptionPane.showMessageDialog(null,
            "Bitte eine kleinere "
            +"Zahl eingeben.", "Fehler", 2);
```

9

```
        }
        catch (Ausnahme2 ausnahme){
            JOptionPane.showMessageDialog(null,
            "Bitte das nächste Male eine "
            +"positive Zahl eingeben.", "Fehler", 2);
        }
    }
}
```

9.3 Wann ist die Verwendung von Ausnahmen sinnvoll?

Nachdem vorgestellt wurde, wie Ausnahmen aufgeworfen und abgefangen werden, ist es noch sinnvoll, sich zu überlegen, in welchen Fällen ihre Verwendung notwendig ist. Ein Beispiel wurde bereits genannt: Eingaben des Benutzers. Dabei ist es immer möglich, dass der Anwender Werte eingibt, die nicht den Erwartungen entsprechend und die daher das Programm zum Absturz bringen können. Ein weiterer Anwendungsbereich ist der Zugriff auf Dateien. Dabei ist es möglich, dass diese nicht vorhanden oder beschädigt sind. Daher sollte auch in diesem Fall eine Ausnahme erstellt werden – für den Fall, dass sich die Datei nicht öffnen lässt.

Selbstverständlichgibtesnochweitere Beispiele, indenenessinnvoll ist, mit Ausnahmen zu arbeiten. Für die Aufgaben in diesem Lehrbuch ist es jedoch ausreichend, die beiden genannten Bereiche zu beachten.

Kapitel 10

Daten in Dateien abspeichern

In den bisherigen Kapiteln wurden bereits zahlreiche Funktionen vorgestellt, die es ermöglichen, vielfältige Programme zu schreiben. Mit diesen Kenntnissen lässt sich sogar die eine oder andere Applikation schreiben, die auch in der Praxis zum Einsatz kommen kann. Allerdings besteht dabei das Problem, dass alle verwendeten Daten bislang flüchtig sind. Sie werden lediglich in Variablen gespeichert, die im Arbeitsspeicher abgelegt werden. Sobald das Programm beendet wird, gehen die Inhalte verloren. Bei vielen Anwendungen ist es jedoch gewünscht, die Daten dauerhaft zu speichern. Das folgende Kapitel stellt vor, auf welche Weise das möglich ist.

Um Daten mit Java dauerhaft zu speichern, kommen mehrere Techniken infrage. Dieses Lehrbuch stellt vor, auf welche Weise sich die Werte in einer Datei speichern lassen. Das ist vergleichsweise einfach, sodass sich diese Methode gut für Anfänger eignet. Allerdings empfiehlt sich diese Vorgehensweise in der Praxis nur dann, wenn die Dateien in einer sicheren Umgebung abgelegt werden und wenn keine gleichzeitige Nutzung durch mehrere Anwender vorgesehen ist. Programme, die auf einem Server laufen, sollten besser Datenbanken verwenden. Diese sind mehrbenutzerfähig und außerdem deutlich sicherer. Für ein kleines Programm, das auf einem privat genutzten Rechner läuft, sind Dateien für die Datenspeicherung jedoch vollkommen ausreichend.

10.1 Daten einlesen

Bei vielen Programmen ist es notwendig, zunächst die Daten einzulesen. Als Beispiel soll wieder der bereits mehrfach erwähnte Gebrauchtwagenhändler dienen. Dieser will nun die Daten zu den einzelnen Fahrzeugen in einer Datei abspeichern. Wenn das

Programm startet, soll es alle Autos, die im Moment zum Verkauf stehen, mit allen zugehörigen Daten auf dem Bildschirm ausgeben.

Um die Datenspeicherung in Dateien zu ermöglichen, ist es notwendig, zunächst eine genaue Struktur zu erstellen. Diese muss anschließend bei der Erstellung der entsprechenden Dateien genau beachtet werden. In diesem Beispiel sollen die Daten zu den Autos in einer Datei mit dem Namen Autos.txt abgespeichert werden. Um ein Auto zu beschreiben, sollen dessen Attribute jeweils in eine eigene Zeile geschrieben werden. Dabei ist es wichtig, darauf zu achten, dass keine Leerzeilen zwischen den einzelnen Attributen stehen und dass stets alle fünf Attribute aufgeführt werden. Als Trennung zwischen den einzelnen Autos dient eine Leerzeile. Da diese den Beginn eines neuen Autos markiert, ist es wichtig, dass auch vor dem ersten Auto, das in der Datei gespeichert wird, eine Leerzeile steht. Darüber hinaus darf nach dem letzten Auto keine weitere Leerzeile folgen.

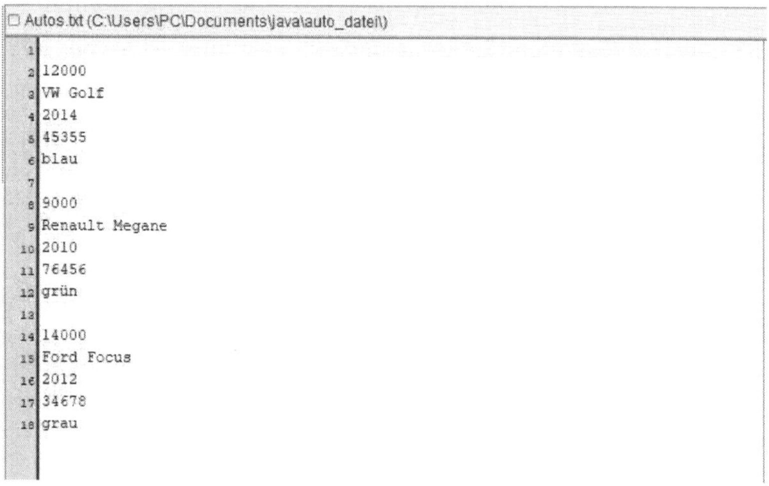

Autos.txt (C:\Users\PC\Documents\java\auto_datei\)

```

12000
VW Golf
2014
45355
blau

9000
Renault Megane
2010
76456
grün

14000
Ford Focus
2012
34678
grau
```

Screenshot 36 Die Text-Datei für die Speicherung der Daten

Um auf die Datei zuzugreifen, sind Methoden aus dem Paket `java.io` notwendig. Daher ist es erforderlich, dieses zu Beginn mit dem Befehl `import java.io.*;` zu importieren. Um die

Dateien einzulesen, muss ein `Stream` geöffnet werden. Dazu werden drei Befehle benötigt:

```
FileInputStream fis = new FileInputStream("Autos.txt");
InputStreamReader isr = new InputStreamReader(fis);
BufferedReader br = new BufferedReader(isr);
```

Dabei handelt es sich um Objekte aus dem entsprechenden Paket. Der interessierte Leser kann in der Dokumentation die genaue Funktionsweise nachlesen. Durch diese Befehle wird ein `Buffered Reader` mit dem Namen `br` erzeugt. Dieses Objekt verfügt über die Methode `readLine()`. Diese liest eine Zeile der Datei ein und gibt sie als `String` zurück. Dieser soll in der Variable `linie` gespeichert werden.

Damit sind die neuen Befehle, die zum Einlesen notwendig sind, bereits abgehandelt. Nun ist es an der Zeit, sich genaue Gedanken über die Struktur zu machen. Das Programm soll die Daten einlesen und für jedes Auto ein Objekt mit dem gleichen Namen erzeugen. Dieses soll es dann in einem Array ablegen. Um das Array zu erzeugen, ist es jedoch erforderlich, zu wissen, wie groß dieser sein soll. Das ist mit den Leerzeilen, die als Trennung zwischen den einzelnen Autos eingefügt werden, möglich. Dazu ist es notwendig, eine while-Schleife zu erstellen. Deren Bedingung ist `(linie != null)`. Solange das Ende der Datei noch nicht erreicht ist, hat diese Variable immer einen `String` als Wert. Wenn das Dateiende erreicht wird, wird sie auf null gesetzt, sodass die Schleife beendet wird. Wenn im Körper nun der `readLine()`-Befehl steht, wird die Datei Zeile für Zeile eingelesen, bis das Ende erreicht ist. Nun ist es noch wichtig, zu prüfen, ob es sich bei der aktuellen Zeile um eine Leerzeile handelt. Das geschieht mit der Abfrage `if ("".equals(linie))`. Die zwei doppelten Anführungszeichen stehen für einen leeren String – also für eine Leerzeile. Beim Vergleich von Strings ist es nicht möglich, den gewöhnlichen Vergleichsoperator (==) zu verwenden. Anstatt dessen kommt die Methode `equals` zum Einsatz, um die Gleichheit zu überprüfen. Daraus ergibt sich folgende Schleife:

```
while (linie != null){
        if ("".equals(linie)){
            zaehler ++;
        }
        linie = br.readLine();
}
```

Auf diese Weise wird in der Variablen `zaehler` gespeichert, wie viele Autos in der Datei enthalten sind. Anschließend ist es notwendig, den `Stream` mit folgendem Befehl wieder zu schließen:

```
br.close();
```

Im nächsten Schritt muss das Array mit der entsprechenden Anzahl an Feldern angelegt werden. Um danach die Daten einzulesen, ist es notwendig, nochmals das gesamte Textdokument durchzugehen. Dafür ist ein neuer `Stream` erforderlich. Das geschieht nach dem gleichen Muster wie zuvor. Allerdings ist es nötig, andere Namen für die entsprechenden Objekte zu wählen. Es folgt eine `for`-Schleife, die so oft ausgeführt wird, wie Autos in der Datei vorhanden sind. Darin werden alle Daten für ein Auto eingelesen und anschließend wird daraus ein Objekt erzeugt und im Array abgelegt.

Im letzten Schritt ist es dann nur noch notwendig, die Inhalte auf dem Bildschirm auszugeben. Das geht am einfachsten mit einer `for-each`-Schleife. Daraus ergibt sich folgendes Programm:

```
import java.io.*;

public class Gebrauchtwagen {

    public static void main (String[] args){

        int zaehler=0;
        String linie;
        try{
            FileInputStream fis = new
            FileInputStream("Autos.txt");
            InputStreamReader isr = new
```

```
        InputStreamReader(fis);
        BufferedReader br = new
        BufferedReader(isr);

        linie = br.readLine();
        while (linie != null){
            if ("".equals(linie)){
                zaehler ++;
            }
            linie = br.readLine();
        }
        br.close();
    }
    catch (IOException ioAusnahme){
        System.out.print("Datei konnte nicht
        geöffnet werden.");
    }
    Auto[] sortiment = new Auto[zaehler];

    try{
        FileInputStream fis2 = new
        FileInputStream("Autos.txt");
        InputStreamReader isr2 = new
        InputStreamReader(fis2);
        BufferedReader br2 = new
        BufferedReader(isr2);

        for (int i=0; i<zaehler; i++){
            linie = br2.readLine();
            linie = br2.readLine();
            double preis =
            Double.parseDouble(linie);
            linie = br2.readLine();
            String modell = linie;
            linie = br2.readLine();
            int baujahr =
            Integer.parseInt(linie);
            linie = br2.readLine();
            int kilometerstand =
            Integer.parseInt(linie);
            linie = br2.readLine();
            String farbe = linie;
            sortiment[i] = new Auto(preis,
            modell, baujahr, kilometerstand,
            farbe);
        }
        br2.close();
    }
    catch (IOException ioAusnahme){
```

```
            System.out.print("Datei konnte nicht
            geöffnet werden.");
        }

        for (Auto element2 : sortiment){
            System.out.println(element2.getPreis());
            System.out.println(element2.getModell());
            System.out.println(element2.getBaujahr());
                System.out.println(
            element2.getKilometerstand());
            System.out.println(
            element2.getFarbe()+"\n");
        }
    }
}
```

Da beim Aufrufen einer Datei hin und wieder Fehler auftreten können, wurde für die Bereiche, in denen mit dem `Stream` gearbeitet wird, jeweils eine passende Ausnahme erstellt. Damit das Programm funktioniert, müssen die in den vorherigen Kapiteln verwendeten Klassen `Auto` und `Fahrzeug` in das gleiche Verzeichnis wie dieses Programm kopiert werden.

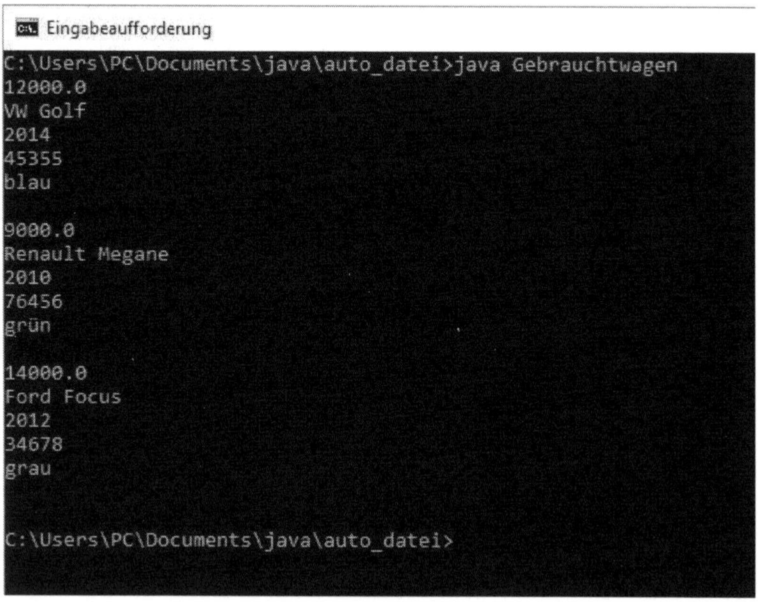

Screenshot 37 Die Ausgabe der Daten

10.2 Daten speichern

Daten zu speichern, funktioniert recht ähnlich wie das Einlesen. Hierbei sind jedoch andere Objekte für den `Stream` erforderlich, die jedoch ebenfalls in `java.io` zu finden sind:

```
BufferedWriter objektname = new BufferedWriter(new
FileWriter("Dateiname", true/false));
```

Es ist notwendig, ein neues Objekt des Typs `BufferedWriter` zu erstellen, das als Parameter ein Objekt vom Typ `FileWriter` erhält. Dieses benötigt zunächst den Namen der Datei, in die geschrieben werden soll. Wenn an letzter Stelle der Wert `false` steht, bedeutet das, dass das Programm die bisher vorhandenen Daten in der Datei löscht und durch die neuen Werte ersetzt. Wenn hier `true` steht, werden die Daten hingegen an eventuell bereits vorhandene Datensätze angehängt. Um die Inhalte in die Datei zu schreiben, ist folgender Befehl notwendig:


```
objektname.write("Inhalt");
```

Wenn Daten in eine Datei geschrieben werden sollen, ist es nicht gewährleistet, dass diese bereits existiert. Daher muss dies überprüft und gegebenenfalls eine neue Datei angelegt werden. Dazu dient ein Objekt des Typs `File`, das ebenfalls in `java.io` definiert ist. Für die Abfrage ist folgender Code notwendig:

```
File datei = new File("Dateiname");
            if(!datei.exists()){
                datei.createNewFile();
            }
```

Mit diesen Informationen lässt sich bereits ein Programm erstellen, das die Werte für ein neues Auto vom Anwender abfragt und diese an die bereits bestehende Datei Autos.txt anhängt:

```
import java.io.*;
import javax.swing.JOptionPane;
public class AutoHinzufuegen {
      public static void main (String[] args){
            try{
                  File datei =new File("Autos.txt");
                  boolean neu = false;
                  if(!datei.exists()){
                        datei.createNewFile();
                        neu = true;
                  }
                  BufferedWriter bw = new
                  BufferedWriter(new
                        FileWriter("Autos.txt", true));
                  if(!neu){
                        bw.write("\n");
                  }
                  String eingabe =
                  JOptionPane.showInputDialog("Preis:");
                  bw.write("\n"+eingabe);
                  eingabe =
                  JOptionPane.showInputDialog("Modell:");
                  bw.write("\n"+eingabe);
                  eingabe =
                  JOptionPane.showInputDialog("Baujahr:");
                  bw.write("\n"+eingabe);
                  eingabe =
                  JOptionPane.showInputDialog(
                  "Kilometerstand:");
                  bw.write("\n"+eingabe);
                  eingabe =
                  JOptionPane.showInputDialog("Farbe:");
                  bw.write("\n"+eingabe);
                  bw.close();
            }
            catch(IOException ioAusnahme){
                  System.out.print("Fehler beim Öffnen der
                  Datei");
            }

      }
}
```

Anmerkung: Die Variable neu ermittelt, ob die Datei neu erstellt wurde. In diesem Fall ist immer bereits eine Leerzeile zu Beginn vorhanden, sodass diese nicht erzeugt werden muss.

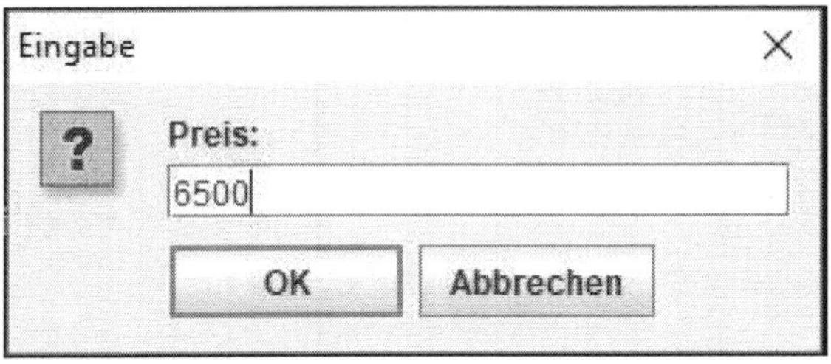

Screenshot 38 Ein Beispiel für das Eingabefeld des Programms

10.3 Einen Eintrag löschen

Das nächste Programm dient dazu, ein Auto zu löschen – beispielsweise weil es verkauft wurde.

Dabei ist es nicht möglich, einen einzelnen Bereich aus der Datei zu entfernen. Allerdings ist bekannt, wie eine Datei überschrieben wird: indem das letzte Attribut bei der Erzeugung des `FileWriters` auf `false` gesetzt wird. Das Löschen funktioniert daher so, dass das gesamte Sortiment neu in die Datei geschrieben wird – mit Ausnahme des Fahrzeugs, das gelöscht werden soll.

Da hierfür zunächst die Daten eingelesen werden müssen, ist es sinnvoll, eine entsprechende Methode zu gestalten und diese aus dem Programm aus Kapitel X.1 aufzurufen. So ist es nicht notwendig, die Daten erneut einzulesen. Es ist möglich, einfach das entsprechende Array zu übergeben. Zu diesem Zweck soll der Anwender am Schluss des Programms gefragt werden, ob er ein Fahrzeug löschen will. Dazu kommt das bereits bekannte Fenster `showConfirmDialog` zum Einsatz.

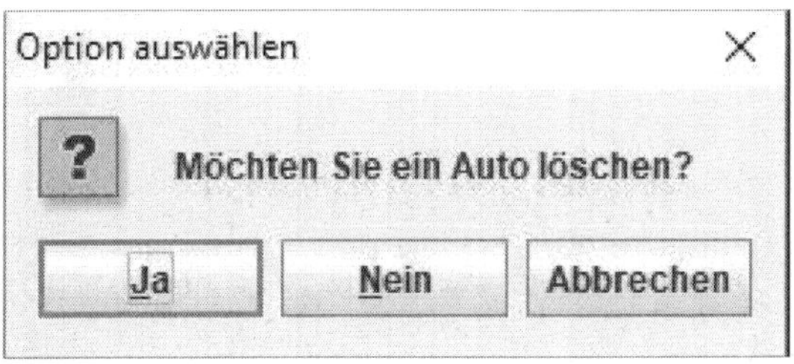

Screenshot 39 Der Dialog mit dem Anwender

Wenn der Anwender nun auf Ja klickt, gibt dieses den Wert 0 zurück. In diesem Fall wird der Inhalt der if-Abfrage ausgeführt – das heißt, es öffnet sich ein neues Fenster, das abfragt, welches Modell gelöscht werden soll. Danach ruft das Programm die entsprechende Methode loeschen auf, die anschließend erstellt wird. Dafür muss neben dem Importbefehl import javax.swing.JOptionPane am Anfang des Dokuments lediglich der folgende Code am Ende des Programms eingefügt werden:

```
int x = JOptionPane.showConfirmDialog(null, "Möchten Sie ein Auto
löschen?");
if (x == 0){
    String eingabe = JOptionPane.showInputDialog("Geben Sie das
    Modell ein,\n"+"das Sie löschen möchten:");
    Auto.loeschen(bestand, eingabe);
}
```

Bisher wurde der Aufruf von Methoden stets mit einem konkreten Objekt verbunden. In diesem Beispiel erfolgt er jedoch über den Klassennamen. Das liegt daran, dass für diese Aufgabe kein konkretes Objekt erforderlich ist: Die Methode benötigt als Eingabe lediglich den Inhalt des Arrays und das Modell, das zu löschen ist. Außerdem bearbeitet sie kein Objekt. Ihre Aufgabe besteht lediglich darin, die verwendete Datei neu zu gestalten. Um eine Methode ohne ein konkretes Objekt aufrufen zu können, ist es notwendig, sie als static zu definieren:

```
/**Löscht ein Auto*/
    public static void loeschen (Auto[] sortiment, String mod_
    loeschen){
        try{
            File datei = new File("Autos.txt");
            boolean neu = true;
            boolean geloescht = false;
            if(datei.exists()){
                BufferedWriter bw = new
                BufferedWriter(new
                FileWriter("Autos.txt", false));
                for (Auto element : sortiment){
                    if
                    (!(mod_loeschen.equals
```

```
                    (element.getModell()))){
                        if(!neu){
                        bw.write("\n");
                        }
                        else {
                            neu = false;
                        }
                    bw.write
                    ("\n"+element.getPreis());
                    bw.write
                    ("\n"+element.getModell());
                    bw.write
                    ("\n"+element.getBaujahr());
                    bw.write("\n"+element.get
                    Kilometerstand());
                    bw.write
                    ("\n"+element.getFarbe());
                    }
                    else {
                        geloescht = true;
                    }
                }
                bw.close();
            }
            else {
                System.out.print("Datei nicht vorhanden");
            }
            if (geloescht){
                System.out.print("Das Auto wurde gelöscht.");
            }
            else{
                System.out.print("Modell nicht gefunden.");
            }

        }
        catch(IOException ioAusnahme){
            System.out.print("Fehler beim Öffnen der Datei");
        }
    }
```

Zusätzlich zu diesem Code muss der Import-Befehl `import java.io.*;` ganz zu Beginn der Klasse eingefügt werden. Diese Methode schreibt nun wie im Programm `AutoHinzufuegen` die Inhalte des Objekts `Auto` in die Datei. Allerdings wird in diesem Fall nicht nur ein einzelnes Objekt übergeben, sondern ein Array aus mehreren Objekten. Daher wiederholt sie diesen Vorgang durch die `for`-Schleife für den gesamten Inhalt.

Bevor die Methode die Inhalte des entsprechenden Objekts in die Datei schreibt, wird jedoch überprüft, ob das Modell des aktuellen Fahrzeugs mit dem durch den Nutzer eingegebenen Modell übereinstimmt. Trifft dies nicht zu, schreibt sie die Daten in die Datei. Ist eine Übereinstimmung vorhanden, führt sie keine Aktion durch. Daher wird dieses Auto nicht in die Liste eingefügt und dadurch gelöscht. Anschließend erfolgt eine Meldung, ob der Vorgang erfolgreich war.

Damit das Löschen funktioniert, ist es wichtig, auf die exakte Schreibweise des Modells – inklusive Groß- und Kleinschreibung – zu achten. Sollten mehrere Autos des gleichen Modells vorhanden sein, löscht das Programm außerdem alle Fahrzeuge dieses Typs. In der Praxis wäre es daher sinnvoller, die Klasse `Auto` um eine Artikelnummer zu erweitern, die nur einmal vergeben wird und die Löschung anhand dieses Werts durchzuführen. Der Leser ist dazu eingeladen, diese Änderung selbstständig als weiterführende Aufgabe durchzuführen.

10.4 Übung: Dateien in Programme einbinden

Erstellen Sie ein Programm, um die Kunden eines Unternehmens zu erfassen. Fragen Sie dafür über ein Eingabefenster die Kundennummer, den Vor- und den Nachnamen ab. Speichern Sie die Daten in einer Textdatei.

Lösung:

```
import java.io.*;
import javax.swing.JOptionPane;

public class Aufgabe_x1 {

    public static void main (String[] args){
        try{
            File datei =new File("Kunden.txt");
            boolean neu = false;
            if(!datei.exists()){
                datei.createNewFile();
                neu = true;
            }
            BufferedWriter bw = new
            BufferedWriter(new
            FileWriter("Kunden.txt", true));
            if(!neu){bw.write("\n");}
            String eingabe = JOptionPane.showInputDialog
            ("Kundennummer:");
            bw.write("\n"+eingabe);
            eingabe =
            JOptionPane.showInputDialog("Vorname:");
            bw.write("\n"+eingabe);
            eingabe =
            JOptionPane.showInputDialog("Nachname:");
            bw.write("\n"+eingabe);
            bw.close();
        }
        catch(IOException ioAusnahme){
            System.out.print("Fehler beim Öffnen der Datei");
        }
    }
}
```

Alle Programmcodes aus diesem Buch sind als PDF zum Download verfügbar. Dadurch müssen Sie sie nicht abtippen:
https://bmu-verlag.de/java-programmieren

Außerdem erhalten Sie die eBook Ausgabe zum Buch im PDF Format kostenlos auf unserer Website:

https://bmu-verlag.de/java-programmieren
Downloadcode: siehe Kapitel 15

Kapitel 11

IDE: hilfreich für die Erstellung von Programmen

Wie bereits zu Beginn dieses Buchs erwähnt, ist die Eingabe des Codes über den Texteditor nicht die einzige Möglichkeit, um ein Programm mit Java zu erstellen. Insbesondere professionelle Programmierer verwenden für ihre Arbeit häufig eine IDE. Diese macht das Programmieren deutlich einfacher und stellt viele praktische Funktionen bereit.

11.1 Welche Vorteile bietet eine IDE?

Der Begriff IDE steht für integrated development environment – also für eine integrierte Entwicklungsumgebung. Bereits die Bezeichnung integriert suggeriert, dass sie alle Werkzeuge enthält, die zum Programmieren notwendig sind. Bei der bisherigen Vorgehensweise war es notwendig, sehr oft zwischen dem Texteditor und dem Kommandozeileninterpreter zu wechseln. Das ist bei der Verwendung einer IDE nicht mehr notwendig, da sie beide Funktionen vereint. Das beschleunigt die Arbeit erheblich.

Um ein Programm zu kompilieren und auszuführen, war es bisher notwendig, die entsprechenden Befehle manuell einzugeben. Auch das nimmt viel Zeit in Anspruch – insbesondere wenn sich hin und wieder ein Tippfehler einschleicht. Mit der IDE ist es jedoch möglich, die Programme mit einem Mausklick zu kompilieren und auszuführen. Auch das trägt zu einer effizienten Arbeitsweise bei.

Darüber hinaus ist es mit einer IDE möglich, einige häufig verwendete Codestücke ganz einfach einzufügen. Die bisherigen Programme haben bereits gezeigt, dass sich viele Code-Bestandteile häufig wiederholen. Bereits beim Erstellen einer neuen Datei, fügt die IDE automatisch alle Bestandteile ein, die in jedem Java-Programm vorkommen müssen. Außerdem ist es möglich, auf Knopfdruck den Code für verschiedene weitere Funktionen einzufügen.

Sehr praktisch ist auch die Autovervollständigungsfunktion, über die die meisten IDEs verfügen. Wenn der Programmierer damit beginnt, einen bestimmten Befehl einzugeben, erscheinen verschiedene Möglichkeiten, um diesen zu komplettieren. Das spart zum einen viel Zeit. Zum anderen ist dies sehr praktisch, wenn sich der Anwender nicht mehr genau an die Syntax erinnert. So sieht er sofort, wie der Code aufgebaut sein muss und kann für die Vervollständigung einfach aus mehreren Optionen auswählen.

11.2 IDEs für die Programmierung von Java

Das Angebot an IDEs ist riesig. Bei der Auswahl ist es jedoch sehr wichtig, darauf zu achten, dass dabei Java unterstützt wird. Viele Funktionen der IDE sind auf eine ganz spezielle Programmiersprache ausgerichtet – insbesondere das automatische Kompilieren der Programme. Zwar unterstützen die meisten IDEs mehrere Programmiersprachen. Aufgrund der riesigen Vielfalt ist es jedoch nicht gewährleistet, dass sich alle Ausführungen für Java eignen.

Ohne eine Wertung der verschiedenen IDEs vornehmen zu wollen, fällt in diesem Lehrbuch die Wahl auf NetBeans. Wie bereits erwähnt wurde, stammt diese Software genau wie Java selbst aus dem Hause Oracle. Das führt dazu, dass zahlreiche Tutorials dieses Anbieters auf diese IDE ausgelegt sind. Daher ist es sinnvoll, sich in die Verwendung einzuarbeiten.

11.3 Ein neues Projekt mit NetBeans erstellen

Da der Download und die Installation von NetBeans bereits in Kapitel XII.1 erklärt wurden, sollte die Software bereits auf dem Computer zur Verfügung stehen. Daher ist es nun durch einen Doppelklick auf das entsprechende Symbol ganz einfach möglich, die IDE zu öffnen. Um damit ein Programm zu gestalten, ist es notwendig, zunächst ein neues Projekt zu erstellen. Dafür ist es erforderlich, in der Menüleiste “File” anzuklicken und anschließend “New Project” auszuwählen.

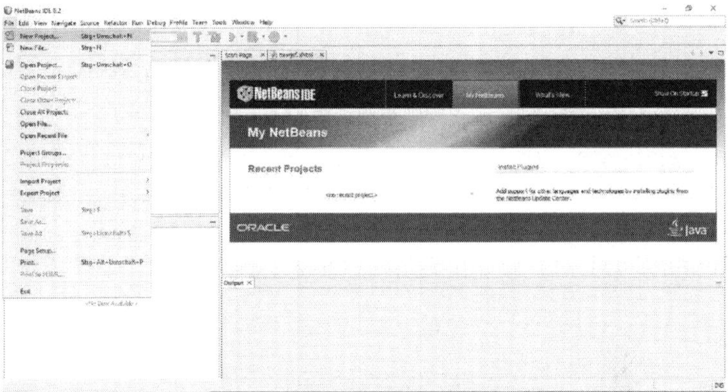

Screenshot 40 Ein neues Projekt mit NetBeans erstellen

Daraufhin öffnet sich ein neues Fenster. Hier ist es nun notwendig, unter Categories den Begriff Java auszuwählen und im Bereich Projects den Begriff Java Application anzuklicken.

11

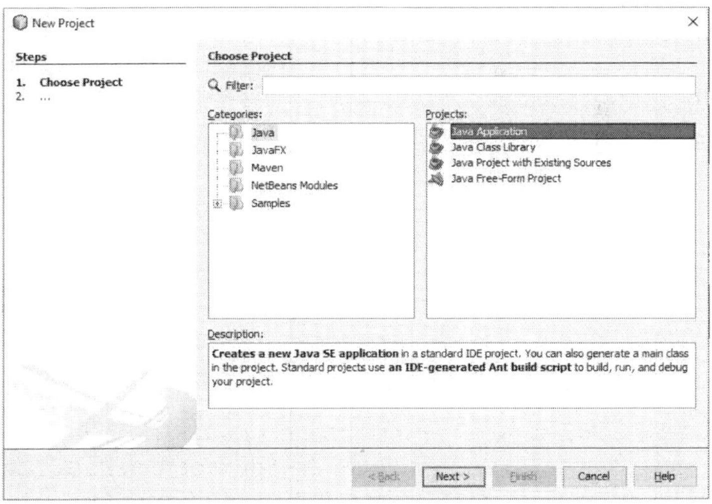

Screenshot 41 Eine neue Java Application einrichten

Nach dem Klick auf den Button "Next" öffnet sich ein weiteres Fenster. Nun muss der Anwender dem Projekt einen Namen geben. Dabei ist es auch möglich, einen Ordner für die Speicherung der Dateien anzugeben, wenn dafür nicht die Standardauswahl verwendet werden soll. Mit einem Klick auf "Finish" ist das Projekt bereits erstellt.

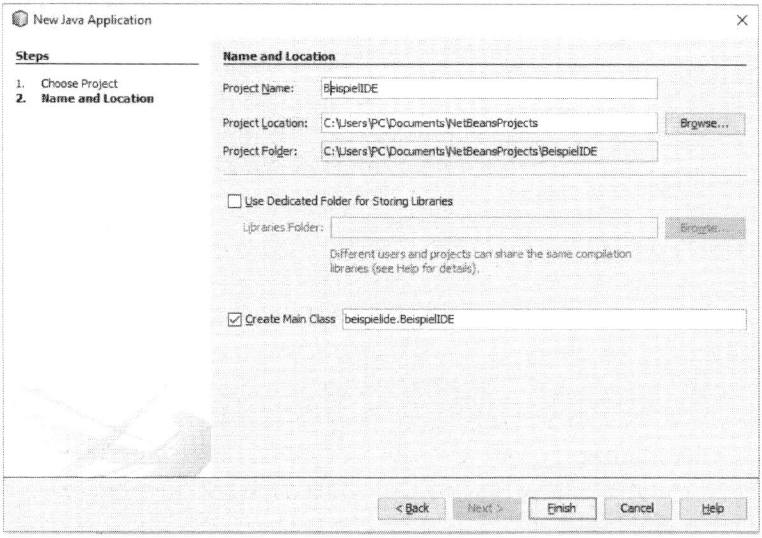

Screenshot 42 Die Benennung des Projekts

Wenn nun das Projekt angelegt ist, öffnet sich eine neue Benutzeroberfläche. Diese wirkt auf den ersten Blick recht ähnlich wie der Texteditor, der bislang zum Einsatz kam. Allerdings fällt auch sofort auf, dass hier nun kein leeres Feld erscheint, sondern dass bereits etwas Programmcode eingefügt wurde. Die IDE hat automatisch eine Hauptklasse mit der passenden Bezeichnung sowie eine `main`-Methode erstellt. Außerdem sind bereits einige Kommentare eingefügt. So ist es möglich, einfach die passenden Befehle in das Textfeld einzugeben.

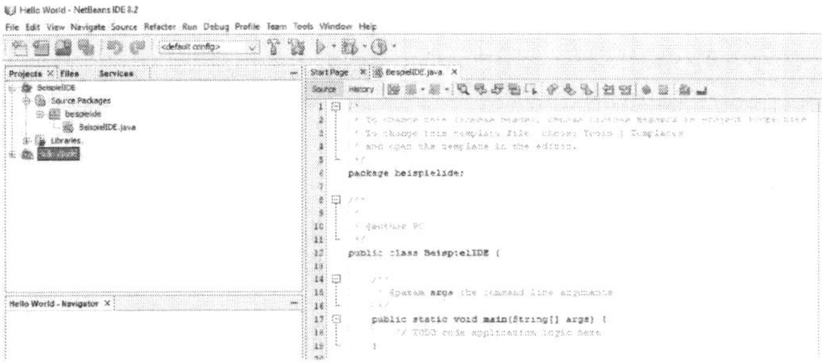

Screenshot 43 Die Benutzeroberfläche von NetBeans

11.4 Einige hilfreiche Funktionen der IDE

Bislang sind nur sehr wenige Vorteile der IDE zu erkennen. Diese treten jedoch nach und nach zutage, wenn der Anwender damit beginnt, dieses Instrument zu nutzen. Um dies zu demonstrieren, soll in den bisherigen Code ein einfacher print-Befehl eingefügt werden.

Bisher war es notwendig, im nächsten Schritt in den Kommandozeileninterpreter zu wechseln und das Programm durch die Eingabe eines entsprechenden Befehls zu kompilieren. Dies geschieht nun ganz einfach durch einen Mausklick auf das Hammersymbol (oder alternativ auf das Feld Run in der Menüleiste und anschließend auf Build Project). Im unteren Bereich werden dabei Informationen zur Kompilierung der Datei angezeigt. Außerdem erscheint eine entsprechende Anzeige, wenn der Vorgang erfolgreich abgeschlossen wurde.

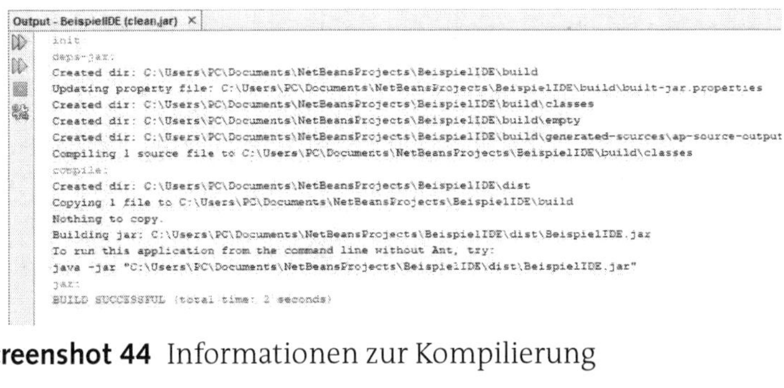

Screenshot 44 Informationen zur Kompilierung

Das stellt bereits eine erhebliche Arbeitserleichterung dar. Genauso einfach ist es, das Programm auszuführen. Dazu dient das grüne Dreieck in der Toolbar (oder in der Menüleiste Run → Run Project). Die Ausgabe erfolgt wieder in dem Bereich unterhalb des Codes:

Screenshot 45 Die Ausgabe des Programms

Auf diese Weise ist es innerhalb von Sekundenbruchteilen möglich, das Programm zu kompilieren und auszuführen. Insbesondere bei komplizierteren Projekten, bei denen das Programm die gewünschten Funktionen häufig noch nicht genau erfüllt, ist dies sehr hilfreich. In dieser Phase nimmt der Programmierer unzählige kleine Veränderungen vor und muss danach überprüfen, ob diese den gewünschten Effekt erzielen. Dazu ist es jedes Mal notwendig, das Programm zu kompilieren und auszuführen. Selbst wenn die Zeitersparnis dabei nur wenige Sekunden beträgt, summieren sich diese. Daher trägt die IDE zu einer deutlich effizienteren Arbeitsweise bei.

Bei komplizierten Anwendungen unterlaufen selbst erfahrenen Programmierern einige Fehler. Diese zu finden, stellt einen wichtigen Teil ihrer Arbeit dar. Auch dabei ist NetBeans sehr hilfreich. Dazu empfiehlt es sich, einmal absichtlich einen Fehler einzufügen – beispielsweise einen Buchstaben aus dem print-Befehl zu löschen. Dabei erscheint seitlich neben dem Code sofort ein kleines rotes Warnsymbol.

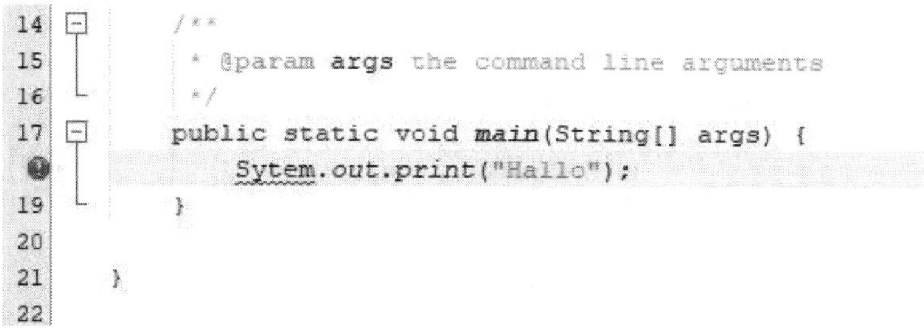

Screenshot 46 Die Warnmeldung im Code

Ein weiteres wichtiges Tool für die Fehlersuche ist in der Menüleiste unter Debug zu finden. Damit ist es nicht nur möglich, Syntaxfehler zu ermitteln. Darüber hinaus hilft es dabei, Fehlfunktionen des Programms aufzuspüren. Dafür ist es beispielsweise wichtig, zu wissen, welchen Wert eine Variable in einem bestimmten Teil des Programms hat. Dazu lässt sich durch einen Klick links neben die Zeile des Codes ein Breakpoint setzen. Dieser führt dazu, dass der Debugger an dieser Stelle anhält. Wenn zuvor eine Variable unter Beobachtung gestellt wurde (Debug → New Watch → Eingabe des Variablennamens), ist genau ersichtlich, welchen Wert sie an dieser Stelle aufweist.

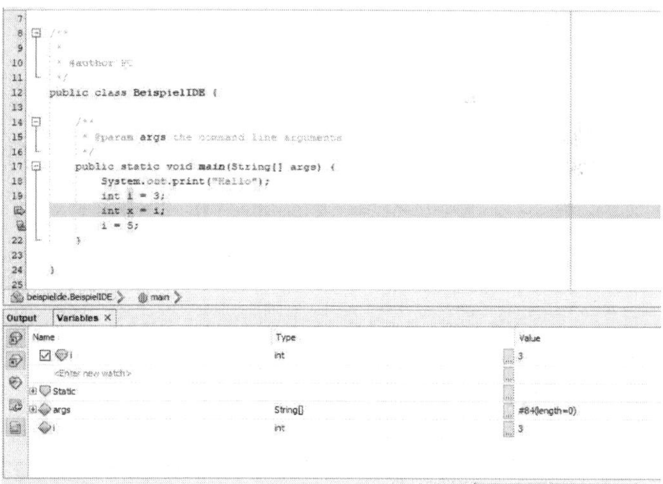

Screenshot 47 Anzeige des Werts einer Variablen beim Debugging

Kapitel 12

JavaFX: hilfreich bei der Gestaltung grafischer Benutzeroberflächen

Bei den ersten Programmen kam der Kommandozeileninterpreter zum Einsatz, um Ein- und Ausgaben durchzuführen. Diese Methode ist umständlich und wenig nutzerfreundlich. Später wurden die Dialogfenster der Bibliothek `JOptionPane` vorgestellt. Diese brachten bereits eine deutliche Verbesserung mit sich. Allerdings sind die Möglichkeiten für die individuelle Gestaltung dabei stark eingeschränkt. Bei modernen Programmen kommt in der Regel eine grafische Benutzeroberfläche (auch als GUI bezeichnet – Graphical User Interface) zum Einsatz. Diese erlaubt es, den Dialog mit dem Anwender mit grafischen Elementen frei zu gestalten. Das folgende Kapitel gibt eine kleine Einführung in die Verwendung grafischer Benutzeroberflächen.

12.1 Verschiedene Techniken für die Erstellung von User Interfaces

Um ein User Interface zu programmieren, gibt es mehrere Möglichkeiten. Um einen tieferen Einstieg in die verschiedenen Techniken zu geben, wäre für jede einzelne von ihnen ein eigenes Lehrbuch erforderlich. Daher ist es an dieser Stelle nicht möglich, eine umfassende Darstellung aller verschiedenen Methoden vorzunehmen. Das hat zum einen zur Folge, dass nur eine relativ kurze Einführung in dieses Thema gegeben werden kann. Diese soll lediglich einige Beispiele vorstellen und einen kurzen Eindruck davon vermitteln, was in diesem Bereich alles möglich ist. Zum anderen soll hier nur eine Technik für die Erstellung grafischer Anwenderschnittstellen vorgestellt werden. Daher ist es zunächst notwendig, zu entscheiden, welche dieser Möglichkeiten die sinnvollste darstellt.

Das erste Toolkit, das für diesen Zweck zum Einsatz kam, trägt den Namen AWT (Abstract Windows Toolkit). Dieses greift für die Darstellung der Grafiken direkt auf die Funktionen des Betriebssystems zurück. Diese Form der Implementierung bringt jedoch einige Probleme mit sich. Beispielsweise sind nicht alle Funktionen auf allen Betriebssystemen verfügbar und außerdem können sich die Darstellungsweisen erheblich unterscheiden. Daher ist AWT nicht plattformunabhängig, sodass einer der wesentlichen Vorteile von Java verloren geht.

Aufgrund dieser Defizite entstand 1998 die Swing-Bibliothek. Seit diesem Zeitpunkt ist diese Bibliothek fester Bestandteil der Java-Entwicklungsumgebung. Gegenüber AWT zeichnet sie sich durch eine deutlich verbesserte Plattformunabhängigkeit und durch einen erhöhten Funktionsumfang aus. Die in diesem Buch bereits verwendeten `JOptionPane`-Dialogfenster gehören beispielsweise zu Swing.

Mittlerweile ist Swing jedoch in die Jahre gekommen. Nicht nur die Darstellung wirkt etwas altbacken. Auch die Technik, die dahinter steht, ist überholt und nutzt die Möglichkeiten moderner Computer nur zu einem geringen Teil aus. Darüber hinaus eignet sich Swing vorwiegend für Desktop-Anwendungen auf dem PC. Da Java jedoch auch häufig auf mobilen Endgeräten und für Webanwendungen zum Einsatz kommt, bestanden auch in diesem Bereich erhebliche Defizite. Aus diesen Gründen beschlossen die Entwickler bei Oracle, ein neues Framework für GUIs zu entwickeln: JavaFX. Dieses wurde 2014 vorgestellt.

Viele Lehrbücher arbeiten nach wie vor mit Swing für die Erstellung grafischer Benutzeroberflächen. Das liegt häufig daran, dass sie einfach veraltet sind. In anderen Fällen gehen die Autoren davon aus, dass diese Technik einfacher zu erlernen sei und dass es sinnvoll ist, zunächst Swing zu beherrschen und später auf JavaFX umzusteigen. In diesem Buch soll jedoch von Anfang an die zeitgemäße Technik verwendet werden. Auf diese Weise lernen die Leser, wie sie ein modernes GUI erstellen, das sich außerdem für viele Geräte eignet.

12.2 Das erste User Interface erstellen

Um GUIs zu erstellen, ist es sinnvoll, mit der IDE zu arbeiten. Diese bietet viele vorgefertigte Funktionen an, die das Programmieren erheblich einfacher gestalten. Daher ist es für die folgende Aufgabe zunächst notwendig, NetBeans zu öffnen und ein neues Projekt zu erstellen. Hierbei soll jedoch nicht wie im vorherigen Kapitel eine einfache Java-Anwendung erstellt werden, sondern ein JavaFX-Projekt. Daher ist es notwendig, zunächst die Kategorie JavaFX und anschließend JavaFX Application auszuwählen:

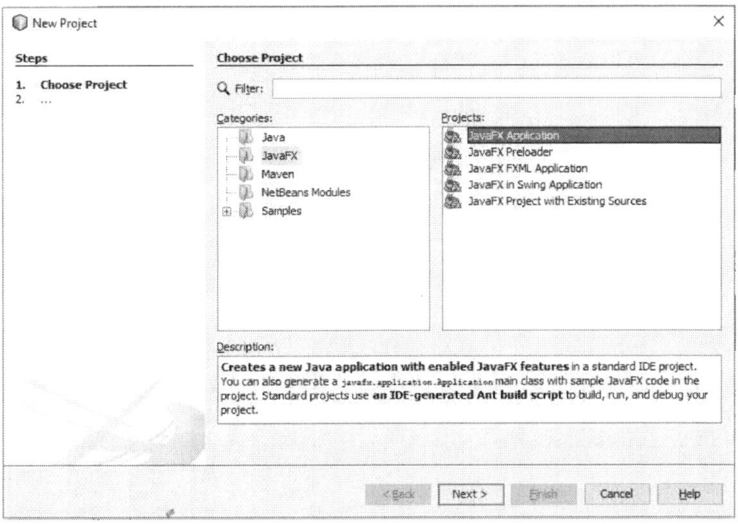

Screenshot 48 Die Auswahl eines JavaFX-Projekts

Danach ist es nur noch notwendig, einen passenden Namen für das Programm zu wählen – dieses Beispiel verwendet die Bezeichnung Begruessung. Nach dem Klick auf "Finish" erscheint bereits ein vorgefertigter Programmcode in der IDE. Bevor dieser näher untersucht wird, soll das Programm erst einmal ausgeführt werden, ohne dabei Veränderungen vorzunehmen. Dabei erscheint folgendes Fenster:

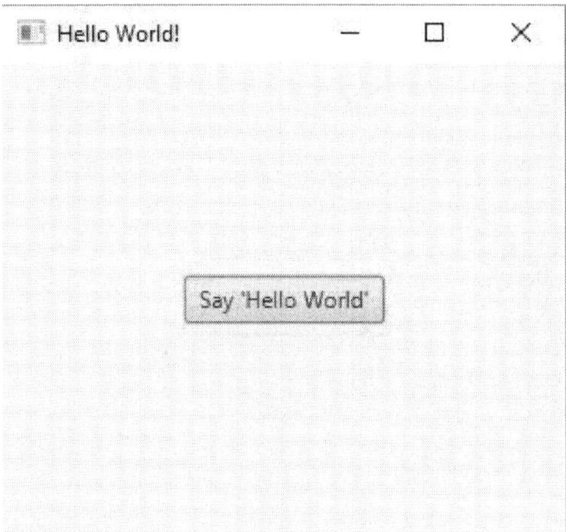

Screenshot 49 Die Ausgabe des ersten GUIs

Wenn nun der entsprechende Button betätigt wird, erscheint im Feld Output im unteren Bereich des Bildschirms jedes Mal der Ausdruck “Hello world!”. Dieser Bereich entspricht der Ausgabe, die erscheint, wenn man den entsprechenden Code in einen Texteditor kopiert und anschließend in der Kommandozeile ausführt.

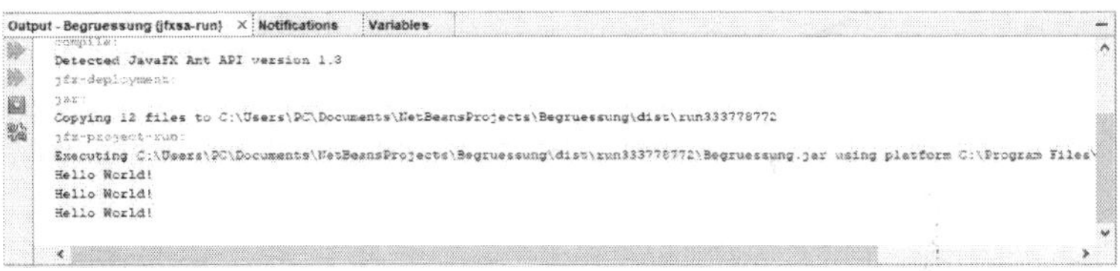

Screenshot 50 Die Ausgabe des Programms

Der Code, der hierbei erzeugt wurde, sieht folgendermaßen aus:

```
/*
 * To change this license header, choose License Headers in
Project Properties.
 * To change this template file, choose Tools | Templates
 * and open the template in the editor.
 */
package begruessung;
```

```
import javafx.application.Application;
import javafx.event.ActionEvent;
import javafx.event.EventHandler;
import javafx.scene.Scene;
import javafx.scene.control.Button;
import javafx.scene.layout.StackPane;
import javafx.stage.Stage;

/**
 *
 * @author PC
 */
public class Begruessung extends Application {
    @Override
    public void start(Stage primaryStage) {
        Button btn = new Button();
        btn.setText("Say 'Hello World'");
        btn.setOnAction(new EventHandler<ActionEvent>() {

            @Override
            public void handle(ActionEvent event) {
                System.out.println("Hello World!");
            }
        });

        StackPane root = new StackPane();
        root.getChildren().add(btn);

        Scene scene = new Scene(root, 300, 250);
        primaryStage.setTitle("Hello World!");
        primaryStage.setScene(scene);
        primaryStage.show();
    }

    /**
     * @param args the command line arguments
     */
    public static void main(String[] args) {
        launch(args);
    }
}
```

Zunächst stehen einige Kommentare, die jedoch auf die Ausführung des Programms keinen Einfluss haben. Bei den weiteren Beispielen werden aus Gründen der Übersichtlichkeit die automatisch generierten Kommentare daher entfernt. Anschließend werden alle für dieses Programm notwendigen Bibliotheken importiert. Deren genaue Inhalte können in der JavaFX-Dokumentation (https://docs.oracle.com/javase/8/javafx/api/toc.htm) nachgelesen werden.

Anschließend wird die Klasse `Application`, die in der entsprechenden Bibliothek enthalten ist, erweitert. Diese enthält die Methode `start()`, die den Ausgangspunkt für alle JavaFX-Anwendungen darstellt. Allerdings sollten deren Funktionen individuell an die jeweilige Aufgabe angepasst werden. Daher ist es notwendig, ihre eigentlichen Inhalte zu überschreiben. Zu diesem Zweck kommt der Befehl `@override` zum Einsatz.

Nun wird zunächst ein neues Objekt der Klasse `Button` erzeugt. Dieses erstellt, wie der Name bereits vermuten lässt, einen Button im Eingabefenster. Durch die Methode `setText()` wird eine passende Beschriftung eingefügt und die Methode `setOnAction()` bestimmt, was passiert, wenn dieser Button betätigt wird. Um die Ausgabe des Texts "Hello World!" herbeizuführen, ist es nun notwendig, die Methode `handle` zu überschreiben. Hierfür kommt der bereits bekannte `print`-Befehl zum Einsatz.

Um nun das Fenster zu gestalten, kommt ein Objekt des Typs `StackPane` zum Einsatz. Dabei handelt es sich um ein Fenster mit variabler Größe. Mit dem Befehl `root.getChildren().add(btn);` wird der bereits erstellte Button in das Fenster eingefügt. Der Befehl `Scene scene = new Scene(root, 300, 250);` legt die Größe des Fensters fest. Mit `primaryStage.setTitle("Hello World!");` wird der Titel des Fensters festgelegt und die Befehle `primaryStage.setScene(scene);` und `primaryStage.show();` sind notwendig, um das Fenster mit den entsprechenden Vorgaben zu erzeugen und auf dem Bildschirm anzuzeigen.

Daran wird bereits deutlich, welche Elemente notwendig sind, um ein Fenster mit JavaFX zu gestalten: `Pane`, `Scene` und `Stage`. Das

Objekt `Pane` bestimmt das Layout des Fensters. In diesem Beispiel kommt dafür ein `StackPane` zum Einsatz, das die Inhalte einfach zentriert in das Fenster einfügt. Es gibt jedoch noch viele weitere Panes, die beispielsweise eine Scrollbar erzeugen oder die Inhalte tabellenförmig anordnen. Alle Inhalte wie Buttons oder Textfelder müssen direkt in das `Pane` eingefügt werden. Danach wird eine `Scene` erzeugt und das `Pane` darin eingefügt. Dabei handelt es sich um eine Szene, die die Inhalte in einer bestimmten Phase des Fensters festlegt. Die `Scene` wird wiederum in die `Stage` eingefügt. Dabei handelt es sich um das eigentliche Fenster. Dieses kann während des Ablaufs des Programms verschiedene `Scenes` darstellen. In diesem Beispiel ist es nicht notwendig, die `Stage` neu zu erstellen. Das vorgefertigte JavaFX-Hauptprogramm übergibt sie dieser Methode unter der Bezeichnung `primaryStage`.

Der Aufbau eines derartigen Programms ist recht kompliziert und am Anfang nicht ganz einfach zu verstehen. Da NetBeans den Code jedoch automatisch erzeugt, ist es auch nicht unbedingt notwendig, jedes Detail genau zu kennen. Zu Übungszwecken ist es sinnvoll, den dargestellten Code etwas abzuändern – beispielsweise die Fenstergröße anzupassen, den Text für den Titel oder den Button zu verändern oder den Befehl für die Ausgabe des Texts neu zu gestalten. Auf diese Weise wird die Funktion der einzelnen Bestandteile deutlich.

12.3 Ein einfaches Formular mit JavaFX erstellen

Im vorherigen Abschnitt wurde lediglich der Beispielcode, den NetBeans automatisch für ein neues JavaFX-Projekt erstellt, angewandt und erklärt. Im nächsten Schritt soll dieser in einigen Bereichen abgewandelt und mit zusätzlichen Funktionen ausgestattet werden. Das Ziel besteht darin, das Formular zu erstellen, das im folgenden Screenshot abgebildet ist.

Screenshot 51 Dieses Formular soll mit JavaFX erstellt werden.

Dazu ist es notwendig, ein neues Projekt mit dem Namen Formular zu erstellen. Daraufhin erscheint wieder der gleiche Code wie im vorherigen Abschnitt. Lediglich die Bezeichnungen für die Hauptklasse und für das Paket ändern sich dabei. Zunächst ist es notwendig, den kompletten Inhalt der Methode `start` zu löschen. Die Einführung der Methode selbst sowie die geschweiften Klammern, in denen der Inhalt stehen wird, sollen bestehen bleiben.

Anschließend ist es notwendig, folgenden Code einzufügen:

```
primaryStage.setTitle("Formular");

GridPane grid = new GridPane();
grid.setAlignment(Pos.CENTER);
grid.setHgap(10);
grid.setVgap(10);
grid.setPadding(new Insets(10, 10, 10, 10));
```

Die Angabe des Titels der Fenster sollte bereits aus dem vorherigen Abschnitt bekannt sein. Nun ist es notwendig, ein neues Objekt des Typs `GridPane` mit dem Namen `grid` zu erzeugen. Dieses ermöglicht es, verschiedene Elemente in Zeilen und Spalten – also wie in einer Tabelle – innerhalb des Fensters anzuordnen. Das ermöglicht ein ansprechendes Layout. Der anschließende Befehl sorgt dafür, dass diese Tabelle zentriert angezeigt wird. Fehlt er, übernimmt das Programm die `default`-Einstellung: links oben. Die Methoden `setHgap` und `setVgap` bestimmen den Abstand zwischen Spalten und Zeilen in Pixeln. Die Methode `setPadding` gibt an, welcher Abstand zwischen den Inhalten und dem Rand des Fensters eingehalten werden soll.

Wenn der Code eingegeben ist, erscheinen seitlich neben den Zeilen mehrere Warnmeldungen. Das liegt daran, dass die entsprechenden Pakete, in denen diese Methoden enthalten sind, noch nicht importiert sind. NetBeans macht diese Aufgabe jedoch ganz einfach. Dafür ist es lediglich notwendig, die Tasten Strg+Shift+I gleichzeitig zu drücken. Daraufhin importiert die IDE alle notwendigen Pakete. In manchen Fällen gibt es jedoch mehrere Pakete, in denen die entsprechenden Inhalte enthalten sind. In diesem Fall ist es notwendig, stets das Paket, das mit javafx beginnt, auszuwählen.

Danach ist es sinnvoll, einige Leerzeilen und daraufhin folgenden Code einzufügen:

```
Scene scene = new Scene(grid, 400, 300);
primaryStage.setScene(scene);
primaryStage.show();
```

Dieser steht eigentlich erst am Ende der Methode. Allerdings ist er für die Anzeige der Fenster notwendig. Deshalb ist es sinnvoll, ihn bereits jetzt einzufügen, damit auch Zwischenergebnisse angezeigt werden können. Der weitere Code steht jedoch davor – also dort, wo gerade die Leerzeilen eingefügt wurden. Die Bedeutung wurde bereits im vorherigen Abschnitt erklärt.

Im Bereich der Leerzeilen soll jetzt folgender Code eingetragen werden:

```
Text titel = new Text("Herzlich Willkommen!");
titel.setFont(Font.font("Arial", FontWeight.BOLD, 20));
grid.add(titel, 0, 0, 2, 1);
```

Dieser erzeugt zunächst ein Objekt vom Typ Text mit dem Inhalt "Herzlich Willkommen!". Für eine ansprechende Gestaltung soll dieser fett und etwas größer dargestellt werden. Dazu dient die Methode `setFont`. In der Klammer steht zunächst die Schriftart. Danach folgt die Angabe, ob der Text fett gedruckt werden soll (`FontWeight.BOLD` für Fettdruck, `FontWeight.NORMAL`, für normale Schrift) und schließlich die Größe der Schrift. Anschließend wird der Text mit der `add`-Methode zu den Inhalten hinzugefügt. Dabei steht in der Klammer zunächst das Objekt, danach die Spalte und die Zeile (Die Nummerierung beginnt jeweils mit 0.) Die beiden folgenden Nummern geben an, ob dieses Objekt mehrere Spalten oder Zeilen zusammenfassen soll. Da der Titel etwas größer ist, erstreckt er sich über zwei Spalten. Eine Vergrößerung der Zeilen ist hingegen nicht notwendig, sodass der Wert bei 1 bleibt. Nach dem Import der benötigten Pakete ist es möglich, bereits das Zwischenergebnis zu betrachten:

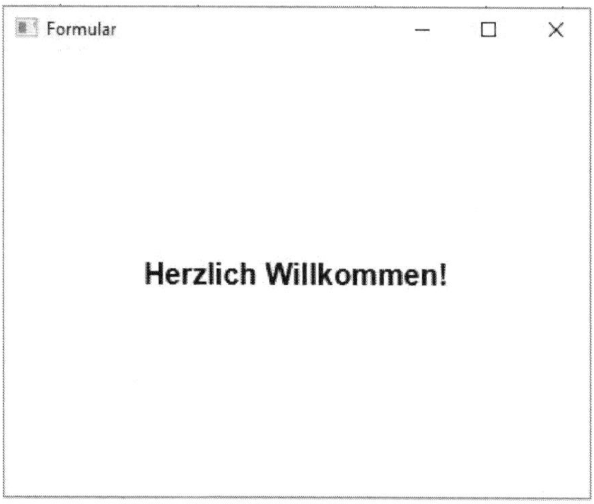

Screenshot 52 die bisherigen Eingaben

Nun folgt dieser Codeblock:

```
Label vorname = new Label("Vorname:");
grid.add(vorname, 0, 1);
TextField eingabeVorname = new TextField();
grid.add(eingabeVorname, 1, 1);
```

Dieser erzeugt zunächst die Beschriftung “Vorname:” in Spalte 0 und Zeile 1 und anschließend ein Eingabefeld in Spalte 1 und Zeile 1. Danach muss der gleiche Code nochmals eingegeben werden – nun allerdings für den Nachnamen. Dazu ist es notwendig, die entsprechenden Variablennamen und Beschriftungen zu ändern und die Nummer für die Zeile jeweils um eins zu erhöhen.

Screenshot 53 Das Fenster mit den Eingabefeldern

Für den Eingabebutton ist folgender Code notwendig:

```
Button btn = new Button("Anmelden");
grid.add(btn, 0, 4);
```

Dieser erzeugt ein neues Objekt vom Typ `Button` und fügt es in Spalte eins, Zeile vier ein. Nun sieht das Fenster bereits wie im eingangs dargestellten Screenshot aus.

Nun ist es nur noch notwendig, zu bestimmen, welche Aktion durchgeführt werden soll, wenn der Anmelde-Button gedrückt wird. Dazu dient folgender Code:

```
Text ziel = new Text();
grid.add(ziel, 1, 6);
btn.setOnAction(new EventHandler<ActionEvent>() {
@Override
   public void handle(ActionEvent e) {
        ziel.setText("Angemeldet");
    }
});
```

Dabei wird zunächst ein Objekt vom Typ `Text` erzeugt und in Zeile sechs eingefügt. Allerdings soll dieser Text erst erscheinen, nachdem der Anmelde-Button gedrückt ist. Daher wird zunächst kein Eingabetext eingegeben. Dies geschieht erst durch die Methode `setOnAction` – also nachdem der Button angeklickt wurde. Dabei ist es notwendig, die entsprechende Methode zu überschreiben und den entsprechenden Text einzugeben. Nach der Eingabe sieht das Fenster dann wie folgt aus:

Screenshot 54 Das Fenster nach der Anmeldung

Der vollständige Code für das Programm sieht wie folgt aus:

```
package formular;

import javafx.application.Application;
import javafx.event.ActionEvent;
import javafx.event.EventHandler;
import javafx.geometry.Insets;
import javafx.geometry.Pos;
import javafx.scene.Scene;
import javafx.scene.control.Button;
import javafx.scene.control.Label;
import javafx.scene.control.TextField;
import javafx.scene.layout.GridPane;
import javafx.scene.text.Font;
import javafx.scene.text.FontWeight;
import javafx.scene.text.Text;
import javafx.stage.Stage;

public class Formular extends Application {

    @Override
    public void start(Stage primaryStage) {
        primaryStage.setTitle("Formular");

        GridPane grid = new GridPane();
        grid.setAlignment(Pos.CENTER);
        grid.setHgap(10);
        grid.setVgap(10);
        grid.setPadding(new Insets(10, 10, 10, 10));

        Text titel = new Text("Herzlich Willkommen!");
        titel.setFont(Font.font("Arial", FontWeight.BOLD, 20));
        grid.add(titel, 0, 0, 2, 1);


        Label vorname = new Label("Vorname:");
        grid.add(vorname, 0, 1);

        TextField eingabeVorname = new TextField();
        grid.add(eingabeVorname, 1, 1);

        Label nachname = new Label("Nachname:");
        grid.add(nachname, 0, 2);

        TextField eingabeNachname = new TextField();
        grid.add(eingabeNachname, 1, 2);

        Button btn = new Button("Anmelden");
```

```
        grid.add(btn, 0, 4);

        Text ziel = new Text();
        grid.add(ziel, 1, 6);

        btn.setOnAction(new EventHandler<ActionEvent>() {
        @Override
            public void handle(ActionEvent e) {
                ziel.setText("Angemeldet");
            }
        });

        Scene scene = new Scene(grid, 400, 300);
        primaryStage.setScene(scene);
        primaryStage.show();
    }

    public static void main(String[] args) {
        launch(args);
    }
}
```

12.4 Scene Builder: grafische Benutzeroberflächen erstellen

In den bisherigen Abschnitten wurde der Code für grafische JavaFX-Elemente von Hand eingegeben, um die einzelnen Elemente zu gestalten. Das ist jedoch nicht die einzige Möglichkeit. Darüber hinaus gibt es ein Programm, das es ermöglicht, sie mit einer grafischen Benutzeroberfläche zu gestalten und die einzelnen Elemente in das entsprechende Fenster zu ziehen. Das ist sehr schnell und einfach und bietet sich sogar für Personen an, die über keine Kenntnisse in der Programmierung mit Java verfügen. Das Programm, das hierfür zum Einsatz kommt, trägt den Namen Scene Builder und steht unter folgender Adresse kostenlos zum Download bereit:

http://www.oracle.com/technetwork/java/javase/downloads/javafxscenebuilder-1x-archive-2199384.html.

Die umfangreichen Anwendungsmöglichkeiten dieses Programms können in diesem Buch lediglich ganz kurz angerissen werden. Für den Leser ist es in erster Linie wichtig, zu wissen, dass eine derartige Möglichkeit existiert. Nach dem kleinen Beispiel, das im Anschluss vorgestellt wird, ist er dazu eingeladen, die weiteren Anwendungen selbst auszuprobieren, um deren Funktionsweise kennenzulernen. Darüber hinaus gibt es zahlreiche Tutorials und Anleitungen, die einen tieferen Einstieg in die Verwendung des Scene Builders ermöglichen.

Um den Scene Builder zu verwenden, ist es nach der Installation notwendig, ihn mit NetBeans zu verbinden. Dafür müssen über die Menüleiste folgende Möglichkeiten ausgewählt werden: Tools → Options → Java → JavaFX. Hier muss der Pfad angegeben werden. In der Regel ist die richtige Auswahl bereits im entsprechenden Dropdown-Menü vorhanden.

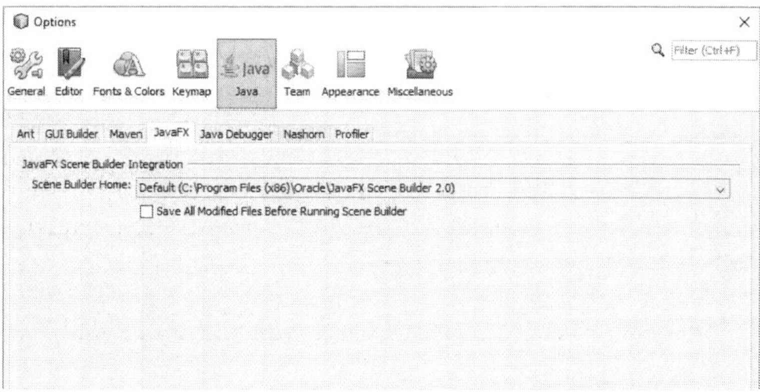

Screenshot 55 Die Eingabe des richtigen Pfads

Nun muss ein neues Projekt geöffnet werden. Dabei muss jedoch anstatt der bisher verwendeten JavaFX Application eine JavaFX FXML Application ausgewählt werden.

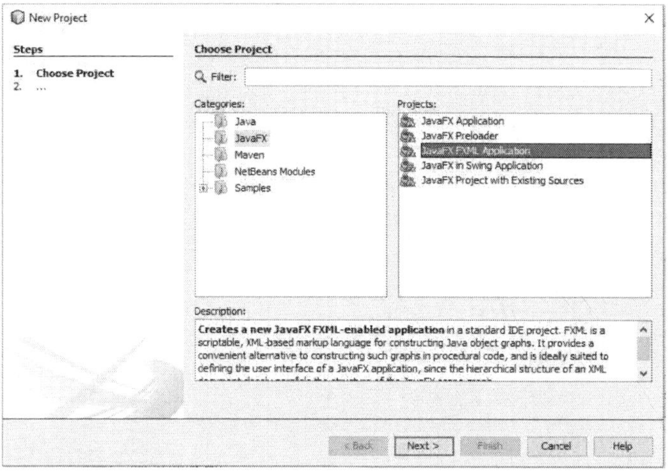

Screenshot 56 Das neue Projekt für die Arbeit mit dem Scene Builder erstellen

Das neue Projekt soll den Namen BeispielSB erhalten. Nachdem es erstellt ist, wird es in der Anzeige links oben auf dem Bildschirm angezeigt. Es ist notwendig, die einzelnen Bereiche durch einen Klick auf das Plus-Zeichen zu öffnen. Nun erscheint eine Datei mit dem Namen FXMLDocument.fxml.

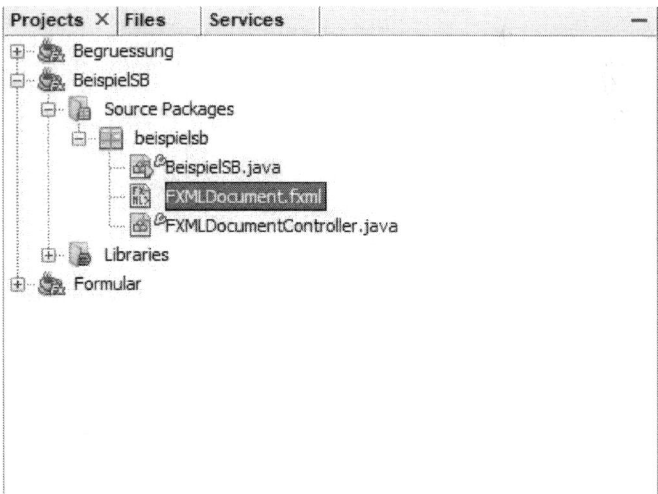

Screenshot 57 Das FXML-Dokument öffnen

Ein Doppelklick darauf öffnet den Scene Builder:

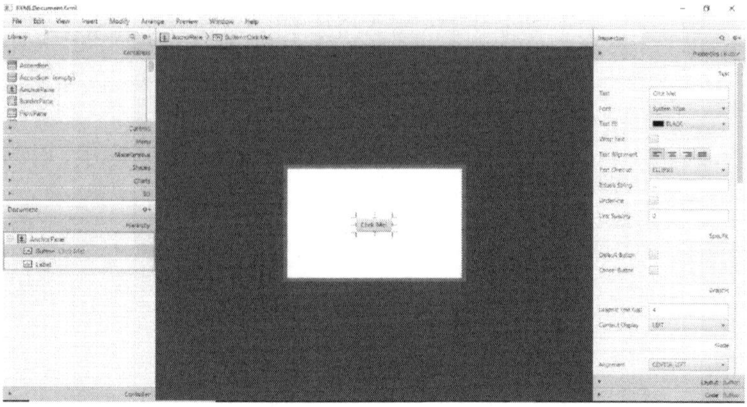

Screenshot 58 Die Benutzeroberfläche des Scene Builders

Der bereits vorhandene Button soll zunächst gelöscht werden, um ein völlig neues Fenster zu erstellen. Das Label, das im Hintergrund vorhanden ist, soll hingegen erhalten bleiben. Nun ist es möglich, eigene Elemente anzubringen. Als Beispiel soll ein neuer Button dienen. Dieser ist in der Auswahlliste am linken Bildrand im Bereich Controls zu finden. Er kann nun einfach bei gedrückter Maustaste in das Fenster gezogen und an einer beliebigen Stelle platziert werden. Am rechten Bildrand erscheint nun ein Feld mit den Eigenschaften. Hier ist es möglich, die Beschriftung, die Schriftgröße und die Farbe zu ändern sowie viele weitere Designvorgaben zu machen.

Bei einem Button ist es wünschenswert, dass dieser eine bestimmte Aktion durchführt, wenn er gedrückt wird. Dazu ist es notwendig, den Bereich Code am rechten unteren Bildschirmrand zu öffnen. Hier ist es nun notwendig, einen Namen für das Element einzugeben sowie für die Methode, die beim Klick auf den Button ausgeführt werden soll.

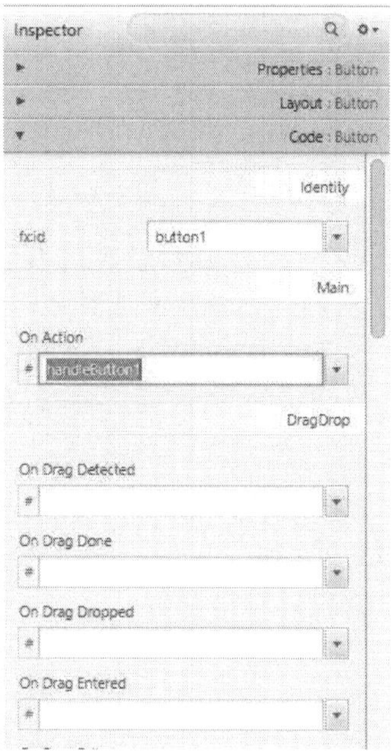

Screenshot 59 die Benennung des Buttons und der zugehörigen Methode

Nun ist es erforderlich, die Datei zu speichern und zu NetBeans zurückzukehren. Wenn die Datei BeispielSB.java nun ausgeführt wird, erscheint zwar die erstellte Oberfläche mit dem Button. Ein Klick darauf erzeugt jedoch einen Fehler, da der zugehörige Event-Handler noch nicht erstellt wurde. Dazu ist es notwendig, das FXML-Dokument mit der rechten Maustaste anzuklicken und aus dem Kontextmenü "Edit" auszuwählen. Nun muss aus dem Hauptmenü Source → Make Controller ausgewählt werden. Daraufhin werden die entsprechenden Aktionen für den Button in die Datei FXMLDocumentController.java eingefügt. Nun ist es möglich, darin verschiedene Befehle sowohl für die Initialisierung des Buttons als auch für die Ausführung einzufügen. Die Initialisierung soll in diesem Fall leer bleiben, da dabei keine weiteren Aktionen erwünscht sind. In die Methode `handleButton1` soll der Befehl `label.setText("Button gedrückt!");` eingesetzt werden. Dieser erscheint nun im Fenster, wenn der Button gedrückt wird:

Screenshot 60 Die Ausgabe der grafischen Benutzeroberfläche

12.5 Übung: ein kleines Rechenprogramm mit grafischem UI

Die Aufgabe zu diesem Kapitel besteht darin, ein kleines Rechenprogramm mit folgender Benutzeroberfläche zu gestalten:

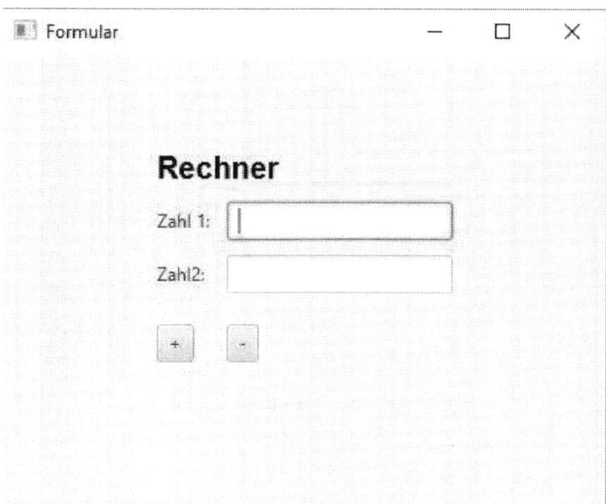

Screenshot 61 Die Benutzeroberfläche für das Rechenprogramm

Der Nutzer kann dabei zwei ganze Zahlen eingeben und diese anschließend subtrahieren oder addieren. Der Aufbau ist dabei sehr ähnlich wie beim Programm im Kapitel 12.3, sodass Sie weite Teile des Codes verwenden können. Es ist lediglich notwendig, die Beschriftungen anzupassen und einen zusätzlichen Button einzufügen. Der wesentliche Unterschied besteht in der Gestaltung der Methode `setOnAction`. Diese muss für beide Buttons unterschiedlich programmiert werden und die entsprechende Berechnung durchführen. Um Zugriff auf den Inhalt der Eingabe zu erhalten, ist die Methode `getText()` notwendig. Wenn Sie ein `TextField` erzeugen (bspw. `TextField eingabe = new TextField();`), handelt es sich dabei um ein Objekt mit mehreren Attributen. Um daraus den String mit der Eingabe zu erhalten, ist es notwendig, die `getText`-Methode anzuwenden: `String inhalt = eingabe.getText();` In diesem Beispiel ist es danach notwendig, ihn nach dem bekannten Verfahren in eine ganze Zahl zu konvertieren.

12

Lösung:

```
package aufgabe_xii;

import javafx.application.Application;
import javafx.event.ActionEvent;
import javafx.event.EventHandler;
import javafx.geometry.Insets;
import javafx.geometry.Pos;
import javafx.scene.Scene;
import javafx.scene.control.Button;
import javafx.scene.control.Label;
import javafx.scene.control.TextField;
import javafx.scene.layout.GridPane;
import javafx.scene.text.Font;
import javafx.scene.text.FontWeight;
import javafx.scene.text.Text;
import javafx.stage.Stage;

public class Aufgabe_xii extends Application {

    @Override
    public void start(Stage primaryStage) {

        primaryStage.setTitle("Formular");

        GridPane grid = new GridPane();
        grid.setAlignment(Pos.CENTER);
        grid.setHgap(10);
        grid.setVgap(10);
        grid.setPadding(new Insets(10, 10, 10, 10));

        Text titel = new Text("Rechner");
        titel.setFont(Font.font("Arial", FontWeight.BOLD, 20));
        grid.add(titel, 0, 0, 2, 1);

        Label zahl1 = new Label("Zahl 1:");
        grid.add(zahl1, 0, 1);

        TextField eingabeZahl1 = new TextField();
        grid.add(eingabeZahl1, 1, 1);

        Label zahl2 = new Label("Zahl2:");
        grid.add(zahl2, 0, 2);

        TextField eingabeZahl2 = new TextField();
        grid.add(eingabeZahl2, 1, 2);
```

```
        Button btn1 = new Button("+");
        grid.add(btn1, 0, 4);

        Button btn2 = new Button("-");
        grid.add(btn2, 1, 4);

        Text ziel = new Text();
        grid.add(ziel, 1, 6);

        btn1.setOnAction(new EventHandler<ActionEvent>() {
        @Override
            public void handle(ActionEvent e) {
                int var1 =
            Integer.parseInt(eingabeZahl1.getText());
                int var2 =
            Integer.parseInt(eingabeZahl2.getText());
                 ziel.setText("Ergebnis: "+(var1+var2));
            }
        });

        btn2.setOnAction(new EventHandler<ActionEvent>() {
        @Override
            public void handle(ActionEvent e) {
               int var1 = Integer.parseInt(eingabeZahl1.
               getText());
               int var2 =  Integer.parseInt(eingabeZahl2.
               getText());
               ziel.setText("Ergebnis: "+(var1-var2));
            }
        });

        Scene scene = new Scene(grid, 400, 300);
        primaryStage.setScene(scene);

        primaryStage.show();
    }
    public static void main(String[] args) {
        launch(args);
    }
}
```

Alle Programmcodes aus diesem Buch sind als PDF zum Download verfügbar. Dadurch müssen Sie sie nicht abtippen:
https://bmu-verlag.de/java-programmieren

Außerdem erhalten Sie die eBook Ausgabe zum Buch im PDF Format kostenlos auf unserer Website:

https://bmu-verlag.de/java-programmieren
Downloadcode: siehe Kapitel 15

Kapitel 13

Anwendungsbeispiel: ein kleines Adressbuch

In den vorherigen Kapiteln wurden viele nützliche Funktionen von Java vorgestellt. Diese stellen zwar nur einen relativ kleinen Ausschnitt aus dem riesigen Funktionsumfang dieser Programmiersprache dar. Dennoch lassen sich damit bereits viele interessante Programme erstellen. Im letzten Kapitel dieses Buchs soll das an einem praktischen Beispiel verdeutlicht werden.

An dieser Stelle soll ein kleines Adressbuch entstehen, das es dem Anwender erlaubt, seine Kontakte abzuspeichern. Es soll über eine grafische Benutzeroberfläche verfügen, die die Anwendung einfach, intuitiv und komfortabel gestaltet. Die Adressen, die der Anwender eingibt, werden dabei in einer Datei gespeichert, sodass sie auch noch zur Verfügung stehen, wenn das Programm zwischendurch geschlossen wird. Das Hauptfenster, das Zugriff auf die verschiedenen Funktionen ermöglicht, sieht folgendermaßen aus:

Screenshot 62 Das GUI für die Interaktion mit dem Anwender

Die Kenntnisse, die für die Programmierung dieser Applikation notwendig sind, wurden zum größten Teil in den vorherigen Kapiteln erworben. Nur an manchen Stellen ist es notwendig, neue Funktionen einzufügen. Daher ist es vor dem Beginn dieser Aufgabe wichtig, die Inhalte gut verstanden und anhand der Übungsaufgaben in die Praxis umgesetzt zu haben. Insbesondere die Kapitel 10 und 12 sind dabei von großer Bedeutung. Einige Bestandteile der an diesen Stellen vorgestellten Programme werden für dieses Praxisbeispiel in leicht abgewandelter Form wiederverwendet.

13.1 Die grundlegende Benutzeroberfläche

Der erste Schritt für diese Aufgabe besteht darin, die grafische Benutzeroberfläche, die im vorhergehenden Screenshot präsentiert wurde, zu programmieren. Dazu ist es notwendig, ein neues JavaFX-Projekt mit dem Namen Adressbuch zu starten. Beim Code, der nun erscheint, müssen zunächst alle Inhalte der Methode `start` gelöscht werden. Das Fenster, das im Screenshot dargestellt wurde, weist gewisse Ähnlichkeiten zum Fenster des Programms auf, das im Kapitel 12.3 entwickelt wurde. Daher ist es möglich, die grundlegenden Elemente einfach zu kopieren.

Zu Beginn der Methode steht folgender Code:

```
primaryStage.setTitle("Adressbuch");

GridPane grid = new GridPane();
grid.setAlignment(Pos.CENTER);
grid.setHgap(10);
grid.setVgap(10);
grid.setPadding(new Insets(10, 10, 10, 10));

Text titel = new Text("Adressbuch");
titel.setFont(Font.font("Arial", FontWeight.BOLD, 20));
grid.add(titel, 0, 0, 2, 1);
```

Die einzige Änderung, die dabei vorgenommen wurde, war die Anpassung des Titels und der Überschrift. Der abschließende Teil kann vollkommen unverändert übernommen werden:

```
Scene scene = new Scene(grid, 400, 300);
primaryStage.setScene(scene);

primaryStage.show();
```

Lediglich im Mittelteil müssen einige Anpassungen vorgenommen werden. Die Labels, die in dieser Aufgabe zum Einsatz kamen, sind hier nicht notwendig. Anstatt zwei Buttons kommen nun drei zum Einsatz. Diese müssen in ihrer Beschriftung und in ihrer Position verändert werden. Daraus ergibt sich folgender Code:

```
Button btn1 = new Button("Adresse hinzufügen");
grid.add(btn1, 0, 1);

Button btn2 = new Button("Adressen anzeigen");
grid.add(btn2, 0, 2);

Button btn3 = new Button("Adresse löschen");
grid.add(btn3, 0, 3);
```


Nun ist es noch notwendig, zu bestimmen, was passiert, wenn einer der Buttons gedrückt wird. Dafür muss für jeden einzelnen von ihnen eine `setOnAction`-Methode definiert werden. Was hier geschehen soll, wird aus Gründen der Übersichtlichkeit in eigene Klassen ausgelagert und über selbst definierte Methoden aufgerufen. Die Klassen-Bezeichnungen für die einzelnen Buttons sollen dabei `FensterBtn1`, `FensterBtn2` und `FensterBtn3` lauten. Der Name der entsprechenden Methode soll bei allen drei Klassen der gleiche sein: `neuesFenster`. Da das neue Fenster in einem Bezug zum Hauptfenster steht, ist es notwendig, ihm das entsprechende Objekt (`primaryStage`) zu übermitteln. Da diese Methoden nicht an ein bestimmtes Objekt gebunden sind, werden sie einfach über den Klassennamen aufgerufen. Die `SetOnAction`-Methode für Button 1 sieht demnach folgendermaßen aus:

```
btn1.setOnAction(new EventHandler<ActionEvent>() {
        @Override
            public void handle(ActionEvent e) {
                FensterBtn1.neuesFenster(primaryStage);
            }
        });
```

Für die übrigen Buttons ist es lediglich notwendig, die Nummer zu ändern. Im Moment sollen die Aufrufe der Methoden neuesFenster als Kommentar gekennzeichnet werden. Da sie noch nicht definiert sind, würden diese Befehle die Ausführung des Programms unmöglich machen. Indem sie durch das Voranstellen der Zeichen // als Kommentar gekennzeichnet werden, stören sie die Ausführung des Programms jedoch nicht. Nun ist es noch erforderlich, zu überprüfen, ob alle benötigten Pakete bereits importiert wurden. Wenn der Code aus dem Programm aus Kapitel 12.3 per Copy & Paste eingefügt wurde, erledigt das NetBeans in der Regel automatisch. Falls nicht, ist es mit der Tastenkombination Strg+Shift+I ganz einfach möglich, das nachzuholen. Jetzt lässt sich das Programm bereits ausführen. Das Ergebnis sollte bereits wie im letzten Screenshot aussehen. Allerdings passiert noch nichts, wenn einer der Buttons betätigt wird. Der vollständige Code für das Hauptfenster sieht wie folgt aus:

```
package adressbuch;

import javafx.application.Application;
import javafx.event.ActionEvent;
import javafx.event.EventHandler;
import javafx.geometry.Insets;
import javafx.geometry.Pos;
import javafx.scene.Scene;
import javafx.scene.control.Button;
import javafx.scene.layout.GridPane;
import javafx.scene.text.Font;
import javafx.scene.text.FontWeight;
import javafx.scene.text.Text;
import javafx.stage.Stage;

public class Adressbuch extends Application {
   @Override
    public void start(Stage primaryStage) {
```

```
    primaryStage.setTitle("Adressbuch");

    GridPane grid = new GridPane();
    grid.setAlignment(Pos.CENTER);
    grid.setHgap(10);
    grid.setVgap(10);
    grid.setPadding(new Insets(10, 10, 10, 10));

    Text titel = new Text("Adressbuch");
    titel.setFont(Font.font("Arial", FontWeight.BOLD, 20));
    grid.add(titel, 0, 0, 2, 1);

    Button btn1 = new Button("Adresse hinzufügen");
    grid.add(btn1, 0, 1);

    Button btn2 = new Button("Adressen anzeigen");
    grid.add(btn2, 0, 2);

    Button btn3 = new Button("Adresse löschen");
    grid.add(btn3, 0, 3);

    btn1.setOnAction(new EventHandler<ActionEvent>() {
    @Override
        public void handle(ActionEvent e) {
            //FensterBtn1.neuesFenster(primaryStage);
        }
    });

    btn2.setOnAction(new EventHandler<ActionEvent>() {
    @Override
        public void handle(ActionEvent e) {
            //FensterBtn2.neuesFenster(primaryStage);
        }
    });

    btn3.setOnAction(new EventHandler<ActionEvent>() {
    @Override
        public void handle(ActionEvent e) {
            //FensterBtn3.neuesFenster(primaryStage);
        }
    });

    Scene scene = new Scene(grid, 400, 300);
    primaryStage.setScene(scene);

    primaryStage.show();
}
```

```
    public static void main(String[] args) {
        launch(args);
    }
}
```

13.2 Ein Formular für die Eingabe neuer Adressen

In diesem Abschnitt sollen alle Funktionen programmiert werden, die für die Eingabe einer neuen Adresse notwendig sind. Wie im vorherigen Abschnitt bereits dargestellt, sollen diese in eine eigene Klasse mit dem Namen `FensterBtn1` ausgelagert werden. Diese benötigt kein Objekt, sodass auf die Definition der Attribute und des Konstruktors verzichtet werden kann. Es ist lediglich notwendig, die Methode `neuesFenster` zu definieren. Um eine neue Klasse zu erstellen, muss eine neue Datei eingefügt werden. Das geschieht in NetBeans über die Menüleiste (Files → New File) oder über die Toolbar durch einen Klick auf das leere Blatt.

Wenn bereits eine Datei aus dem aktuellen Projekt bearbeitet wird, fügt NetBeans normalerweise den richtigen Projektnamen automatisch ein. Dennoch ist es wichtig, sich kurz zu vergewissern, dass die neue Datei zum Projekt Adressbuch gehört. Danach ist es notwendig, die Kategorie Java und die Dateiart Java Class zu wählen. Alternativ dazu könnte auch die Kategorie JavaFX verwendet werden. Da der vorgefertigte Code jedoch in diesem Beispiel nicht benötigt wird, wird darauf verzichtet.

Nachdem die Datei erstellt wurde, ist es notwendig, sich Gedanken über das Design des neuen Fensters zu machen. Dieses soll wie folgt aussehen:

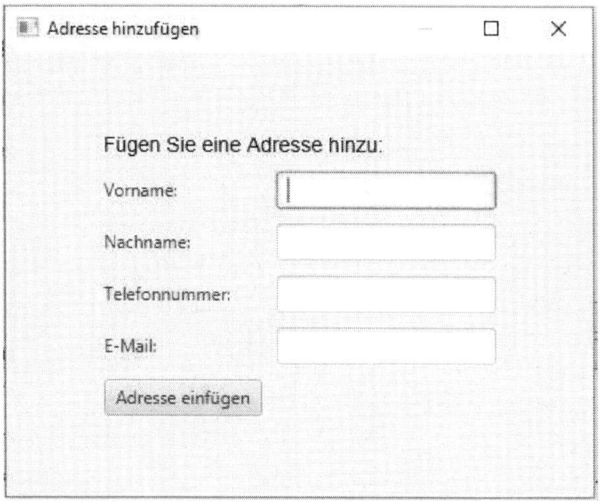

Screenshot 63 Das Fenster für die Eingabe einer neuen Adresse

Zunächst ist es notwendig, die Methode `neuesFenster` einzufügen. Diese erhält das Objekt für das `Hauptfenster` aus dem Hauptprogramm. Dieses soll in der Variablen `hauptfenster` gespeichert werden. Da diese Methode ohne ein Objekt aufgerufen wird, trägt sie die Bezeichnung `static`:

```
public static void neuesFenster(Stage hauptfenster){
```


Beim Betrachten des Screenshots sieht man auf den ersten Blick, dass dieses Fenster große Ähnlichkeiten zum Programm aus dem Kapitel 12.3 aufweist. Daher ist es möglich, den Anfangs- und den Schlussteil genau wie im vorherigen Fenster unter Anpassung der Beschriftungen zu übernehmen. Auch die Struktur aus Labels und Textfeldern ist fast identisch. Daher können auch diese Bereiche eingefügt werden. Es ist lediglich notwendig, die Bezeichnungen zu ändern und jeweils zwei neue Labels und Textfelder einzufügen. Für die Labels, Textfelder und für den Button kommt folgender Code zum Einsatz:

```
Label vorname = new Label("Vorname:");
grid.add(vorname, 0, 1);
TextField eingabeVorname = new TextField();
grid.add(eingabeVorname, 1, 1);

Label nachname = new Label("Nachname:");
grid.add(nachname, 0, 2);

TextField eingabeNachname = new TextField();
grid.add(eingabeNachname, 1, 2);

Label tel = new Label("Telefonnummer:");
grid.add(tel, 0, 3);

TextField eingabeTel = new TextField();
grid.add(eingabeTel, 1, 3);

Label mail = new Label("E-Mail:");
grid.add(mail, 0, 4);

TextField eingabeMail = new TextField();
grid.add(eingabeMail, 1, 4);

Button btnEinf = new Button("Adresse einfügen");
grid.add(btnEinf, 0, 5);
```

Wenn die Kommentarzeichen aus dem Hauptprogramm entfernt werden, ist es bereits möglich, das Programm auszuprobieren. Nach einem Klick auf "Adresse hinzufügen" erscheint bereits das neue Fenster. Allerdings liegt es direkt über dem Hauptfenster. Außerdem ist es möglich, das Hauptfenster zu schließen, während das Fenster für die Eingabe der Adresse noch geöffnet ist. Um dies zu verhindern, ist es notwendig, eine Abhängigkeit zu erstellen. Das geschieht mit folgendem Code:

```
neuesFenster.initModality(Modality.WINDOW_MODAL);
neuesFenster.initOwner(hauptfenster);
```

Dieser Bereich wird nach der Methode `setScene` eingefügt. Damit das neue Fenster in einer leicht versetzten Position zum Hauptfenster geöffnet wird, ist folgender Code notwendig:

```
neuesFenster.setX(hauptfenster.getX() + 200);
neuesFenster.setY(hauptfenster.getY() + 100);
```

Damit ist das Layout bereits erstellt. Es bleibt nur noch übrig, die Aktionen zu definieren, die ausgeführt werden, wenn der entsprechende Button betätigt wird. Dazu sind einige Vorarbeiten erforderlich. Zunächst ist es notwendig, eine Klasse für ein Objekt zu gestalten, das die Daten für die Adresse aufnimmt – inklusive des Konstruktors und der entsprechenden `get`-Methoden. Da dieser Vorgang bereits bekannt sein sollte, wird hier lediglich der Code für die entsprechende Datei angegeben:

```
package adressbuch;
public class Adresse {

    private String vorname;
    private String nachname;
    private int tel;
    private String mail;

    public Adresse (String wert1, String wert2, int wert3,
    String wert4){
        this.vorname = wert1;
        this.nachname = wert2;
        this.tel = wert3;
        this.mail = wert4;
    }

    public String getVorname(){
        return vorname;
    }

    public String getNachname(){
        return nachname;
    }

    public int getTel(){
        return tel;
    }

    public String getMail(){
        return mail;
    }
}
```

Nachdem die Klasse erstellt ist, muss in der Klasse `FensterBtn1` die `setOnAction`-Methode mit dem bereits bekannten Code eingefügt werden:

```
btnEinf.setOnAction(new EventHandler<ActionEvent>() {
        @Override
        public void handle(ActionEvent e) {

            }
        });
```

Darin muss zunächst ein Objekt erzeugt werden, das die Daten, die der Benutzer eingegeben hat, aufnimmt:

```
String Vorname = eingabeVorname.getText();
String Nachname = eingabeNachname.getText();
int Tel = Integer.parseInt(eingabeTel.getText());
String Mail = eingabeMail.getText();
Adresse adresse = new Adresse(Vorname, Nachname, Tel, Mail);
```

Nun ist es notwendig, die Daten in einer Datei zu speichern. Dafür kommen die Techniken aus Kapitel 10 zum Einsatz. Die Adressen werden in einer Text-Datei abgespeichert und als Trennung zwischen den einzelnen Datensätzen dient eine Leerzeile.

Die entsprechenden Methoden sollen in diesem Fall jedoch in einer separaten Datei abgespeichert werden, da sie auch noch in weiteren Programmteilen verwendet werden sollen. Daher muss eine neue Klasse mit dem Namen `Datei` erstellt werden. Zunächst ist es notwendig, die Datensätze zu zählen. Hierzu soll eine Methode mit dem Namen `zaehlen` eingefügt werden. Um die Daten einzulesen und in einem Array zu speichern, dient die Methode einlesen. Daraufhin ist es notwendig, die Adresse in das Array einzufügen. Hierzu dient die Methode `einfuegen`. Dabei ist es sinnvoll, die Adressen alphabetisch zu ordnen. Schließlich soll der neue Datensatz wieder in der Datei abgespeichert werden. Dazu dient die Methode `speichern`. Obwohl die einzelnen Methoden noch nicht definiert sind, ist es damit bereits möglich, die entsprechenden Befehle in die `setOnAction`-Methode einzufügen:

```
int anzahl = Datei.zaehlen();
Adresse[] inhalt = new Adresse[anzahl];
```

```
inhalt = Datei.einlesen(anzahl);
Adresse[] inhaltNeu = new Adresse[anzahl+1];
if (anzahl >0){
    inhaltNeu = Datei.einfuegen(inhalt, adresse, anzahl);
}
else{
    inhaltNeu[0] = adresse;
}
Datei.speichern(inhaltNeu);
```

Dabei werden zunächst die Datensätze gezählt und daraufhin ein passendes Array erstellt. Wenn die Anzahl größer als 0 ist, wird die Adresse in den bestehenden Datensatz eingefügt. Ist sie gleich 0, ist dies nicht notwendig, da bislang keine Daten vorhanden sind. In diesem Fall wird die Adresse direkt in das erste Array-Feld eingefügt. Schließlich wird der erneuerte Datensatz in der Datei abgespeichert.

Die einzelnen Methoden sollen erst später erstellt werden. Zuvor ist es sinnvoll, sich zu überlegen, was nach der Speicherung der Daten geschehen soll. In diesem Fall soll sich das bisherige Fenster schließen und ein neues Fenster geöffnet werden, das die Speicherung der Daten bestätigt. Dazu dient folgender Code:

```
neuesFenster.close();
FensterGespeichert.neuesFenster(hauptfenster);
```


Dazu ist es notwendig, eine neue Klasse mit dem Namen `NeuesFenster` zu erstellen. Doch auch das soll erst später erfolgen. Da die Klasse `FensterBtn1` mit diesen Befehlen abgeschlossen ist, soll zunächst ihr vollständiger Code präsentiert werden:

```
package adressbuch;
import javafx.event.ActionEvent;
import javafx.event.EventHandler;
import javafx.geometry.Insets;
import javafx.geometry.Pos;
import javafx.scene.Scene;
import javafx.scene.control.Button;
import javafx.scene.control.Label;
import javafx.scene.control.TextField;
import javafx.scene.layout.GridPane;
import javafx.scene.text.Font;
```

```
import javafx.scene.text.FontWeight;
import javafx.scene.text.Text;
import javafx.stage.Modality;
import javafx.stage.Stage;

public class FensterBtn1 {
    public static void neuesFenster(Stage hauptfenster){
    GridPane grid = new GridPane();
    grid.setAlignment(Pos.CENTER);
    grid.setHgap(10);
    grid.setVgap(10);
    grid.setPadding(new Insets(10, 10, 10, 10));

    Scene scene = new Scene(grid, 400, 300);

    Stage neuesFenster = new Stage();
    neuesFenster.setTitle("Adresse hinzufügen");
    neuesFenster.setScene(scene);
    neuesFenster.initModality(Modality.WINDOW_MODAL);
    neuesFenster.initOwner(hauptfenster);

    neuesFenster.setX(hauptfenster.getX() + 200);
    neuesFenster.setY(hauptfenster.getY() + 100);
    Text titel = new Text("Fügen Sie eine Adresse hinzu:");
    titel.setFont(Font.font("Arial", FontWeight.NORMAL, 14));
    grid.add(titel, 0, 0, 2, 1);

    Label vorname = new Label("Vorname:");
    grid.add(vorname, 0, 1);

    TextField eingabeVorname = new TextField();
    grid.add(eingabeVorname, 1, 1);

    Label nachname = new Label("Nachname:");
    grid.add(nachname, 0, 2);
    TextField eingabeNachname = new TextField();
    grid.add(eingabeNachname, 1, 2);

    Label tel = new Label("Telefonnummer:");
    grid.add(tel, 0, 3);
    TextField eingabeTel = new TextField();
    grid.add(eingabeTel, 1, 3);

    Label mail = new Label("E-Mail:");
    grid.add(mail, 0, 4);

    TextField eingabeMail = new TextField();
    grid.add(eingabeMail, 1, 4);

    Button btnEinf = new Button("Adresse einfügen");
    grid.add(btnEinf, 0, 5);
```

```
    neuesFenster.show();

    btnEinf.setOnAction(new EventHandler<ActionEvent>() {
        @Override
        public void handle(ActionEvent e) {
            String Vorname = eingabeVorname.getText();
            String Nachname = eingabeNachname.getText();
            int Tel = Integer.parseInt(eingabeTel.getText());
            String Mail = eingabeMail.getText();
            Adresse adresse = new Adresse(Vorname, Nachname,
            Tel, Mail);

            int anzahl = Datei.zaehlen();
            Adresse[] inhalt = new Adresse[anzahl];
            inhalt = Datei.einlesen(anzahl);
            Adresse[] inhaltNeu = new Adresse[anzahl+1];
            if (anzahl >0){
                inhaltNeu = Datei.einfuegen(inhalt, adresse,
                anzahl);
            }
            else{
                inhaltNeu[0] = adresse;
            }
            Datei.speichern(inhaltNeu);
            neuesFenster.close();
            FensterGespeichert.neuesFenster(hauptfenster);
            }
        });
    }
}
```


Nun soll die Klasse `Datei` mit ihren zugehörigen Methoden erstellt werden. Der Code für die Methode `zaehlen` sieht analog zum entsprechenden Teil des Programms aus Kapitel X folgendermaßen aus:

```
public static int zaehlen(){
    int zaehler=0;
        String linie;
      try{
            File datei = new File("Adressen.txt");
            if(!datei.exists()){
          return 0;
            }
            FileInputStream fis = new
            FileInputStream("Adressen.txt");
            InputStreamReader isr = new
            InputStreamReader(fis);
```

```
            BufferedReader br = new BufferedReader(isr);

            linie = br.readLine();
            while (linie != null){
           if ("".equals(linie)){
                   zaehler ++;
           }
           linie = br.readLine();
            }
            br.close();
            }
            catch (IOException ioAusnahme){
            System.out.print("Datei konnte nicht geöffnet
            werden.");
            }
        return zaehler;
    }
```

Auch die Funktion der Methode `einlesen` entspricht vollständig dem in Kapitel X vorgestellten Programm. Daher ist es möglich, den entsprechenden Code ohne weitere Erklärungen einzufügen:

```
public static Adresse[] einlesen(int laenge){
        Adresse[] a = new Adresse[laenge];
        try{
            File datei = new File("Adressen.txt");
            if(!datei.exists()){
           datei.createNewFile();
            }
            FileInputStream fis = new
            FileInputStream("Adressen.txt");
            InputStreamReader isr = new
            InputStreamReader(fis);
            BufferedReader br = new BufferedReader(isr);
            String linie;

            for (int i=0; i<laenge; i++){
           linie = br.readLine();
           linie = br.readLine();
           String vorname = linie;
           linie = br.readLine();
           String nachname = linie;
           linie = br.readLine();
           int tel = Integer.parseInt(linie);
           linie = br.readLine();
           String mail = linie;
```

```
            a[i] = new Adresse(vorname, nachname, tel, mail);
             }
             br.close();

    }
    catch (IOException ioAusnahme){
            System.out.print("Datei konnte nicht geöffnet
            werden.");
    }
        return a;

}
```

Für die Methode `einfuegen` ist es hingegen notwendig, sich eine neue Vorgehensweise zu überlegen. Diese erhält als Übergabe das Array mit den bisherigen Daten, die neue Adresse und die Länge des bisherigen Arrays. Damit ist es möglich, ein neues Array zu erstellen, das um ein Feld größer als das bisherige Array ist. Zunächst werden alle bisherigen Werte in das neue Array kopiert und anschließend die neue Adresse in das letzte Feld eingetragen.

Nun ist es notwendig, die Adressen alphabetisch zu sortieren. Da die Sortierung bei jedem neuen Eintrag erfolgt, ist davon auszugehen, dass die bisherigen Daten bereits sortiert sind. Daher ist es nur noch notwendig, die neue Adresse an die richtige Stelle zu verschieben. Zu diesem Zweck wird das Array in einer `for`-Schleife von hinten nach vorne kontrolliert. Dabei wird überprüft, ob der Nachname der neuen Adresse im Alphabet vor den Eintrag im vorherigen Array-Feld steht. Dafür kommt die Methode `compareToIgnoreCase` zum Einsatz. Diese gibt einen negativen Wert zurück, wenn der `String`, mit dem sie verbunden wird, vor dem `String` kommt, der in der Klammer übermittelt wird. Die Implementierung sieht daher wie folgt aus:

```
int vergleich = neuesArray[i].getNachname().
compareToIgnoreCase(neuesArray[i-1].getNachname());
```

Wenn das Ergebnis negativ ausfällt, müssen die beiden Felder den Platz tauschen. Dafür ist eine temporäre Hilfsvariable mit dem Namen `temp` erforderlich. Der Tausch läuft folgendermaßen ab:

```
Adresse temp = neuesArray[i-1];
neuesArray[i-1] = neuesArray[i];
neuesArray[i] = temp;
```

Die komplette Methode sieht folgendermaßen aus:

```
public static Adresse[] einfuegen(Adresse[] a, Adresse
neueAdresse, int laenge){
        Adresse[] neuesArray = new Adresse[laenge+1];

        for(int i = 0; i < laenge; i++){
            neuesArray[i] = a[i];
        }

        neuesArray[laenge] = neueAdresse;

        for (int i = laenge; i>0; i--){
            int vergleich = neuesArray[i].getNachname().
                compareToIgnoreCase(neuesArray[i-1].
                getNachname());

            if (vergleich < 0){
                Adresse temp = neuesArray[i-1];
                neuesArray[i-1] = neuesArray[i];
                neuesArray[i] = temp;
            }
        }
        return neuesArray;
    }
```

Nun bleibt noch die Methode speichern. Hierbei sind keine weiteren Erklärungen notwendig, da die Implementierung beinahe identisch mit dem Programm aus Kapitel 10 ist:

```
public static void speichern(Adresse[] a){

        try{
            File datei = new File("Adressen.txt");
            boolean neu = true;
            if(!datei.exists()){
          datei.createNewFile();
            }
            BufferedWriter bw = new BufferedWriter(new
                 FileWriter("Adressen.txt", false));
            for (Adresse element : a){
                if(!neu){
```

```
                    bw.write("\n");
                }
                bw.write("\n"+element.getVorname());
                bw.write("\n"+element.getNachname());
                bw.write("\n"+element.getTel());
                bw.write("\n"+element.getMail());
                neu = false;
            }
            bw.close();
        }
    catch(IOException ioAusnahme){
            System.out.print("Fehler beim Öffnen der Datei");
    }
  }
```

Um das Programm auszuführen, ist nur noch die Klasse `FensterGespeichert` notwendig. Diese erzeugt ein neues Fenster, das lediglich die Information enthält, dass die Adresse abgespeichert wurde:

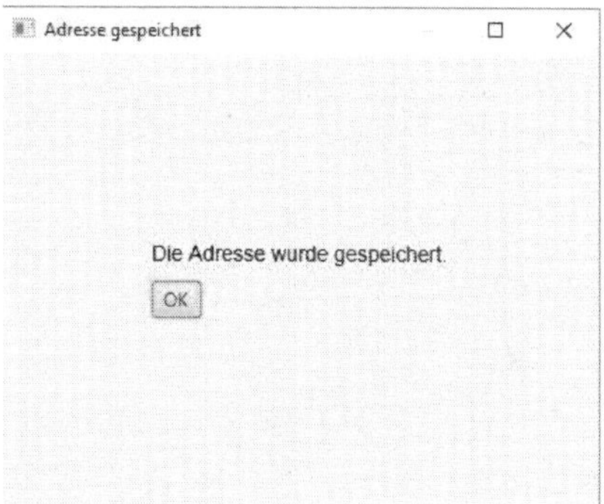

Screenshot 64 Das Info-Fenster nach dem Abspeichern der Adresse

Mit den bisherigen Kenntnissen sollte es problemlos möglich sein, dieses selbst zu erstellen. Zum Vergleich dient folgender Code:

```
package adressbuch;

import javafx.event.ActionEvent;
import javafx.event.EventHandler;
import javafx.geometry.Insets;
```

```
import javafx.geometry.Pos;
import javafx.scene.Scene;
import javafx.scene.control.Button;
import javafx.scene.layout.GridPane;
import javafx.scene.text.Font;
import javafx.scene.text.FontWeight;
import javafx.scene.text.Text;
import javafx.stage.Modality;
import javafx.stage.Stage;

public class FensterGespeichert {
    public static void neuesFenster(Stage hauptfenster){

        GridPane grid = new GridPane();
        grid.setAlignment(Pos.CENTER);
        grid.setHgap(10);
        grid.setVgap(10);
        grid.setPadding(new Insets(10, 10, 10, 10));

        Scene scene = new Scene(grid, 400, 300);

        Stage neuesFenster = new Stage();
        neuesFenster.setTitle("Adresse gespeichert");
        neuesFenster.setScene(scene);
        neuesFenster.initModality(Modality.WINDOW_MODAL);
        neuesFenster.initOwner(hauptfenster);

        neuesFenster.setX(hauptfenster.getX() + 200);
        neuesFenster.setY(hauptfenster.getY() + 100);

        Text titel = new Text("Die Adresse wurde gespeichert.");
        titel.setFont(Font.font("Arial", FontWeight.NORMAL,
        14));
        grid.add(titel, 0, 0, 2, 1);

        Button btn = new Button("OK");
        grid.add(btn, 0, 1);
        neuesFenster.setScene(scene);
        neuesFenster.show();
        btn.setOnAction(new EventHandler<ActionEvent>() {
            @Override
            public void handle(ActionEvent event) {
                neuesFenster.close();
            }
        });
    }
}
```

13.3 Vorhandene Adressen abrufen

Um die Adressen anzuzeigen, soll folgendes Fenster erzeugt werden:

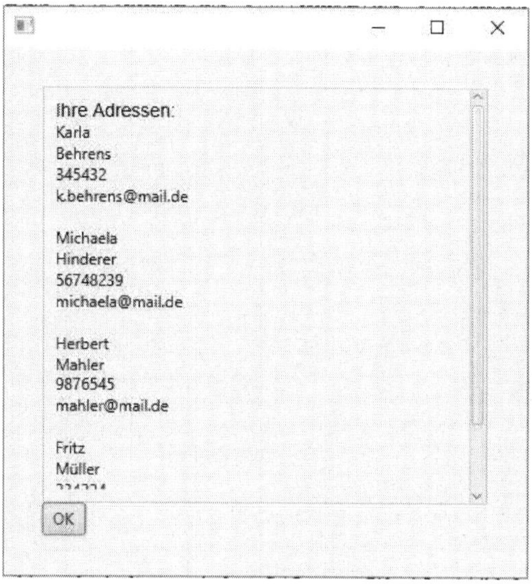

Screenshot 65 Die Anzeige der Adressen

Dazu dient die neue Klasse `FensterBtn2`. Die vorhandenen Adressen abzurufen, ist recht einfach, da die entsprechenden Methoden bereits zur Verfügung stehen. Zunächst ist es mit der Methode `zaehlen` erforderlich, die Anzahl der Einträge zu bestimmen. Danach wird ein entsprechendes Array erstellt und mit der Methode `einlesen` mit Inhalten gefüllt. Nun ist es nur noch notwendig, die Einträge aus dem Array mit einer `for`-Schleife in einem String zusammenzusetzen und schließlich in einem Textfeld abzulegen:

```
int anzahl = Datei.zaehlen();
    Adresse[] inhalt = new Adresse[anzahl];
    inhalt = Datei.einlesen(anzahl);
    String ausgabe = "";
```

```
    for (Adresse element : inhalt){
        ausgabe += element.getVorname()+"\n";
        ausgabe += element.getNachname()+"\n";
        ausgabe += element.getTel()+"\n";
        ausgabe += element.getMail()+"\n"+"\n";
    }

    Text anzeige = new Text(ausgabe);
```

Als weitere Inhalte sollen eine Überschrift und ein Button zum Schließen des Fensters erstellt werden. Der hierfür notwendige Code sollte bereits bekannt sein.

Das Problem besteht jedoch darin, dass die Größe der Ausgabe nicht bekannt ist. Wenn viele Adressen vorhanden sind, passen sie nicht in die Fenster, die bisher verwendet wurden. Sollte die Anzeige nicht passen, wird sie in diesem Fall einfach abgeschnitten. Daher ist es notwendig, ein Scroll-Fenster zu verwenden. Dafür ist zunächst ein Objekt vom Typ `Vbox` notwendig. Dieses wird am Anfang der Methode erstellt:

```
VBox vbox = new Vbox();
```

Da die Seiteninhalte bereits erstellt sind, ist es anschließend nur noch notwendig, sie in die `VBox` einzufügen. Lediglich der Button soll noch nicht erscheinen, da dieser außerhalb des Scroll-Bereichs liegen soll. Danach ist es erforderlich, ein Objekt vom Typ `ScrollPane` und damit das entsprechende Fenster zu erstellen. Das führt zu folgendem Code:

```
vbox.getChildren().add(titel);
vbox.getChildren().add(anzeige);

ScrollPane scrollPane = new ScrollPane(vbox);
scrollPane.setFitToHeight(true);
scrollPane.setPadding(new Insets(10));
BorderPane root = new BorderPane(scrollPane);
root.setPadding(new Insets(30));
```

Die Befehle `setPadding` dienen dazu, etwas Abstand zwischen den entsprechenden Bereichen zu erzeugen. Das Objekt vom Typ `BorderPane` erzeugt einen Rand um den Scroll-Bereich. Nun fehlt noch der Button. Damit dieser außerhalb des Scroll-Bereichs erscheint, ist folgender Befehl erforderlich:

```
root.setBottom(btn);
```

Jetzt ist es wie in den bisherigen Fenstern notwendig, die Objekte `Stage` und `Scene` zu erzeugen und das Fenster anzeigen zu lassen. Außerdem muss die `setOnAction`-Methode definiert werden. Diese soll lediglich das Fenster schließen. Damit ist die Klasse `FensterBtn2` bereits fertiggestellt:

```
package adressbuch;

import javafx.event.ActionEvent;
import javafx.event.EventHandler;
import javafx.geometry.Insets;
import javafx.scene.Scene;
import javafx.scene.control.Button;
import javafx.scene.control.ScrollPane;
import javafx.scene.layout.BorderPane;
import javafx.scene.layout.VBox;
import javafx.scene.text.Font;
import javafx.scene.text.FontWeight;
import javafx.scene.text.Text;
import javafx.stage.Modality;
import javafx.stage.Stage;

public class FensterBtn2 {

    public static void neuesFenster(Stage hauptfenster){

    VBox vbox = new VBox();

    int anzahl = Datei.zaehlen();
    Adresse[] inhalt = new Adresse[anzahl];
    inhalt = Datei.einlesen(anzahl);
    String ausgabe = "";
```

```
        for (Adresse element : inhalt){
            ausgabe += element.getVorname()+"\n";
            ausgabe += element.getNachname()+"\n";
            ausgabe += element.getTel()+"\n";
            ausgabe += element.getMail()+"\n"+"\n";
        }

        Text adressausgabe = new Text(ausgabe);
        Button btn = new Button("OK");

        Text titel = new Text("Ihre Adressen:");
        titel.setFont(Font.font("Arial", FontWeight.NORMAL, 14));

        vbox.getChildren().add(titel);
        vbox.getChildren().add(adressausgabe);

        ScrollPane scrollPane = new ScrollPane(vbox);
        scrollPane.setFitToHeight(true);
        scrollPane.setPadding(new Insets(10));
        BorderPane root = new BorderPane(scrollPane);
        root.setPadding(new Insets(30));

        root.setBottom(btn);

        Stage neuesFenster = new Stage();
        neuesFenster.initModality(Modality.WINDOW_MODAL);
        neuesFenster.initOwner(hauptfenster);

        neuesFenster.setX(hauptfenster.getX() + 200);
        neuesFenster.setY(hauptfenster.getY() + 100);
        Scene scene = new Scene(root, 400, 400);
        neuesFenster.setScene(scene);
        neuesFenster.show();

        btn.setOnAction(new EventHandler<ActionEvent>() {
            @Override
            public void handle(ActionEvent e) {
                neuesFenster.close();
                }
            });
        }
}
```

Um die Darstellung auszuprobieren, ist es nur noch notwendig, die Kommentar-Zeichen für diese Methode aus dem Hauptprogramm zu entfernen.

13.4 Eine Adresse löschen

Nun muss nur noch die `setOnAction`-Methode für den dritten Button programmiert werden. Das Fenster, das sich dabei öffnet, soll wie folgt aussehen:

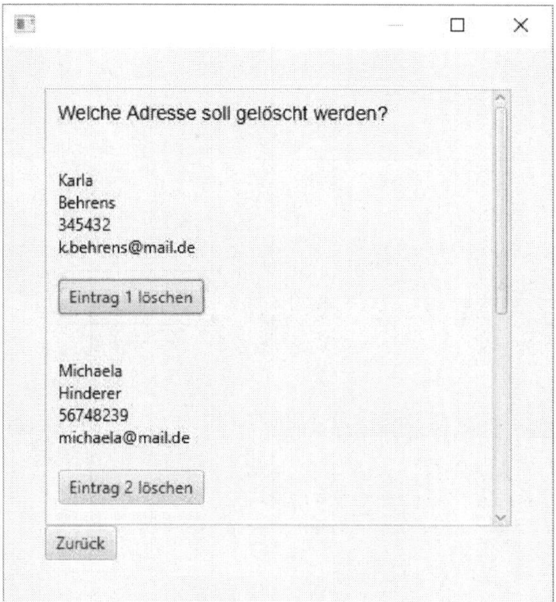

Screenshot 66 Das Fenster zum Löschen einer Adresse

Dieses sieht auf den ersten Blick recht ähnlich wie das Fenster für `btn2` aus. Lediglich ist hier nach jeder Adresse ein Button eingefügt, um den entsprechenden Eintrag zu löschen. Trotz dieses Unterschieds ist es möglich, viele Bestandteile des Codes der entsprechenden Methode wiederzuverwenden. Daher empfiehlt es sich, diesen komplett zu kopieren und in die neue Datei einzufügen und anschließend die notwendigen Änderungen vorzunehmen. Zunächst ist es wichtig, die Position der Überschrift zu verändern. Diese muss hierbei bereits vor der `for`-Schleife eingefügt werden – am besten direkt nachdem die `Vbox` erstellt wurde. Danach folgen wie im vorherigen Programm die Befehle `zaehlen` und `einlesen`, um das benötigte Array mit den Adressen zu erstellen.

Die beiden Variablen `ausgabe` und `adressausgabe` müssen bei diesem Beispiel bereits vor der `for`-Schleife deklariert werden, allerdings ohne sie zu initialisieren:

```
String ausgabe;
Text adressausgabe;
```

Darüber hinaus soll ein Array erstellt werden, der alle Buttons, die innerhalb der Schleife erstellt werden, abspeichert:

```
Button[] btnA = new Button[anzahl];
```

In der Klasse `FensterBtn2` wurden in der `for`-Schleife alle Adressen zu einem langen `String` zusammengefügt. Die Ausgabe erfolgte nach Beendigung der Schleife. Da sich nun jedoch zwei unterschiedliche Elemente abwechseln – ein Textelement und ein Button – ist diese Vorgehensweise hier nicht möglich. Vielmehr müssen beide Elemente bereits innerhalb der Schleife in die `Vbox` eingefügt werden. Außerdem soll bei jedem Durchgang der entsprechende Button im Array abgelegt werden:

```
for (int i=0; i < anzahl; i++){
            ausgabe = "\n\n"+inhalt[i].getVorname()+"\n";
            ausgabe += inhalt[i].getNachname()+"\n";
            ausgabe += inhalt[i].getTel()+"\n";
            ausgabe += inhalt[i].getMail()+"\n";

            adressausgabe = new Text(ausgabe);

            vbox.getChildren().add(adressausgabe);
            btnA[i] = new Button("Eintrag "+(i+1)+" löschen");
            vbox.getChildren().add(btnA[i]);
}
```

Bei der Beschriftung des Buttons ist zu beachten, dass hierbei jeweils die Nummer des entsprechenden Beitrags angegeben wird. Das ist notwendig, um ihn zu markieren und später wiederzuerkennen. Die weiteren Elemente können abgesehen von der Beschriftung des letzten Buttons unverändert aus `FensterBtn1` übernommen werden.

Nun ist es bereits möglich, den Code auszuprobieren (Das Entfernen der Kommentarzeichen im Hauptprogramm nicht vergessen!). Das Layout sollte nun bereits so aussehen wie im Screenshot. Allerdings wird noch keine Aktion durchgeführt, wenn die einzelnen Buttons unterhalb der Adressen gedrückt werden. Hierfür ist es notwendig, die entsprechenden `setOnAction`-Methoden für die einzelnen Buttons zu erstellen. Das geschieht im Rahmen einer `for`-Schleife:

```
final Adresse[] liste = inhalt;

        for (int i=0; i<anzahl; i++){
            btnA[i].setOnAction(new
            EventHandler<ActionEvent>() {
                @Override
                public void handle(ActionEvent e) {
                    String text = ((Button)e.getSource()).
                            getText();
                    String text2 = text.replaceAll("[^0-9]", "");
                    int position = Integer.parseInt(text2);
                    Datei.loeschen(position, liste);
                    neuesFenster.close();
                  FensterGeloescht.neuesFenster(hauptfenster);

                }
            });
        }
```


Bereits vor der Schleife muss eine Kopie des Arrays `inhalt` als Konstante erstellt werden. Dafür kommt der Schlüsselbegriff `final` zum Einsatz. Das ist erforderlich, da man aus einer inneren Klasse nur auf Konstanten, nicht jedoch auf Variablen zuzugreifen kann.

Die `for`-Schleife wird mit der entsprechenden Zahl der Adressen ausgeführt, um für jeden Button eine passende Methode zu definieren. Nun ist es notwendig, herauszufinden, welcher Button betätigt wurde. Dazu dient die Zahl, die in der Beschriftung eingefügt wurde. Im `ActionEvent`, das der entsprechenden Methode übermittelt wird, ist die Beschriftung des Buttons enthalten, der gedrückt wurde. Dieser Inhalt ist über den Befehl `((Button)e.getSource()).getText()` zugänglich. Da die

Beschriftung aus Text und aus Zahlen besteht, müssen die Zahlen daraus herausgefiltert werden. Dafür ist der Befehl `String text2 = text.replaceAll("[^0-9]", "");` notwendig. Dieser ersetzt alle Zeichen durch ein leeres Zeichen, außer den Ziffern von 0 bis 9. Schließlich muss diese Zeichenkette noch in eine ganze Zahl umgewandelt werden. Diese gibt nun an, an welcher Position die Adresse steht, die gelöscht werden soll. Zum Löschen soll anschließend eine neue Methode in der Klasse Datei erstellt werden. Dieser wird der Inhalt des Arrays und die Position, die zu löschen ist, übermittelt.

Abschließend wird das Fenster geschlossen und ein neues Fenster geöffnet, das das Löschen der Adresse bestätigt. Dieses Fenster hat genau den gleichen Code wie die Klasse `FensterGespeichert`. Lediglich der Inhalt des Textfeldes und die Überschrift müssen angepasst werden. Dies kann der Leser eigenständig übernehmen, sodass der Code hier nicht angegeben werden muss.

Damit ist die Klasse `FensterBtn3` vollständig:

```
package adressbuch;

import javafx.event.ActionEvent;
import javafx.event.EventHandler;
import javafx.geometry.Insets;
import javafx.scene.Scene;
import javafx.scene.control.Button;
import javafx.scene.control.ScrollPane;
import javafx.scene.layout.BorderPane;
import javafx.scene.layout.VBox;
import javafx.scene.text.Font;
import javafx.scene.text.FontWeight;
import javafx.scene.text.Text;
import javafx.stage.Modality;
import javafx.stage.Stage;

public class FensterBtn3 {

    public static void neuesFenster(Stage hauptfenster){

        VBox vbox = new VBox();
```

```
Text titel = new Text("Welche Adresse soll gelöscht
werden?");
titel.setFont(Font.font("Arial", FontWeight.NORMAL, 14));

vbox.getChildren().add(titel);

int anzahl = Datei.zaehlen();
Adresse[] inhalt = new Adresse[anzahl];
inhalt = Datei.einlesen(anzahl);

String ausgabe;
Text adressausgabe;

Button[] btnA = new Button[anzahl];

for (int i=0; i < anzahl; i++){
     ausgabe = "\n\n"+inhalt[i].getVorname()+"\n";
     ausgabe += inhalt[i].getNachname()+"\n";
     ausgabe += inhalt[i].getTel()+"\n";
     ausgabe += inhalt[i].getMail()+"\n";

     adressausgabe = new Text(ausgabe);

     vbox.getChildren().add(adressausgabe);
     btnA[i] = new Button("Eintrag "+(i+1)+" löschen");
     vbox.getChildren().add(btnA[i]);
 }


Button btn = new Button("Zurück");

ScrollPane scrollPane = new ScrollPane(vbox);
scrollPane.setFitToHeight(true);
scrollPane.setPadding(new Insets(10));
BorderPane root = new BorderPane(scrollPane);
root.setPadding(new Insets(30));

root.setBottom(btn);

Stage neuesFenster = new Stage();
neuesFenster.initModality(Modality.WINDOW_MODAL);
neuesFenster.initOwner(hauptfenster);

neuesFenster.setX(hauptfenster.getX() + 200);
neuesFenster.setY(hauptfenster.getY() + 100);

Scene scene = new Scene(root, 400, 400);
neuesFenster.setScene(scene);
neuesFenster.show();
```

```
        btn.setOnAction(new EventHandler<ActionEvent>() {
            @Override
            public void handle(ActionEvent e) {
                neuesFenster.close();
            }
        });

        final Adresse[] liste = inhalt;

        for (int i=0; i<anzahl; i++){

            btnA[i].setOnAction(new EventHandler<ActionEvent>()
{
                @Override
                public void handle(ActionEvent e) {
                    String text =
                    ((Button)e.getSource()).getText();
                    String text2 = text.replaceAll("[^0-9]", "");
                    int position = Integer.parseInt(text2);
                    Datei.loeschen(position, liste);
                    neuesFenster.close();
                  FensterGeloescht.neuesFenster(hauptfenster);

                }
            });
        }
    }
}
```

Um das Projekt abzuschließen, wird noch die Methode `loeschen` in der Klasse Datei benötigt. Diese orientiert sich wiederum am entsprechenden Programm aus dem Kapitel 10. Der wesentliche Unterschied besteht darin, dass hier bereits die Position bekannt ist. Daher müssen dafür keine Strings miteinander verglichen werden, sondern lediglich die Position mit dem Zähler der Schleife. Daher ist folgender Code für diese Methode notwendig:

```
public static void loeschen (int pos, Adresse[] adressdaten){

    try{
            boolean neu = true;
            BufferedWriter bw = new BufferedWriter(new
            FileWriter("Adressen.txt", false));
            int zaehler = 1;
            for (Adresse element : adressdaten){
                if (zaehler != pos){
                    if(!neu){
```

```
                    bw.write("\n");
                }
                else {
                    neu = false;
                }
                bw.write("\n"+element.getVorname());
                bw.write("\n"+element.getNachname());
                bw.write("\n"+element.getTel());
                bw.write("\n"+element.getMail());

                }
                zaehler++;
            }
            bw.close();
        }
        catch(IOException ioAusnahme){
            System.out.print("Fehler beim Öffnen der Datei");
        }
    }
```

Dabei handelte es sich um die letzte Methode der Klasse Datei. Um alle Einzelheiten zu überprüfen, wird sie nun ebenfalls nochmals komplett dargestellt:

```
package adressbuch;

import java.io.BufferedReader;
import java.io.BufferedWriter;
import java.io.File;
import java.io.FileInputStream;
import java.io.FileWriter;
import java.io.IOException;
import java.io.InputStreamReader;

public class Datei {

    public static int zaehlen(){
    int zaehler=0;
       String linie;
       try{
            File datei = new File("Adressen.txt");
            if(!datei.exists()){
                return 0;
            }
            FileInputStream fis = new
            FileInputStream("Adressen.txt");
            InputStreamReader isr = new
            InputStreamReader(fis);
```

```
            BufferedReader br = new BufferedReader(isr);

            linie = br.readLine();
            while (linie != null){
           if ("".equals(linie)){
                    zaehler ++;
           }
           linie = br.readLine();
            }
            br.close();
            }
            catch (IOException ioAusnahme){
            System.out.print("Datei konnte nicht geöffnet
            werden.");
            }
        return zaehler;
    }

    public static Adresse[] einlesen(int laenge){
        Adresse[] a = new Adresse[laenge];
        try{
            File datei = new File("Adressen.txt");
            if(!datei.exists()){
                datei.createNewFile();
            }
            FileInputStream fis = new
            FileInputStream("Adressen.txt");
            InputStreamReader isr = new
            InputStreamReader(fis);
            BufferedReader br = new BufferedReader(isr);
            String linie;

            for (int i=0; i<laenge; i++){
           linie = br.readLine();
           linie = br.readLine();
           String vorname = linie;
           linie = br.readLine();
           String nachname = linie;
           linie = br.readLine();
           int tel = Integer.parseInt(linie);
           linie = br.readLine();
           String mail = linie;
           a[i] = new Adresse(vorname, nachname, tel, mail);
            }
            br.close();

     }
```

```
    catch (IOException ioAusnahme){
            System.out.print("Datei konnte nicht geöffnet
            werden.");
    }
        return a;
}

public static Adresse[] einfuegen(Adresse[] a, Adresse
            neueAdresse, int laenge){

    Adresse[] neuesArray = new Adresse[laenge+1];
    for(int i = 0; i < laenge; i++){
        neuesArray[i] = a[i];
    }

    neuesArray[laenge] = neueAdresse;
    for (int i = laenge; i>0; i--){
        int vergleich =
            neuesArray[i].getNachname().
            compareToIgnoreCase(neues Array[i-1].
            getNachname());

        if (vergleich < 0){
            Adresse temp = neuesArray[i-1];
            neuesArray[i-1] = neuesArray[i];
            neuesArray[i] = temp;
        }
    }
    return neuesArray;
}

public static void speichern(Adresse[] a){

    try{
        File datei = new File("Adressen.txt");
        boolean neu = true;
        if(!datei.exists()){
       datei.createNewFile();
        }
        BufferedWriter bw = new BufferedWriter(new
        FileWriter("Adressen.txt", false));
        for (Adresse element : a){
            if(!neu){
                bw.write("\n");
            }
            bw.write("\n"+element.getVorname());
            bw.write("\n"+element.getNachname());
```

```
                    bw.write("\n"+element.getTel());
                    bw.write("\n"+element.getMail());
                    neu = false;
                }
                bw.close();
            }
        catch(IOException ioAusnahme){
                System.out.print("Fehler beim Öffnen der Datei");
        }
    }

    public static void loeschen (int pos, Adresse[] adressdaten)
{

    try{
            boolean neu = true;

            BufferedWriter bw = new BufferedWriter(new
                FileWriter("Adressen.txt", false));
                int zaehler = 1;

                for (Adresse element : adressdaten){
                    if (zaehler != pos){
                        if(!neu){
                            bw.write("\n");
                        }
                        else {
                            neu = false;
                        }
                        bw.write("\n"+element.getVorname());
                        bw.write("\n"+element.getNachname());
                        bw.write("\n"+element.getTel());
                        bw.write("\n"+element.getMail());

                    }
                    zaehler++;
                }
                bw.close();
        }
        catch(IOException ioAusnahme){
            System.out.print("Fehler beim Öffnen der Datei");
        }
    }
}
```

Damit ist das Adressbuch vollständig funktionsfähig und es ist möglich, neue Adressen abzuspeichern, die Inhalte anzeigen zu lassen oder einen Eintrag mit einem einfachen Klick auf einen Button zu löschen.

Alle Programmcodes aus diesem Buch sind als PDF zum Download verfügbar. Dadurch müssen Sie sie nicht abtippen: https://bmu-verlag.de/java-programmieren

Außerdem erhalten Sie die eBook Ausgabe zum Buch im PDF Format kostenlos auf unserer Website:

https://bmu-verlag.de/java-programmieren

Downloadcode: siehe Kapitel 15

Kapitel 14
Multithreading

Die bisherigen Programme hatten einen linearen Ablauf. Zwar gab es dabei Verzweigungen und Schleifen, doch wurden alle Programmbestandteile in einer genau vorgegebenen Reihenfolge abgearbeitet. Das kann jedoch bei einigen Programmen zu einer geringen Effizienz führen. Wenn beispielsweise ein Programm eine bestimmte Aufgabe berechnen muss, die sehr umfangreich ist, kann das zu längeren Wartezeiten führen. Bei einem linearen Verlauf müsste der Anwender dann immer warten, bis der entsprechende Teil abgeschlossen ist. Das führt zu einer schlechten Performance. Deutlich besser wäre es, andere Aufgaben, die nur wenig Rechenleistung benötigen, parallel dazu auszuführen. Das bringt insbesondere dann große Vorteile mit sich, wenn hierbei aus anderen Gründen Wartezeiten entstehen. Ein Beispiel hierfür ist eine Eingabe durch den Nutzer. Dabei vergehen immer einige Sekunden, bis der Anwender die Werte eingegeben hat. Das benötigt jedoch keinerlei Rechenleistung. Bei einem parallelen Ablauf kann das Programm die rechenintensive Aufgabe erledigen, während es auf die Eingabe des Nutzers wartet. Auch wenn für das Programm die Kommunikation über ein Netzwerk notwendig ist, ist ein derartiges Vorgehen sinnvoll, um die Wartezeiten effizient auszunutzen.

Java verfügt über ein Mittel, um einen parallelen Ablauf der Ereignisse zu ermöglichen: Threads. Dabei handelt es sich um einen Prozess mit einem linearen Ablauf. Gewöhnliche Programme bestehen aus einem einzelnen Thread. Dieser wird ganz automatisch erzeugt, ohne dass es notwendig ist, dafür eine gezielte Aktion durchzuführen. Es ist jedoch auch möglich, innerhalb des Programms mehrere Threads zu erzeugen, die parallel zueinander ablaufen. Diese Vorgehensweise wird als Multithreading bezeichnet.

14.1 Einen Thread in Java erzeugen

Threads sind in Java in der Klasse `Thread` implementiert. Um einen eigenen `Thread` zu erzeugen, ist es daher nur notwendig, eine Unterklasse von `Thread` zu erstellen. Das bringt für den Anwender den enormen Vorteil mit sich, dass er sich über die Details der Umsetzung keine Gedanken machen muss. In der neu gestalteten Unterklasse muss er lediglich die Methode `run()` definieren. Diese wird bei der Erzeugung eines neuen Threads automatisch ausgeführt. Innerhalb dieser Methode ist es möglich, alle bisher verwendeten Befehle zu verwenden. Der erste Beispiel-Thread soll lediglich eine kurze Nachricht auf dem Bildschirm ausgeben, um zu bestätigen, dass er ausgeführt wurde:

```
class BspThread extends Thread {

	public void run(){
		System.out.println("Beispiel-Thread");
	}
}
```

Im Hauptprogramm ist es dann notwendig, den `Thread` zu erzeugen. Da es sich hierbei um ein Objekt handelt, ist es hierfür notwendig, ihn zu deklarieren und zu instanziieren. Danach ist es erforderlich, die `start`-Methode aufzurufen. Diese ist im Objekt `Thread` bereits implementiert, sodass es nicht notwendig ist, sie selbst zu schreiben. Die `start`-Methode ruft die `run`-Methode auf, die in der Klassendefinition von `BspThread` definiert wurde. Das Hauptprogramm sieht dann wie folgt aus:

```
public class TestThread{
	public static void main (String[] args){
		BspThread bspThread;
		bspThread = new BspThread();
		bspThread.start();
	}
}
```

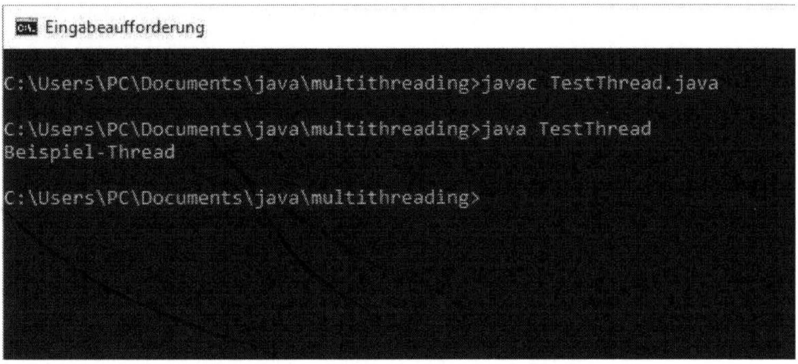

Screenshot 67 Die Ausgabe des Programms

Alternativ dazu gibt es eine weitere Möglichkeit, um einen `Thread` zu erzeugen: mit dem Java-Interface Runnable. Dafür ist es notwendig, eine Klasse zu gestalten, die dieses Interface implementiert. Darin steht lediglich die `run`-Methode, die genau gleich aussieht, wie im vorherigen Beispiel:

```
class BspThread implements Runnable {
	public void run(){
		System.out.println("Beispiel-Thread");
	}
}
```

Um den `Thread` zu erstellen, ist es in diesem Beispiel nicht notwendig, eine Instanz dieser Klasse zu erzeugen. Anstatt dessen wird eine Instanz der Klasse `Thread` erzeugt, die bereits in der Java-Standardbibliothek enthalten ist (und die im vorherigen Beispiel als übergeordnete Klasse verwendet wurde). Das Objekt erhält für die Erzeugung jedoch eine Instanz der Klasse `BspThread`, die soeben definiert wurde. Die Ausführung erfolgt wieder über die `start`-Methode:

```
public class TestThread2{

	public static void main (String[] args){
		Thread bspThread = new Thread(new BspThread ());
		bspThread.start();
	}
}
```

Welche dieser beiden Alternativen zum Einsatz kommt, bleibt dem Programmierer überlassen. Für eine einheitliche Gestaltung soll in diesem Buch jedoch fortan nur noch die erste Methode Verwendung finden. Bei allen weiteren Beispielen wäre es jedoch auch problemlos möglich, das Runnable-Interface zu implementieren.

Die bisherigen Beispiele erzeugen zwar einen Thread, doch bringt das bislang keinerlei Vorteile. Die Ausgabe lässt sich auch einfach in das Hauptprogramm schreiben. Das würde das Programm wesentlich einfacher gestalten. Daher folgt nun ein Beispiel, in dem die Verwendung von Threads sinnvoll ist.

Wie bereits erwähnt, ist die Verwendung mehrerer Threads bei sehr rechenintensiven Prozessen sinnvoll, die viel Zeit benötigen. Um die Probleme zu verdeutlichen, die dabei bei einer linearen Ausführung entstehen, soll dieser Prozess nun in einem Beispielprogramm simuliert werden, das nach dem bisherigen Muster aufgebaut ist. Dafür wäre es selbstverständlich möglich, mehrere Schleifen mit sehr vielen Durchläufen zu gestalten, um einen rechenintensiven Prozess nachzustellen. Um dabei eine merkliche Verzögerung zu erzeugen, ist bei einem modernen Computer jedoch ein erheblicher Aufwand notwendig. Einfacher ist es, die Verzögerung durch den `sleep`-Befehl zu simulieren. Dieser muss auf das Objekt `Thread` angewendet werden. In der Klammer steht die Anzahl der Millisekunden, die die Verzögerung betragen soll. Bei der Verwendung des `sleep`-Befehls ist es wichtig, eine Ausnahmebehandlung zu implementieren. Es kann nämlich vorkommen, dass der `Thread` durch ein anderes Ereignis unterbrochen wird. Daher ist hierfür folgender Code notwendig:


```
try {
      Thread.sleep(20000);
}
catch (InterruptedException e){
      System.out.println("Thread wurde unterbrochen.");
}
```

Nach der Verzögerung soll das Programm den Nutzer zur Eingabe einer Zahl auffordern und diese anschließend als Ergebnis ausgeben. Das vollständige Programm sieht daher wie folgt aus:

```
import java.io.*;
public class TestThread3{

      public static void main (String[] args)throws
      IOException{

            try {
                  Thread.sleep(20000);
            }
            catch (InterruptedException e){
            System.out.println("Thread wurde unterbrochen.");
            }
            InputStreamReader isr = new InputStreamReader
            (System.in);
            BufferedReader br = new BufferedReader(isr);
            System.out.println("Geben Sie eine Zahl ein:");
            String eingabe = br.readLine();
            int ergebnis = Integer.parseInt(eingabe);
            System.out.println("Eingabe: "+ergebnis);

      }
}
```

Anmerkung: Manche Leser fragen sich an dieser Stelle vielleicht, weshalb die `sleep`-Methode auf einen `Thread` angewendet wird, obwohl das Programm überhaupt keinen `Thread` erzeugt hat. Die Antwort darauf besteht darin, dass bei der Ausführung jedes Java-Programms implizit ein `Thread` entsteht. Daher ist es möglich, auf diesen zuzugreifen.

Wenn man dieses Programm nun ausführt, entsteht eine Wartezeit von 20 Sekunden, ehe man die Eingabe durchführen kann. Das reduziert den Anwendungskomfort erheblich. Daher soll im nächsten Schritt ein Programm mit zwei Threads entstehen: einer für die rechenintensive Aufgabe und der andere für die Eingabe. So ist es möglich, beide Aufgaben parallel durchzuführen.

Dazu ist es wie im ersten Beispiel notwendig, eine neue Klasse zu erstellen, die die Klasse `Thread` erweitert. In der `run`-Methode soll hierbei nun der `sleep`-Befehl stehen. Für die Eingabe der Zahl wird ein weiterer `Thread` eingefügt. Daher ist es notwendig, noch eine Klasse von `Thread` abzuleiten. In dieser stehen nun die Befehle für die Eingabe. Das Hauptprogramm ruft einfach beide Klassen für die Threads auf und führt sie mit der `start`-Methode aus:

```
import java.io.*;

class BspThread1 extends Thread {
      public void run(){
            try {
                  Thread.sleep(20000);
            }
            catch (InterruptedException e){
            System.out.println("Thread wurde unterbrochen.");
            }
      }
}

class BspThread2 extends Thread {

      public void run(){
            try {
      InputStreamReader isr = new InputStreamReader(System.in);
      BufferedReader br = new BufferedReader(isr);
      System.out.println("Geben Sie eine Zahl ein:");
                  String eingabe = br.readLine();
                  int ergebnis = Integer.parseInt(eingabe);
                  System.out.println("Eingabe: "+ergebnis);
            }
            catch (IOException e){
                  System.out.print("Eingabe nicht möglich."); }
      }
}

public class TestThread4{

      public static void main (String[] args){
            BspThread1 bspThread1;
            bspThread1 = new BspThread1();
            bspThread1.start();
            BspThread2 bspThread2;
            bspThread2 = new BspThread2();
            bspThread2.start();
      }
}
```

Anmerkung: Die Eingabe in der Klasse `BspThread2` muss hierbei in einem eigenen `try`-Block stehen, um die Ausnahme, die hierbei entstehen kann, abzufangen.

Wenn man nun das Programm ausführt, ruft dieses zunächst den ersten `Thread` mit der Wartezeit auf. Allerdings ist es nun nicht notwendig, zu warten, bis diese beendet ist. Parallel dazu ruft das Hauptprogramm bereits den zweiten `Thread` auf. So ist es möglich, die Eingabe durchzuführen, während der andere `Thread` noch läuft. Das reduziert die Ausführungszeit des Programms deutlich.

14.2 Die Zustände eines Threads

Um den Ablauf eines Threads besser zu verstehen, ist es sinnvoll, auf dessen Zustände einzugehen. Je nachdem, in welchem Zustand er sich gerade befindet, legt er ein anderes Verhalten an den Tag. Der `Thread` entsteht, wenn man ihn mit dem Befehl new als Instanz der Klasse `Thread` erzeugt. In diesem Anfangsstadium führt er jedoch noch keinerlei Aktionen durch – er besteht lediglich.

Das ändert sich, wenn man ihn mit dem start-Befehl aktiviert. Dadurch versetzt er sich in den rechenwilligen Zustand. Das ist die Grundlage für alle weiteren Aktionen.

Sollten alle benötigten Ressourcen bereitstehen, dann übergibt die virtuelle Maschine, die das Programm ausführt, den Thread an die CPU. Auf diese Weise werden alle Befehle, die darin enthalten sind, ausgeführt. Allerdings ist es auch möglich, dass der Thread nicht sofort ausgeführt, sondern zunächst in einen anderen Zustand versetzt wird. Ein Beispiel hierfür war der `sleep`-Befehl. Dieser versetzte den Thread in den schlafenden Zustand. Nachdem dieser beendet war, wurde er zurück in den rechenwilligen Zustand versetzt und es kam schließlich zur Ausführung.

Es gibt jedoch noch weitere Zustände, die eine sofortige Ausführung verhindern können. Der Programmierer kann einen `Thread` beispielsweise suspendieren. Das bedeutet, dass er nicht weiter ausgeführt wird – es sei denn, das Programm hebt die Suspendierung später wieder auf. Außerdem ist es möglich, dass ein `Thread` blockiert ist. Das ist dann der der Fall, wenn er auf ein bestimmtes Ereignis wartet – beispielsweise auf die Eingabe des Anwenders oder auf ein Ergebnis eines anderen Threads. Wenn die Blockade aufgehoben ist, wird er wieder in den rechenwilligen Zustand überführt.

Nachdem alle Befehle des Threads ausgeführt sind, ist er beendet. Dieser Zustand ist definitiv und lässt sich nicht mehr umkehren.

In den meisten Fällen ist die virtuelle Maschine dafür verantwortlich, die Zustände der einzelnen Threads festzulegen. Es ist aber auch möglich, ihre Zustände explizit im Programm zu definieren. Auf diese Weise lässt sich der Ablauf des Programms koordinieren.

14.3 Die Reihenfolge bei der Ausführung ist nicht vorhersehbar

Wenn man sich den vorherigen Abschnitt zu den Zuständen eines Threads genau betrachtet, wird deutlich, dass die Simulation eines rechenintensiven Prozesses im vorhergehenden Beispiel nicht ganz korrekt war. Dabei befand sich der Thread in einem schlafenden Zustand. Wenn er jedoch tatsächlich eine Berechnung durchführt, dann befindet er sich im Zustand der aktiven Ausführung. Das bedeutet, dass er die CPU belegt.

Auch ein weiteres Detail aus den vorherigen Abschnitten war nicht ganz korrekt. Es wurde zwar gesagt, dass es sich hierbei um eine parallele Ausführung handelt. Das ist jedoch nur bei der Verwendung mehrerer Prozessoren möglich. Ein einzelner Prozessor kann nur einen Thread gleichzeitig behandeln. Die meisten Betriebssysteme sind so organisiert, dass sie die Ausführung eines Threads nach einigen Millisekunden unterbrechen, selbst wenn dieser noch nicht beendet wurde. So können sie einen anderen Thread ausführen. Aufgrund der schnellen Rechenzeiten entsteht dadurch der Eindruck einer parallelen Bearbeitung. Manche ältere Systeme unterbrechen die Threads jedoch nicht zwangsläufig. In diesen Fällen kommt der nächste Thread erst an die Reihe, wenn der vorherige komplett beendet ist.

Wenn ein Thread unterbrochen wurde, dann wählt das Betriebssystem einen anderen Thread aus, mit dem es weitermacht. Die Auswahl findet dabei zufällig statt – vorausgesetzt der Programmierer macht dazu keine weiteren Angaben. Das führt dazu, dass es nicht vorhersehbar ist, welcher Thread als erstes beendet wird und welcher als letztes.

Um dies zu zeigen, soll ein Programm entstehen, das drei verschiedene Threads erzeugt. Jeder dieser Threads soll einige ineinander geschachtelte Schleifen mit einer sehr hohen Anzahl an Durchläufen erzeugen, um den Prozessor für einige Zeit zu beschäftigen (Selbstverständlich handelt es sich auch hierbei nur um Sekundenbruchteile). Wenn ein Thread beendet wird, soll er seine Nummer ausgeben. Daran kann man später die Reihenfolge ablesen:

```
class BspThread1 extends Thread {

      public void run(){
            int x=0;
            for (int i = 0; i < 100000000; i++){
                  for (int j = 0; j < 100000000; j++){
                        x = j;
                  }
            }
            System.out.println("Thread 1");
      }
}
```

```
class BspThread2 extends Thread {

      public void run(){
            int x=0;
            for (int i = 0; i < 900000000; i++){
                  for (int j = 0; j < 900000000; j++){
                         x = j;
                  }
            }
            System.out.println("Thread 2");
      }
}

class BspThread3 extends Thread {

      public void run(){
            int x=0;
            for (int i = 0; i < 500000000; i++){
                  for (int j = 0; j < 500000000; j++){
                         x = j;
                  }
            }
            System.out.println("Thread 3");
      }
}

public class TestThread5{

      public static void main (String[] args){
            BspThread1 bspThread1;
            bspThread1 = new BspThread1();
            BspThread2 bspThread2;
            bspThread2 = new BspThread2();
            BspThread3 bspThread3;
            bspThread3 = new BspThread3();
            bspThread1.start();
            bspThread2.start();
            bspThread3.start();
      }
}
```

Wenn man dieses Programm nun mehrere Male hintereinander ausführt, erkennt man, dass die Reihenfolge dabei vollkommen zufällig ist. Nicht einmal die Anzahl der Durchläufe der Schleifen hat eine Auswirkung darauf, welcher Thread als erstes beendet wird.

Screenshot 68 Die Reihenfolge der Ausführung hängt vom Zufall ab.

14.4 Priorität eines Threads festlegen

Der vorherige Abschnitt hat gezeigt, dass die Reihenfolge bei der Ausführung mehrerer Threads zufällig ist. Das kann in manchen Fällen den Ablauf eines Programms jedoch beeinträchtigen – beispielsweise wenn ein bestimmtes Ergebnis für eine weitere Programmfunktion benötigt wird.

Dieses Problem lässt sich jedoch vermeiden, indem man den einzelnen Threads Prioritäten zuweist. Wenn ein Thread die CPU beansprucht, unterbricht ihn das Betriebssystem automatisch, sobald ein Thread mit einer höheren Priorität eintrifft. Im Beispiel aus Abschnitt 1 wäre es daher sinnvoll, dem Thread für die Nutzereingabe eine höhere Priorität zu geben als dem Thread, der eine hohe Rechenleistung benötigt.

Durch die Vergabe von Prioritäten lässt sich festlegen, welche Aufgaben das Programm zuerst verrichten soll. Wenn es mehrere rechenintensive Aufgaben erledigen muss, dann kann es lange dauern, bis alle Ergebnisse vorliegen. Häufig ist dabei jedoch ein bestimmtes Resultat besonders wichtig. In diesem Fall ist es sinnvoll, dem entsprechenden Thread eine höhere Priorität zuzuweisen, damit er bevorzugt abgearbeitet wird. Wenn mehrere Threads in der Warteschleife stehen, dann übergibt das Betriebssystem normalerweise den Thread mit der höchsten Priorität an die CPU.

Die Priorität eines Threads wird durch eine Zahl zwischen 1 und 10 festgelegt. Wenn man keinen Wert eingibt, dann liegt sie automatisch bei 5. Um die Priorität zu ändern, kommt die `setPriority()`-Methode zum Einsatz. In der Klammer muss dabei stets die gewünschte Priorität stehen. Die `get-Priority()`-Methode dient dazu, die Priorität abzufragen.

Um zu überprüfen, wie diese Prioritäten wirken, soll das Programm aus dem vorherigen Abschnitt erweitert werden. Zwischen der Erstellung und dem Start der einzelnen Threads, soll ihnen eine Priorität zugewiesen werden: 1 für den ersten Thread, 9 für den zweiten und 6 für den dritten Thread:

```
class BspThread1 extends Thread {
	public void run(){
		int x=0;
		for (int i = 0; i < 100000000; i++){
			for (int j = 0; j < 100000000; j++){
				x = j;
			}
		}
		System.out.println("Thread 1");
	}
}

class BspThread2 extends Thread {

	public void run(){
		int x=0;
		for (int i = 0; i < 900000000; i++){
			for (int j = 0; j < 900000000; j++){
				x = j;
			}
		}
		System.out.println("Thread 2");
	}
}
```

```
class BspThread3 extends Thread {

      public void run(){
            int x=0;
            for (int i = 0; i < 500000000; i++){
                  for (int j = 0; j < 500000000; j++){
                              x = j;
                  }
            }
            System.out.println("Thread 3");
      }
}

public class TestThread5{

      public static void main (String[] args){
            BspThread1 bspThread1;
            bspThread1 = new BspThread1();
            BspThread2 bspThread2;
            bspThread2 = new BspThread2();
            BspThread3 bspThread3;
            bspThread3 = new BspThread3();
            bspThread1.setPriority(1);
            bspThread2.setPriority(9);
            bspThread3.setPriority(6);
            bspThread1.start();
            bspThread2.start();
            bspThread3.start();
      }
}
```

Wenn man dieses Programm jetzt ausführt, sollte in der Regel der zweite Thread zuerst beendet werden, danach der dritte und erst zum Schluss der erste. Der folgende Screenshot zeigt einige Testläufe:

Eingabeaufforderung

```
C:\Users\PC\Documents\java\multithreading>java TestThread5
Thread 2
Thread 3
Thread 1

C:\Users\PC\Documents\java\multithreading>java TestThread5
Thread 2
Thread 1
Thread 3

C:\Users\PC\Documents\java\multithreading>java TestThread5
Thread 2
Thread 3
Thread 1

C:\Users\PC\Documents\java\multithreading>java TestThread5
Thread 2
Thread 3
Thread 1

C:\Users\PC\Documents\java\multithreading>java TestThread5
Thread 2
Thread 1
Thread 3

C:\Users\PC\Documents\java\multithreading>
```

Screenshot 69 Die Reihenfolge mit Festlegung der Prioritäten

Das Ergebnis dieses Tests zeigt, dass nun in den meisten Fällen das erwartete Ergebnis eintritt. Allerdings kann es trotz der Festlegung der Prioritäten zu einigen Abweichungen kommen. Das bedeutet, dass man sich bei der Gestaltung des Programms nicht darauf verlassen sollte, dass der Thread mit der höchsten Priorität auch immer als erstes beendet wird.

14.5 Probleme beim Zugriff auf gemeinsam verwendete Variablen

Bei der Erstellung mehrerer Threads können insbesondere dann Probleme auftreten, wenn die einzelnen Threads auf die gleichen Variablen zugreifen. Wenn sie diese verändern, kann es zu unterschiedlichen Ergebnissen kommen – je nachdem, in welcher Reihenfolge die Berechnungen durchgeführt werden. Um dieses Problem aufzuzeigen, soll ein Programm erstellt werden, das das Sortiment eines Händlers verwaltet. Um dieses so einfach wie möglich zu halten, soll es nur aus drei Produkten bestehen, die in einem Array abgespeichert werden. Die Artikelnummer entspricht dabei der Indexnummer. Im Array steht die Anzahl der vorhandenen Produkte. Für dieses Programm soll zunächst die Klasse Produkte entstehen. Diese enthält das Array und zwei Methoden. Die erste davon dient dazu, eine bestimmte Stückzahl eines Artikels zu verkaufen. Die zweite gibt das gesamte Sortiment aus. Die Methode `verkaufen()` muss die entsprechende Stückzahl aus dem Sortiment entfernen. Dazu führt sie drei Rechenschritte durch. Zunächst erhält die Variable `neuerBestand` den aktuellen Wert, der im Array für das Produkt gespeichert ist. Danach zieht das Programm die verkaufte Stückzahl ab und anschließend speichert es den Wert wieder im Array.

Zu Interferenzen kann es kommen, wenn genau zwischen diesen Schritten der Thread unterbrochen und ein anderer ausgeführt wird. Das ist in der Praxis zwar möglich, aber recht unwahrscheinlich. Das macht dieses Problem besonders gefährlich, da es bei den Testläufen in der Regel nicht auffällt. Wenn es jedoch einmal auftreten sollte, kann es schwerwiegende Folgen haben. Um die Wahrscheinlichkeit zu erhöhen, soll der Thread zwischen der Ausführung dieser Befehle in den schlafenden Zustand versetzt werden. Die Dauer soll von einer Zufallszahl abhängen, die mit dem Befehl `Math.random()` erzeugt wird:

```
class Produkte {
	int[] produkte= {15,20,22};

	public void verkauf (int artnr, int anzahl){

		int neuerBestand = produkte[artnr];
		neuerBestand -= anzahl;
		try {
			Thread.sleep((int)Math.random()*2000);
		}
		catch(InterruptedException ausnahme) {
		}
```

```
            produkte[artnr] = neuerBestand;
      }

      public void sortiment(){
            System.out.println("Sortiment nach der Transaktion:");
            for (int i = 0; i < 3; i++){
            System.out.println("Produkt "+i+": "+produkte[i]);
            }
      }
}
```

In diesem Beispielunternehmen gibt es drei Mitarbeiter, die Verkäufe durchführen können. Hierfür wird eine weitere Klasse mit der Bezeichnung `Mitarbeiter` eingeführt. Um die Verkäufe parallel abzuwickeln, soll jeder Mitarbeiter einen eigenen Thread erhalten. Deshalb ist sie von der Klasse `Thread` abgeleitet. In diesem Beispiel dient die Klasse nur für einen einzelnen Verkauf. Daher enthält sie direkt die Daten zu dieser Transaktion: die Artikelnummer und die Stückzahl. Außerdem muss sie die Liste mit den Produkten erhalten, um die Bestände anzupassen. Der Konstruktor der Klasse nimmt die entsprechenden Werte auf und speichert sie ab. Die `run()`-Methode soll die `verkaufen()`-Methode der Klasse `Produkte` aufrufen und danach das Sortiment ausgeben:

```
class Mitarbeiter extends Thread{
      Produkte pr;
      int artnr, anzahl;

public Mitarbeiter (Produkte pr, int artnr, int anzahl){
            this.pr = pr;
            this.artnr = artnr;
            this.anzahl = anzahl;
      }

      public void run(){
            pr.verkauf(artnr, anzahl);
            pr.sortiment();
      }
}
```

Schließlich ist es notwendig, das Hauptprogramm zu gestalten. Dieses deklariert drei Objekte der Klasse `Mitarbeiter`, um die drei Angestellten zu symbolisieren. Außerdem erzeugt es ein Objekt vom Typ `Sortiment`, um die aktuellen Lagerbestände zu erfassen. Danach folgt die Instanziierung der `Mitarbeiter`. Der erste von ihnen soll drei Artikel von Produkt 0 verkaufen, der zweite vier Artikel von Produkt 1 und der dritte fünf Artikel von Produkt 0. Danach werden die einzelnen Threads gestartet:

```
public class Verkauf{
	public static void main(String[] args){
		Mitarbeiter M1,M2,M3;
		Produkte p = new Produkte();
		M1 = new Mitarbeiter (p,0,3);
		M2 = new Mitarbeiter (p,1,4);
		M3 = new Mitarbeiter (p,0,5);

		M1.start();
		M2.start();
		M3.start();
	}
}
```

Wenn man dieses Programm betrachtet, dann sollte zunächst Mitarbeiter `M1` drei Artikel von Produkt 0 verkaufen. Da davon ursprünglich 15 Artikel vorhanden waren, bleiben noch 12 Artikel übrig. Danach verkauft Mitarbeiter `M2` drei Artikel von Produkt 1. Bei einem Ausgangswert von 20 bleiben noch 16 Artikel übrig. Danach verkauft Mitarbeiter `M3` fünf weitere Artikel von Produkt 0. Demnach sollten 7 Artikel im Lagerbestand übrig bleiben. Produkt 2 wird hingegen nicht verkauft, sodass der Bestand bei 22 bleiben sollte. Nach jeder einzelnen dieser Transaktionen sollte der aktuelle Bestand ausgegeben werden. Wenn man das Programm nun ausführt, erhält man jedoch ein ganz anderes Ergebnis:

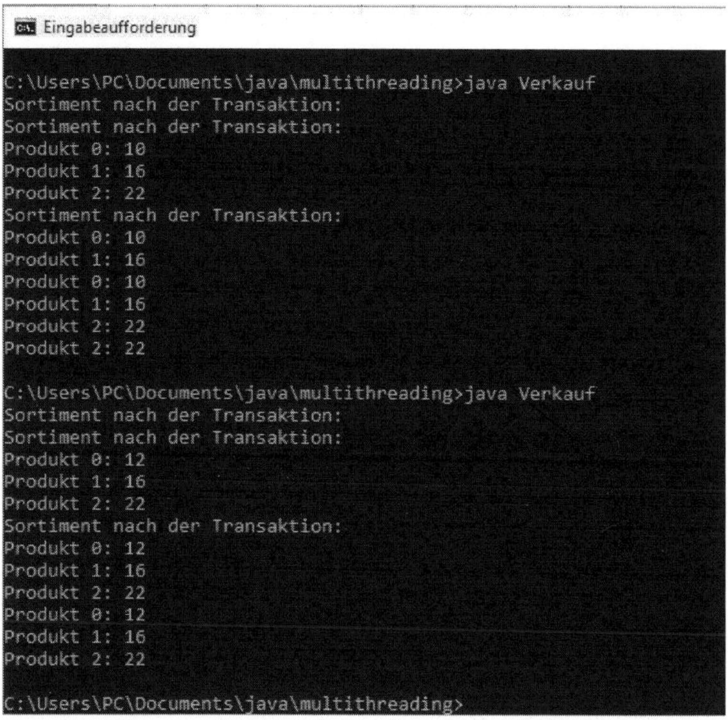

Screenshot 70 Die Ergebnisse sind vom Zufall abhängig.

Der Screenshot zeigt zwei Ausführungen des Programms. Die Ergebnisse sind dabei unterschiedlich. Keines von ihnen entspricht den Erwartungen. Nicht nur die Werte weichen ab, sondern auch die Reihenfolge der Ausgabe der einzelnen Teilergebnisse.

14

Daran wird deutlich, dass es bei der Verwendung von Threads sehr wichtig ist, Interferenzen bei gemeinsam verwendeten Variablen zu vermeiden. Die Techniken, die hierfür zum Einsatz kommen, werden im folgenden Abschnitt vorgestellt.

14.6 Interferenzen bei der Ausführung vermeiden

Um diese Probleme bei der Ausführung zu vermeiden, ist es sinnvoll, sogenannte Monitore zu verwenden. Diese sorgen dafür, dass während ein bestimmter Bereich ausgeführt wird, kein anderer Thread darauf zugreifen kann. Um einen Monitor einzufügen, ist es notwendig, die entsprechende Methode mit dem Schlüsselbegriff `synchronized` auszuzeichnen.

Dabei ist es sinnvoll, den Monitor stets auf der untersten Ebene einzufügen. Im Beispiel aus dem vorherigen Abschnitt wären das die Methoden `verkauf()` und `sortiment()` aus der Klasse `Produkte`. Es wäre zwar möglich, bereits in der Klasse `Mitarbeiter` die entsprechenden Monitore einzufügen, doch würde das eine parallele Bearbeitung der Threads immer weiter einschränken. Dadurch gehen die Vorteile dieser Technik verloren. Um die entsprechenden Bereiche zu schützen, muss die Klasse `Produkte` wie folgt aussehen:

```
class Produkte {
     int[] produkte= {15,20,22};

public synchronized void verkauf (int artnr, int anzahl){

          int neuerBestand = produkte[artnr];
          neuerBestand -= anzahl;
          try {
               Thread.sleep((int)Math.random()*2000);
          }
          catch(InterruptedException ausnahme) {
          }
          produkte[artnr] = neuerBestand;
     }

     public synchronized void sortiment(){
          System.out.println("Sortiment nach der Transaktion:");
          for (int i = 0; i < 3; i++){
          System.out.println("Produkt "+i+": "+produkte[i]);
          }
     }
}
```

Die übrigen Programmbestandteile bleiben unverändert. Wenn man das Programm nun ausführt, kommt es zum gewünschten Ergebnis:

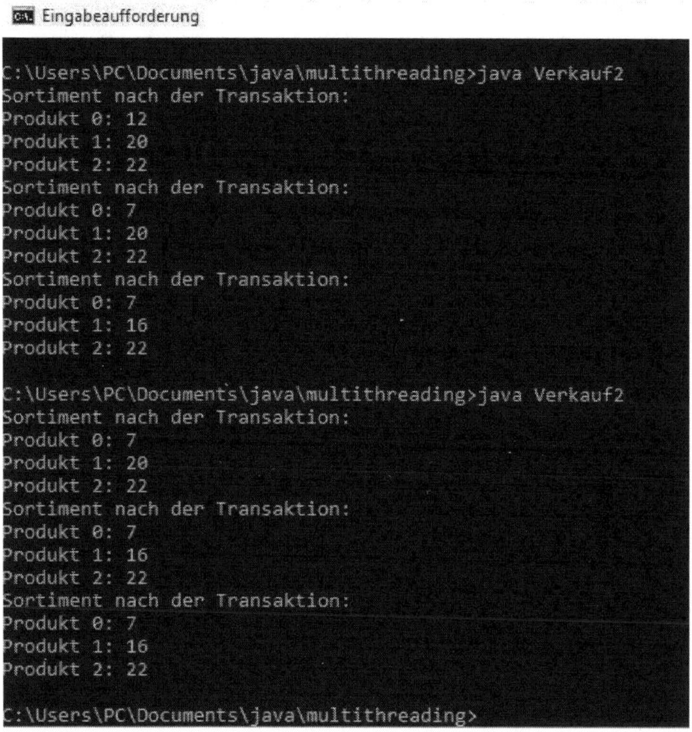

Screenshot 71 Die Verwendung von Monitoren.

Der Screenshot zeigt, dass es nach wie vor zu Unterschieden bei der Ausgabe kommen kann. Das liegt daran, dass die `run()`-Methode der Klasse `Mitarbeiter` nicht synchronisiert wurde. Daher ist es nicht gewährleistet, dass die Ausgabe des Ergebnisses direkt erfolgt, nachdem die Berechnung durchgeführt wurde. Aus diesem Grund ist es möglich, dass zum Zeitpunkt der Ausgabe weitere Threads ihre Berechnung bereits ausgeführt haben. Dennoch ist durch die Monitore sichergestellt, dass das Endergebnis stets das gleiche ist.

14.7 Übungsaufgabe: Threads selbst erstellen

1. Erstellen Sie ein Programm, das zwei Threads erzeugt. Der erste von ihnen soll ein einfaches Rechenprogramm enthalten,

das zwei Zahlen, die der Anwender eingibt, addiert. Dieses soll in einer Schleife stehen und nach jeder Berechnung den Anwender fragen, ob er eine weitere Berechnung durchführen will. Der zweite Thread soll im Hintergrund ablaufen und 10 Sekunden schlafen. Nachdem er wieder aufgewacht ist, soll er eine kurze Meldung ausgeben. Geben Sie den Threads Prioritäten, damit der Thread mit dem Rechenprogramm immer bevorzugt behandelt wird.

2. Erstellen Sie zunächst eine Klasse, die ein Array enthält, in dem Sie die Preise vier verschiedener Produkte abspeichern. Außerdem soll die Methode `preisAendern()` enthalten sein. Diese benötigt als Übergabewerte zum einen die Produktnummer (die dem Index im Array entspricht) und zum anderen den Wert, um den der Preis erhöht oder gesenkt werden soll. Die Methode `eingabe()` soll den Anwender dazu auffordern, die Artikelnummer und den Differenzbetrag einzugeben. Als Rückgabewert soll sie ein Array aus zwei `Integer`-Variablen übermitteln. Darüber hinaus soll eine Methode entstehen, um alle Preise auszugeben.

Gestalten Sie daraufhin eine Klasse, die einen `Thread` erzeugt. Wenn dieser ausgeführt wird, soll er zunächst die Methode `eingabe()` aufrufen. Danach folgt der Aufruf der Methode `preisAendern()` – mit den Werten, die die Methode `eingabe()` zurückgegeben hat.

Das Hauptprogramm soll schließlich zwei Instanzen dieses Threads aufrufen, damit zwei verschiedene Mitarbeiter die Preise parallel ändern können. Überlegen Sie sich, an welchen Stellen des Programms es notwendig ist, Monitore einzufügen.

Lösungen:

1.

```
import java.io.*;

class Berechnung extends Thread {

      public void run(){
            int weiter = 1;
            while (weiter == 1){
                  try {
                        InputStreamReader isr = new
                        InputStreamReader(System.in);
                        BufferedReader br = new
                        BufferedReader(isr);
                        System.out.print("Geben Sie den ersten
                        Wert ein:");
                        String eingabe1 = br.readLine();
                        int zahl1 = Integer.parseInt(eingabe1);
                        System.out.print("Geben Sie den zweiten
                        Wert ein:");
                        String eingabe2 = br.readLine();
                        int zahl2 = Integer.parseInt(eingabe2);
                        System.out.println("Ergebnis
                        "+(zahl1+zahl2));
                        System.out.print
                        ("Weitere Berechnung durchführen (ja: 1/
                        nein: 0)?");
                        String eingabe3 = br.readLine();
                        weiter =
                        Integer.parseInt(eingabe3);

                  }
                  catch (IOException e){
            System.out.print("Eingabe nicht möglich.");
                  }
            }

      }
}

class Schlafen extends Thread {

      public void run(){
            try {
                  Thread.sleep(10000);
            }
```

```
            catch(InterruptedException ausnahme) {
            }
            System.out.println("Thread 2 abgeschlossen.");
        }
}


public class Aufgabe1{

        public static void main (String[] args){
            Berechnung berechnung;
            berechnung = new Berechnung();
            Schlafen schlafen;
            schlafen = new Schlafen();
            berechnung.setPriority(10);
            schlafen.setPriority(1);
            berechnung.start();
            schlafen.start();
        }
}
```

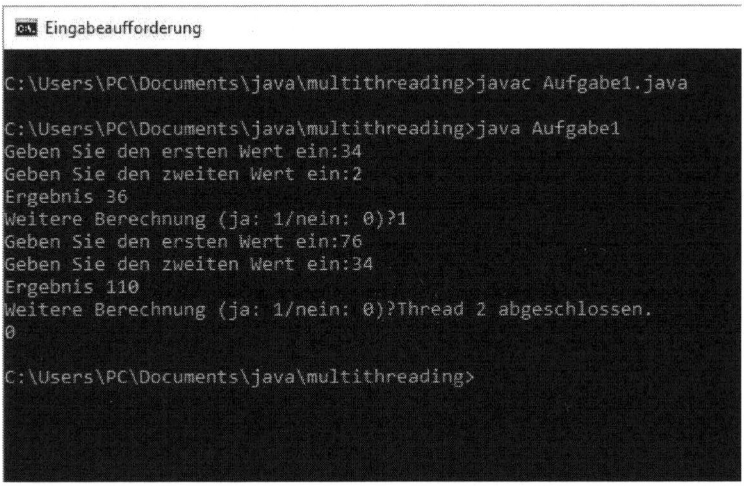

Screenshot 72 Der erste Thread ermöglicht Eingaben durch den

Anwender und führt Berechnungen durch. Sobald der zweite `Thread` abgeschlossen ist, gibt er seine Nachricht aus, auch wenn diese zwischen den Eingabeaufforderungen des ersten Threads steht.

2.

```
import java.io.*;

class Preisliste {
    int[] preise= {4,12,45,52};

    public synchronized void preisAendern (int artnr, int betrag){

        int neuerPreis = preise[artnr];
        neuerPreis += betrag;
        preise[artnr] = neuerPreis;
        System.out.println("Sortiment nach der Transaktion:");
        this.preislisteAusgeben();
    }

    public synchronized int[] eingabe (){

        int artnr = -1;
        int betrag = 0;
        try {
            InputStreamReader isr = new
            InputStreamReader(System.in);
            BufferedReader br = new BufferedReader(isr);
            System.out.print("Geben Sie die Artikelnummer
            ein:");
            String eingabe1 = br.readLine();
            artnr = Integer.parseInt(eingabe1);
            System.out.print("Geben Sie den Differenzbetrag
            ein:");
            String eingabe2 = br.readLine();
            betrag = Integer.parseInt(eingabe2);

        }
        catch (IOException e){
            System.out.print("Eingabe nicht möglich.");
        }
        int[] rueckgabe = {artnr, betrag};
        return rueckgabe;

    }

    public void preislisteAusgeben(){
        for (int i = 0; i < 4; i++){
            System.out.println("Preis "+i+": "+preise[i]);
        }
    }
}
```

```
class Mitarbeiter extends Thread{
    Preisliste pr;
    int artnr, anzahl;

    public Mitarbeiter (Preisliste pr){
        this.pr = pr;
    }

    public void run(){
        int[] werte = pr.eingabe();
        pr.preisAendern(werte[0], werte[1]);

    }
}

public class Aufgabe2{
    public static void main(String[] args){
        Mitarbeiter M1,M2;
        Preisliste p = new Preisliste();

        M1 = new Mitarbeiter (p);
        M2 = new Mitarbeiter (p);

        M1.start();
        M2.start();
    }
}
```

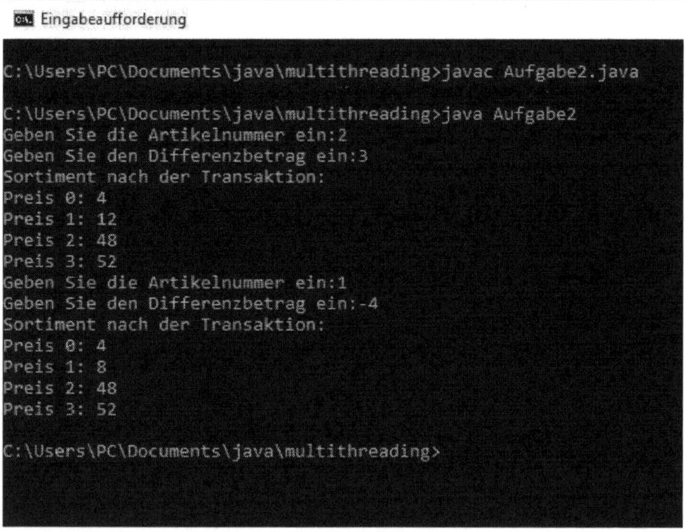

Screenshot 73 Der Ablauf des Programms

Anmerkung: In diesem Programm ist es sinnvoll, Monitore für die Methoden `preisAendern()` und `eingabe()` einzufügen. Wenn es zu einem Threadwechsel während der Ausführung der Methode `preisAendern()` kommt, kann das das Ergebnis verfälschen. Bei einem Threadwechsel während der Methode `eingabe()` bleibt das Ergebnis zwar das gleiche, allerdings werden dabei die verschiedenen Eingabeaufforderungen durcheinander gemischt. Das macht das Programm so unübersichtlich, das Eingabefehler durch den Anwender wahrscheinlich sind.

Alle Programmcodes aus diesem Buch sind als PDF zum Download verfügbar. Dadurch müssen Sie sie nicht abtippen:
https://bmu-verlag.de/java-programmieren

Außerdem erhalten Sie die eBook Ausgabe zum Buch im PDF Format kostenlos auf unserer Website:

https://bmu-verlag.de/java-programmieren
Downloadcode: siehe Kapitel 15

14.8 Ein kleines Anwendungsbeispiel für Multithreading

Zum Abschluss des Kapitels zum Multithreading soll ein kleines Anwendungsbeispiel stehen. Das Programm soll den Zugang zu einem Lagerhaus regeln. Dieses verfügt über fünf Rampen. Normalerweise besteht jedoch ein großer Andrang, sodass die Lkws eine Weile warten müssen. Das Programm soll daher den Zugang regeln.

Wen ein neuer Lkw eintrifft, soll das Programm dafür einen neuen Thread erstellen. Ist eine Rampe frei, wird der Thread sofort abgearbeitet. Ist kein freier Platz verfügbar, bleibt der Lkw in der Warteschleife. Der Thread soll dann immer wieder schlafen – so lange, bis ein Platz frei ist.

Außerdem soll es möglich sein, einen Stellplatz wieder freizugeben, wenn ein Lkw das Lager wieder verlässt.

Um mit dieser Aufgabe zu beginnen, soll zunächst das Hauptprogramm geschrieben werden. Dieses wird Objekte erzeugen und deren Methoden aufrufen, die zunächst nicht definiert sind. Deshalb ist es zu Beginn noch nicht lauffähig. Die Klassen, die hierfür notwendig sind, werden dann in den weiteren Schritten definiert.

Das Hauptprogramm soll zunächst ein Objekt der Klasse `Rampe` erzeugen. Dieses soll die Belegung der Stellplätze enthalten. Danach wird eine Liste erstellt. Diese Datenstruktur wurde bisher in diesem Buch noch nicht verwendet, sodass an dieser Stelle eine kurze Erklärung notwendig ist. Die Zahl der Lkws, die das Programm aufnehmen soll, ist zu Beginn nicht bekannt. Wenn ein neuer Lkw eintrifft, benötigt dieser jedoch eine eindeutige Bezeichnung. Individuelle Variablennamen zu vergeben, ist dabei nicht möglich, da nicht bekannt ist, wie viele Namen man dafür reservieren müsste. Ein Array kommt ebenfalls nicht infrage, da man hierfür dessen Länge kennen müsste. Eine Liste kann hingegen eine variable Länge haben. Daher ist es ganz einfach möglich, einen neuen Lkw hinten an die Liste anzuhängen. Um eine Liste aus Objekten des Typs Lkw mit dem Namen `warteschlange` zu erzeugen, ist folgender Befehl notwendig:

```
ArrayList<Lkw> warteschlange = new ArrayList<>();
```

Um eine Array-List zu verwenden, muss die entsprechende Bibliothek mit folgendem Befehl importiert werden:

```
import java.util.ArrayList;
```

Danach wird eine `Integer`-Variable mit dem Namen `auswahl` deklariert Diese dient zur Steuerung der folgenden `do-while`-Schleife. In dieser wird zunächst die Methode `abfrageAktion()` aufgerufen. Diese fragt den Anwender, welche Aktion er durchführen will. Es ist sinnvoll, diese Aktion in eine eigene Methode auszulagern, um sie zu synchronisieren. Das stellt sicher, dass dieser Block ohne Unterbrechung ausgeführt wird. Sie gibt die Nummer der Aktion zurück, die der Anwender ausführen will.

Wenn der Anwender den Wert 1 eingegeben hat, dann soll ein weiterer Lkw in die Warteschlange eingefügt werden. Das bedeutet, dass das Programm ein neues Objekt vom Typ `Lkw` erzeugen und dieses dann in die Liste `warteschlange` einfügen muss. Hierfür kommt der `add`-Befehl zum Einsatz. Danach gibt das Programm diesem `Thread` eine hohe Priorität, damit er bevorzugt ausgeführt wird und ruft anschließend die `start`-Methode auf.

Wenn der Anwender den Wert 2 eingibt, will er eine Rampe freigeben. Daher ruft das Programm den Thread `Freigabe` auf und startet diesen. Wenn der Anwender den Wert 0 eingibt, bedeutet das, dass das Programm beendet werden soll. Daher gibt das Programm eine Verabschiedung aus. Wenn die Variable ausgabe den Wert 0 hat, wird die Schleife daraufhin beendet. Wenn der Anwender einen ganz anderen Wert eingibt, kommt eine kurze Meldung, dass dieser ungültig ist.

Anschließend soll der `Thread` eine Sekunde schlafen. Das dient dazu, dass zunächst ein anderer `Thread` ausgeführt wird. Ohne diese kurze Pause erscheint in der Regel sofort wieder die Abfrage, welche Aktion ausgeführt werden soll, noch bevor das Programm die anderen Threads ausführt.

Das Hauptprogramm sieht daher wie folgt aus:

```
public class Rampen{
     public static void main(String[] args){
          Rampe r = new Rampe();
          ArrayList<Lkw> warteschlange = new
          ArrayList<>();
          int auswahl;
          do {

               auswahl = r.abfrageAktion();

               if (auswahl == 1){
                    warteschlange.add (new Lkw(r));
                    warteschlange.get
                    (warteschlange.size() -
                    1).setPriority(10);
                    warteschlange.get
                    (warteschlange.size() -
               1).start();
               }
               else if (auswahl == 2){
                    Freigabe freigabe = new
                    Freigabe(r);
                    freigabe.start();
               }
               else if (auswahl == 0){
                    System.out.println("Auf Wiedersehen!");
               }
               else {
                    System.out.println("Ungültige Eingabe!");
               }
               try {
                    Thread.sleep(1000);
               }
               catch (InterruptedException e){
                    System.out.println("Thread wurde
                    unterbrochen.");
               }
          }while (auswahl != 0);
     }
}
```

Als Nächstes soll die Klasse `Lkw` erstellt werden. Diese erhält als Übergabe aus dem Hauptprogramm ein Objekt der Klasse `Rampe`, das der Konstruktor als Attribut in der Klasse abspeichert. Die `run()`-Methode ruft zunächst die Methode abfrageKennz() auf. Diese wird später erstellt und soll den Anwender dazu auffordern, das Kennzeichen des Fahrzeugs einzugeben und diese Wert dann zurückgeben. Danach wird die boolesche Variable erledigt deklariert und mit `false` initialisiert. Diese dient zur Kontrolle der folgenden `while`-Schleife, die zunächst die Methode `belegen()` aufruft. Wenn eine Rampe frei ist, soll diese Methode sie mit dem entsprechenden Lkw besetzen und den Wert `true` zurückgeben. Ist keine Rampe frei, gibt sie den Wert false zurück. Der entsprechende Rückgabewert wird in der Variable `erledigt` abgespeichert. Wenn die Aufgabe nicht erledigt wurde, soll der Thread 10 Sekunden schlafen, ehe er einen neuen Versuch unternimmt. Wenn die Variable erledigt hingegen auf `true` gesetzt wird, wird die Schleife beendet, womit auch die gesamte Klasse fertiggestellt ist:

```
class Lkw extends Thread{
      Rampe rampe;

      public Lkw (Rampe r){
            this.rampe = r;
      }

      public void run(){
            String kennzeichen = rampe.abfrageKennz();
            boolean erledigt = false;
            while (!erledigt){
                  erledigt = this.rampe.belegen(kennzeichen);
                  if (!erledigt) {
                        try {
                              Thread.sleep(10000);
                        }
                        catch (InterruptedException e){
                              System.out.println("Thread wurde
                              unterbrochen.");
                        }
                  }
            }
      }
}
```

Nun folgt der Thread für die Freigabe einer Rampe, der ausgeführt werden soll, wenn ein Lkw den Stellplatz wieder verlässt. Auch diese Klasse benötigt ein Objekt der Klasse `Rampe` als Übergabe, um Zugriff auf die belegten Plätze zu erhalten. Die `run()`-Methode ruft zunächst die Methode `abfrageStellpl()` auf. Diese fordert den Anwender dazu auf, einzugeben, welchen Stellplatz er freigeben will. Mit dieser Information ruft sie dann die Methode `freigabe()` auf:

```
class Freigabe extends Thread{
      Rampe rampe;

      public Freigabe (Rampe r){
            this.rampe = r;
      }
      public void run(){
            int stellplatz = rampe.abfrageStellpl();
            rampe.freigabe(stellplatz);
      }
}
```

Als Letztes muss noch die Klasse `Rampe` erstellt werden. Diese soll ein Array aus booleschen Variablen enthalten, der angibt, ob die entsprechenden Stellplätze frei sind. Darüber hinaus soll ein zweiter Array enthalten sein, der angibt, welches Kennzeichen der `Lkw` hat, der die entsprechende `Rampe` belegt. Darüber hinaus sind in der Klasse alle Methoden enthalten, die die übrigen Programmteilen aufrufen und die bislang noch nicht implementiert sind. Um die Übersichtlichkeit und die korrekte Verarbeitung der Werte sicherzustellen, ist es wichtig, dass diese Methoden nicht unterbrochen werden. Daher ist es notwendig, für jede einzelne von ihnen einen Monitor zu erstellen.

Die Methode `belegen()` initialisiert zunächst die Variable `Stellplatz` mit dem Wert 0. Das bedeutet, dass kein Stellplatz frei ist. Danach geht sie mit einer `for`-Schleife die Belegung der Rampen durch. Wenn sie hierbei einen freien Platz entdeckt, weist sie der Variablen `Stellplatz` den entsprechenden Wert zu und erhöht ihn um 1. Auf diese Weise entspricht der Stellplatz nicht den Indexnummern zwischen 0 und 4 sondern den im Alltag verwendeten Werten zwischen 1 und 5. Sobald ein Stellplatz gefunden wurde, ist es nicht notwendig, die Schleife weiterhin auszuführen. Daher folgt ein `break`-Befehl, der den Abbruch der Schleife bewirkt. Wenn nach dem Durchlauf der Schleife die Variable `stellplatz` einen Wert größer als 0 hat, bedeutet das, dass ein Platz frei ist. In diesem Fall belegt die Methode diesen, indem sie den Wert im Array mit den verfügbaren Rampen auf `false` setzt. Außerdem trägt sie das Kennzeichen an der entsprechenden Stelle ein und gibt den Wert `true` zurück, um zum Ausdruck zu bringen, dass die Aktion erfolgreich war. Ist der Wert der Variablen bei 0 geblieben, bedeutet das, dass kein Stellplatz frei ist. In diesem Fall gibt die Methode lediglich den Wert `false` zurück.

Die Methode `freigabe()` erhält den Stellplatz als Übergabewert, der freigegeben werden soll. Sie muss daher lediglich im Array die entsprechende Rampe auf true setzen und das Kennzeichen löschen. Der Index muss dabei um 1 niedriger sein als die Stellplatznummer.

Die Methode `abfrageAktion()` soll den Anwender fragen, welche Aktion er ausführen will und ihm dabei mehrere Optionen präsentieren. Daraufhin liest sie die Eingabe ein (Dafür ist es notwendig, ganz oben im Programm den `import`-Befehl `import java.io.*;` einzufügen). Der Rückgabewert entspricht der Nummer, die der Anwender eingegeben hat.

Die Methode `abfrageKennz()` fordert den Anwender dazu auf, das Kennzeichen des Lkws einzugeben. Sie liest den Wert ein und gibt ihn als Rückgabewert zurück.

Die Methode `AbfrageStellpl()` fragt den Anwender, welchen Stellplatz er freigeben will. Sie liest den Wert ein und gibt ihn per `return`-Befehl zurück. Damit ist die Klasse `Rampen` – und damit das gesamte Programm – fertiggestellt:

```
import java.io.*;
import java.util.ArrayList;
```

```
class Rampe {
      boolean[] rampen = {true,true,true,true,true};
      String[] belegung = {"","","","",""};

      public synchronized boolean belegen (String
      kennzeichen){

            int stellplatz = 0;
            for (int i = 0; i < 5; i++){
                  if (this.rampen[i] == true){
                        stellplatz = i+1;
                        break;
                  }
            }
            if (stellplatz > 0){
                  this.rampen[stellplatz-1] = false;
                  this.belegung[stellplatz-1] = kennzeichen;
                  System.out.println(kennzeichen+":
                  Stellplatz "+stellplatz);
                  return true;
            }
            else {
                  return false;
            }

      }

      public synchronized void freigabe (int stellplatz){

            this.rampen[stellplatz-1] = true;
            this.belegung[stellplatz-1] = "";
      }

      public synchronized int abfrageAktion(){
            int auswahl = -1;

            try {
                  InputStreamReader isr = new InputStreamReader
                  (System.in);
                  BufferedReader br = new BufferedReader(isr);
                  System.out.println("Auswahl Aktion:");
                  System.out.println("Neuer Lkw: 1");
                  System.out.println("Rampe freigeben: 2");
                  System.out.println("Programm beenden: 0");

                  String eingabe = br.readLine();
                  auswahl = Integer.parseInt(eingabe);
            }
            catch (IOException e){
                  System.out.print("Eingabe nicht möglich.");
```

```
        }
        return auswahl;
    }

    public synchronized String abfrageKennz(){
        String eingabe = "";

        try {
            InputStreamReader isr = new
            InputStreamReader(System.in);
            BufferedReader br = new BufferedReader(isr);
            System.out.print("Kennzeichen des Fahrzeugs: ");
            eingabe = br.readLine();
        }
        catch (IOException e){
            System.out.print("Eingabe nicht möglich.");
        }
        return eingabe;
    }

    public synchronized int abfrageStellpl(){
        int auswahl = -1;

        try {
            InputStreamReader isr = new InputStreamReader
            (System.in);
            BufferedReader br = new BufferedReader(isr);
            System.out.print("Welchen Stellplatz freigeben?
            ");
            String eingabe = br.readLine();
            auswahl = Integer.parseInt(eingabe);
        }
        catch (IOException e){
            System.out.print("Eingabe nicht möglich.");
        }
        return auswahl;
    }

}
```

Eingabeaufforderung

```
C:\Users\PC\Documents\java\multithreading>java Rampen
Auswahl Aktion:
Neuer Lkw: 1
Rampe freigeben: 2
Programm beenden: 0
1
Kennzeichen des Fahrzeugs: B-DI-233
Auswahl Aktion:
Neuer Lkw: 1
Rampe freigeben: 2
Programm beenden: 0
1
B-DI-233: Stellplatz 1
Kennzeichen des Fahrzeugs: S-XS-955
S-XS-955: Stellplatz 2
Auswahl Aktion:
Neuer Lkw: 1
Rampe freigeben: 2
Programm beenden: 0
2
Welchen Stellplatz freigeben? 1
Auswahl Aktion:
Neuer Lkw: 1
Rampe freigeben: 2
Programm beenden: 0
0
Auf Wiedersehen!

C:\Users\PC\Documents\java\multithreading>
```

Screenshot 74 Die verschiedenen Funktionen des Programms

Kapitel 15

Datenbanken: Programmdaten sicher abspeichern

In diesem Buch wurden bislang Dateien verwendet, um Informationen dauerhaft abzuspeichern. Diese Methode hat zwar gut funktioniert, doch bringt sie auch einige Probleme mit sich. Beispielsweise ermöglichen Dateien einen einfachen Zugriff auf die Daten, sodass es nicht empfehlenswert ist, sie für sensible Informationen, die geheim bleiben sollen, zu verwenden. Außerdem ist es hierbei sehr schwierig, die Inhalte parallel zu bearbeiten. Das macht das Erstellen von Programmen, die für mehrere Anwender bestimmt sind, sehr kompliziert. Schließlich sind bei der Verwendung von Dateien sehr viele Lese- und Schreibvorgänge notwendig. Das führt dazu, dass die Performance dieser Programme nicht sonderlich gut ist. Eine weitere Alternative besteht darin, Datenbanken zu verwenden. Hierfür sind zwar etwas umfangreichere Programmierkenntnisse notwendig, doch bringt diese Methode in allen genannten Bereichen große Vorteile mit sich.

15.1 Was ist eine Datenbank

Eine Datenbank ist ein System, das es erlaubt, Daten sicher und effizient zu verwalten. Sie besteht aus zwei Ebenen. Zum einen gibt es die Ebene des physischen Speichers. Hier speichert die Datenbank alle Werte, die der Anwender eingibt, ab. Darüber hinaus gibt es die Ebene des Datenbank-Managementsystems (DBMS). Diese stellt die Schnittstelle zwischen dem Anwender beziehungsweise dem Programm, das die Datenbank einbindet, und dem physischen Datenspeicher dar. Wenn der Anwender den Befehl gibt, einen Wert abzuspeichern, dann sorgt das DBMS dafür, dass er am richtigen Ort abgelegt wird. Wenn er einen Wert abrufen will, muss es den physischen Speicherplatz wiederfinden und den entsprechenden Wert zurückgeben.

Das DBMS hat noch vielfältige weitere Aufgaben. Beispielsweise muss es bestimmte Strukturen für die Verarbeitung der Daten bereithalten. Außerdem ist es dafür verantwortlich, die Zugriffsrechte zu überprüfen. In vielen Fällen verschlüsselt es auch die Daten, um die Sicherheit zu erhöhen.

Um mit dem DBMS zu kommunizieren, gibt es zwei Möglichkeiten. Zum einen stellt diese Software in der Regel eine grafische Benutzeroberfläche zur Verfügung, über die der Anwender seine Eingaben direkt vornehmen kann. Wenn man jedoch ein Programm gestalten will, das direkt auf die Datenbank zugreift, ist hierfür eine spezielle Datenbanksprache notwendig. Diese enthält alle Befehle, die für die Bearbeitung der Daten notwendig sind. Sie ist jedoch deutlich weniger umfangreich und leichter zu erlernen als eine Programmiersprache. Dennoch ist es notwendig, sich mit den entsprechenden Befehlen vertraut zu machen. Das ist der Grund dafür, weshalb die Verwendung von Datenbanken etwas komplizierter ist, als mit Dateien zu arbeiten.

Es gibt dabei mehrere verschiedene Datenbanksprachen. Das Datenbank-Managementsystem muss die verwendete Sprache unterstützen. Die am häufigsten verwendete Datenbanksprache trägt den Namen SQL. Diese soll in diesem Buch zum Einsatz kommen.

15.2 Java DB: Einfache Einbindung von Datenbanken unter Java

Java verfügt über eine Schnittstelle, die die Einbindung von Datenbanken ermöglicht. Diese trägt den Namen Java Database Connectivity (JDBC). Sie erlaubt es, mit vielen verschiedenen Datenbanken zu arbeiten – beispielsweise mit MySQL oder mit Oracle.

Um diese zu nutzen, ist es notwendig, zunächst das entsprechende DBMS auf dem Computer zu installieren. Es gibt jedoch noch eine weiter Alternative, die bereits auf dem Computer installiert sein sollte: Java DB.

Dieses DBMS ist in der IDE NetBeans integriert, die schon zu Beginn dieses Buchs installiert wurde. Daher ist für die Verwendung dieser Datenbank kein weiterer Aufwand notwendig. So ist es möglich, sofort mit dem Programmieren zu beginnen. Die Datenbanksprache und die verwendeten Befehle sind dabei jedoch weitestgehend identisch mit den übrigen genannten Datenbanken. Daher fällt der Umstieg leicht, falls dies zu einem späteren Zeitpunkt notwendig werden sollte.

Allerdings ist für die Verwendung von Datenbanken der GlassFish Server notwendig. Wenn dieser bereits bei der Erstinstallation von NetBeans integriert wurde, dann ist es möglich, gleich zum nächsten Abschnitt zu springen. Sollte man zu diesem Zeitpunkt eine Version ohne den GlassFish-Server gewählt haben, ist eine Neuinstallation sinnvoll. Die Software steht unter folgendem Link zum Download bereit:

https://netbeans.org/downloads/

Dabei ist es wichtig, eine Version auszuwählen, die den GlassFish-Server enthält. Dieser ist in der zweituntersten Zeile der Tabelle aufgeführt, die auf dieser Webseite zu sehen ist:

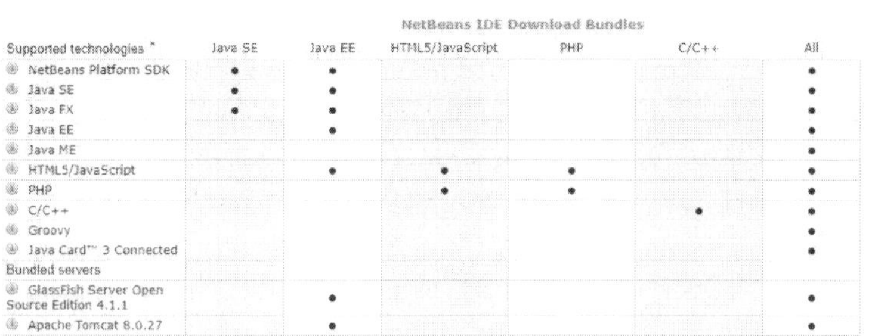

	NetBeans IDE Download Bundles					
Supported technologies *	Java SE	Java EE	HTML5/JavaScript	PHP	C/C++	All
NetBeans Platform SDK	•	•				•
Java SE	•	•				•
Java FX	•	•				•
Java EE		•				•
Java ME						•
HTML5/JavaScript		•	•	•		•
PHP			•	•		•
C/C++					•	•
Groovy						•
Java Card™ 3 Connected						•
Bundled servers						
GlassFish Server Open Source Edition 4.1.1		•				•
Apache Tomcat 8.0.27		•				•

Screenshot 75 verschiedenen Versionen von NetBeans

15.3 Eine Datenbank erzeugen und Tabellen, Spalten und Felder einfügen

Um mit der Arbeit mit Datenbanken zu beginnen, ist es zunächst notwendig, die IDE NetBeans zu öffnen. Es soll ein neues Java-Projekt mit dem Titel Datenbanken entstehen. Im linken oberen Fenster ist es dann erforderlich, auf den Reiter Services zu klicken.

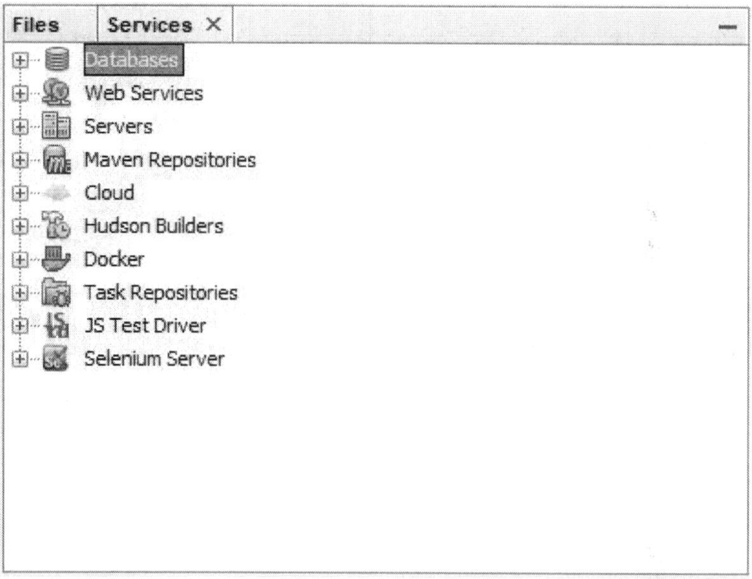

Screenshot 76 Die Oberfläche für die Erzeugung einer JavaDB-Datenbank

Ganz oben in der Liste, die daraufhin erscheint, befindet sich der Eintrag Databases. Ein Doppelklick darauf öffnet die untergeordneten Strukturen. Dabei erscheint der Eintrag Java DB. Dieser muss nun mit der rechten Maustaste angeklickt werden. Im Menü, das sich daraufhin öffnet, ist es notwendig, den Punkt "Start Server" auszuwählen.

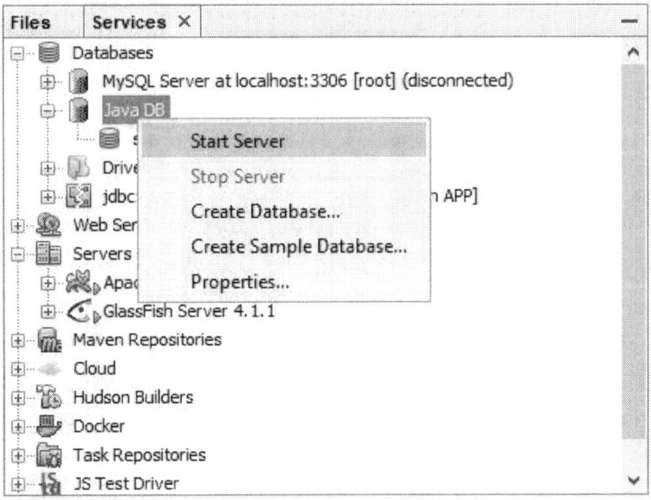

Screenshot 77 Den Server starten

Manchmal kann es vorkommen, dass dieser Punkt nur in grau erscheint und sich nicht anklicken lässt. In diesem Fall ist der Pfad zur Datenbank nicht korrekt. Dann ist es notwendig, im gleichen Menü unten auf den Eintrag “Properties” zu klicken. Hier ist es nun erforderlich, den richtigen Pfadnamen anzugeben. Dabei ist es wichtig, den Ordner javadb auszuwählen, der sich im Ordner befinden sollte, in dem der GlassFish-Server installiert wurde.

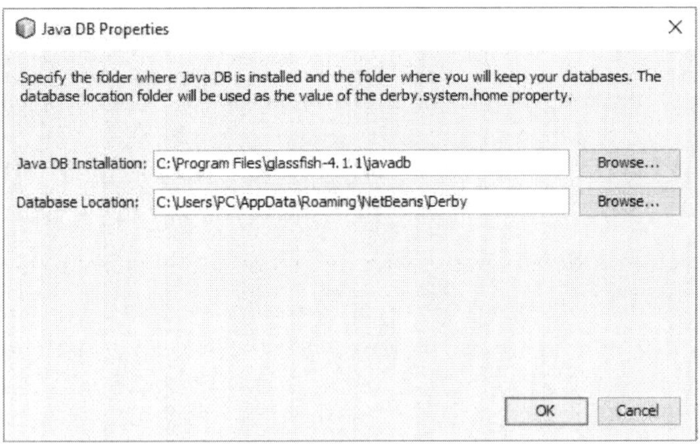

Screenshot 78 Den richtigen Pfad zur Datenbank angeben

Nach dieser Maßnahme sollte sich der Server starten lassen. Nun ist es möglich, im nächsten Schritt die erste Datenbank zu erzeugen. Dazu ist es nochmals notwendig, mit der rechten Maustaste auf JavaDB zu klicken. Nun soll jedoch der Befehl "Create Database" ausgewählt werden.

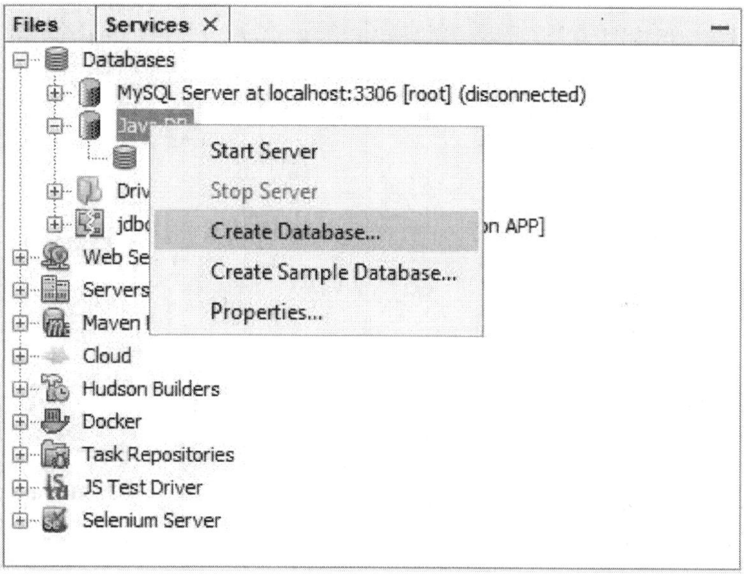

Screenshot 79 Die Erzeugung einer Datenbank

Nun öffnet sich ein Fenster, in dem man der Datenbank einen Namen geben muss. Die neue Datenbank soll "Produkte" heißen. Außerdem ist es notwendig, einen Nutzernamen und ein Passwort anzugeben. Da in diesem Beispielprogramm keine Sicherheitsvorkehrungen notwendig sind, soll der Nutzername mitarbeiter1 und das Passwort xyz lauten.

Danach ist die neue Datenbank bereits im linken oberen Fenster zu erkennen:

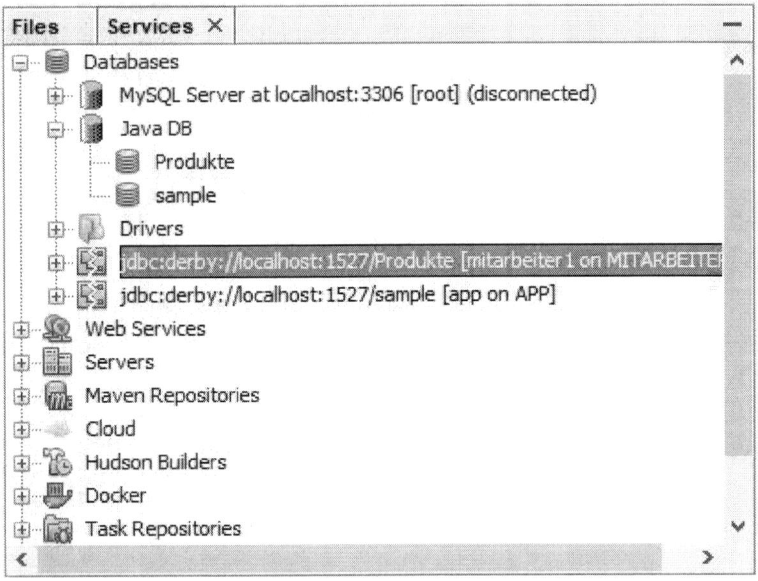

Screenshot 80 Die neue Datenbank erscheint nun im Services-Fenster.

Die Datenbanken in Java DB nutzen für die Grundordnung Tabellen. (Das ist bei den meisten gängigen Datenbank-Managementsystemen ebenfalls der Fall, doch gibt es auch einige andere Möglichkeiten für die Strukturierung.) Aus diesem Grund ist es notwendig, zunächst eine neue Tabelle zu erstellen. Dafür ist es erforderlich, auf das Pluszeichen neben der neuen Datenbank zu klicken. Danach erscheint der Benutzer "Mitarbeiter1". Auch hier ist es nochmals notwendig, auf das seitliche Pluszeichen zu klicken. Danach erscheint ein Ordner mit der Bezeichnung "Tables". Dieser muss mit der rechten Maustaste angeklickt werden. Anschließend muss der Menüpunkt "Create Table" ausgewählt werden.

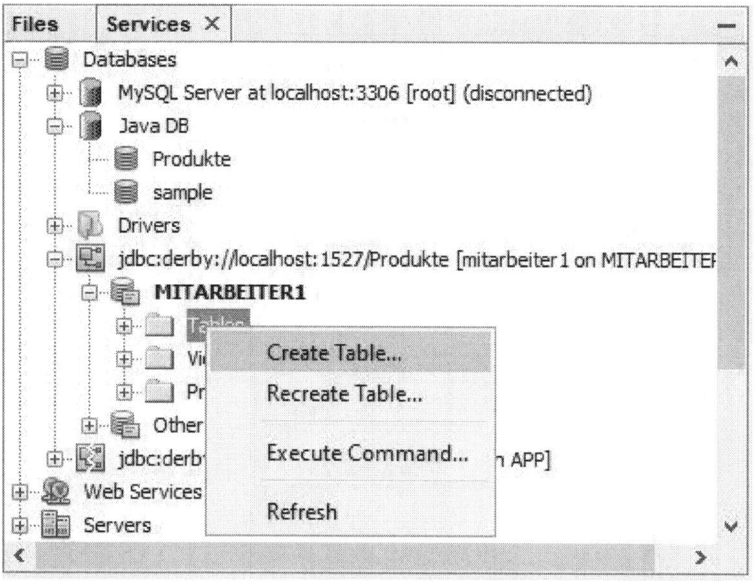

Screenshot 81 Eine neue Tabelle erstellen

Nun öffnet sich ein neues Fenster. Darin ist es zunächst notwendig, den Namen der neuen Tabelle anzugeben. Diese soll ebenfalls Produkte lauten:

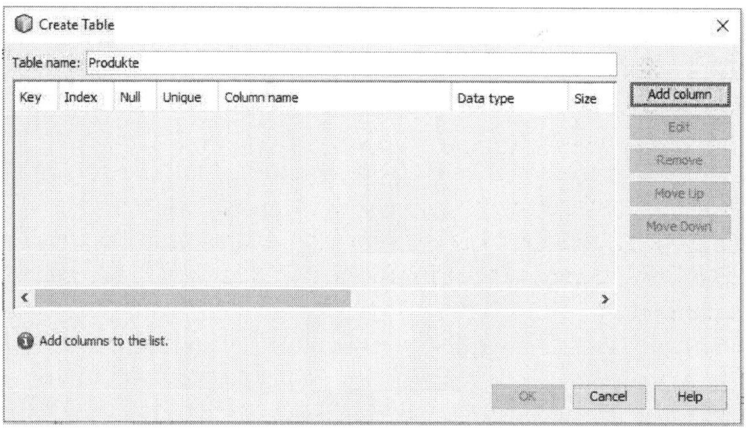

Screenshot 82 Das Fenster für die Gestaltung der Tabelle

Eine Tabelle besteht aus Zeilen und Spalten. In Java DB werden verschiedene Elemente – in diesem Fall die Produkte, die die Tabelle enthalten soll – in einer eigenen Zeile angeordnet. Die einzelnen Spalten nehmen daraufhin die spezifischen Eigenschaften auf. Daher geben sie die grundlegende Struktur der Tabelle vor. Um eine Spalte zu erzeugen, ist es nun notwendig, rechts oben auf "Add column" zu klicken. Daraufhin öffnet sich ein weiteres Fenster:

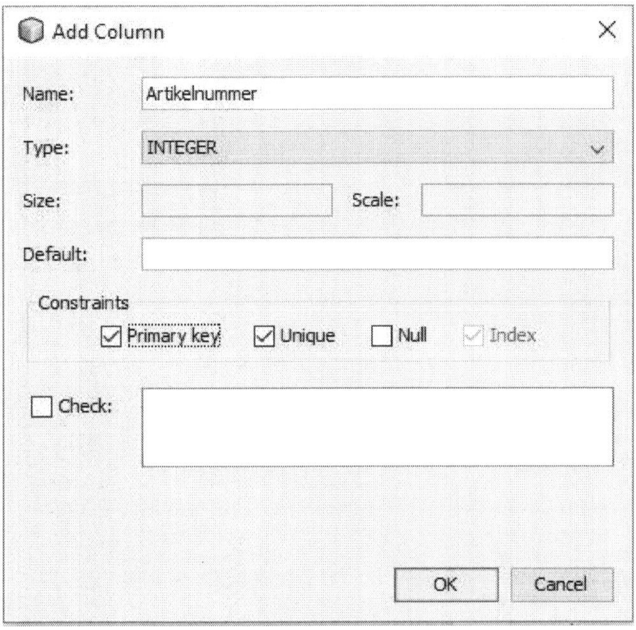

Screenshot 83 Die Erzeugung einer Spalte

Die erste Spalte soll den Namen Artikelnummer erhalten und aus einem `Integer`-Wert bestehen. Die Artikelnummer soll als Schlüssel für den Zugriff auf die Daten dienen. Dafür ist es notwendig, dass sie einmalig ist. Aus diesem Grund müssen die Felder "Primary key" und "Unique" angeklickt werden. Nach einem Klick auf OK ist die erste Spalte bereits erstellt.

Das Attribut Primary key bedeutet, dass es sich hierbei um den Primärschlüssel für den Zugang zu den einzelnen Feldern handelt. Um ein bestimmtes Feld abzurufen, ist es daher lediglich notwendig, den Schlüssel für die entsprechende Spalte sowie den Spaltennamen anzugeben. Dafür sind zwei Bedingungen notwendig. Zum einen dürfen die Felder in dieser Spalte nicht leer sein, da es sonst nicht möglich wäre, über den Schlüssel auf die übrigen Felder in dieser Zeile zuzugreifen. Zum anderen dürfen hierbei keine Werte doppelt vorkommen, da sonst keine eindeutige Zuordnung möglich wäre.

Nach dem gleichen Muster sollen weitere Spalten eingefügt werden. Die Produktbezeichnung muss vom Typ `VARCHAR` sein. Dieser Begriff steht in Datenbanken für Zeichenketten. Dabei ist es notwendig, im Feld size eine Maximallänge einzugeben. Diese soll bei 30 Buchstaben liegen. Danach folgt der Preis vom Typ `DECIMAL` und schließlich die Anzahl. Hierfür ist wieder ein `Integer`-Wert notwendig. Bei all diesen Spalten müssen die Felder mit "Primary key" und "Unique" nicht angeklickt werden. Danach sollt die Tabelle wie folgt aussehen:

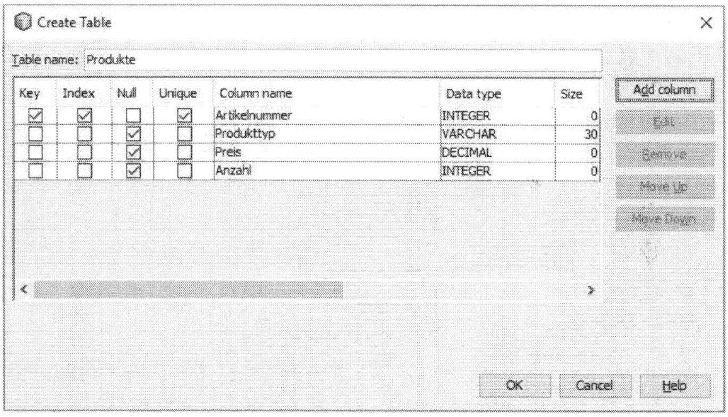

Screenshot 84 Die vier Spalten der Tabelle

Wenn man dieses Fenster nun mit OK bestätigt, ist die grundlegende Struktur der Tabelle festgelegt. Im nächsten Schritt soll die Tabelle mit Inhalten gefüllt werden. Dazu muss auf das Pluszeichen neben dem Ordner Tables geklickt werden. Daraufhin wird die neue Tabelle sichtbar. Nun ist es notwendig, sie mit der rechten Maustaste anzuklicken und daraufhin den Menüpunkt "View

Data" auszuwählen. Nun erscheint im zentralen Bearbeitungsfeld folgende Ansicht:

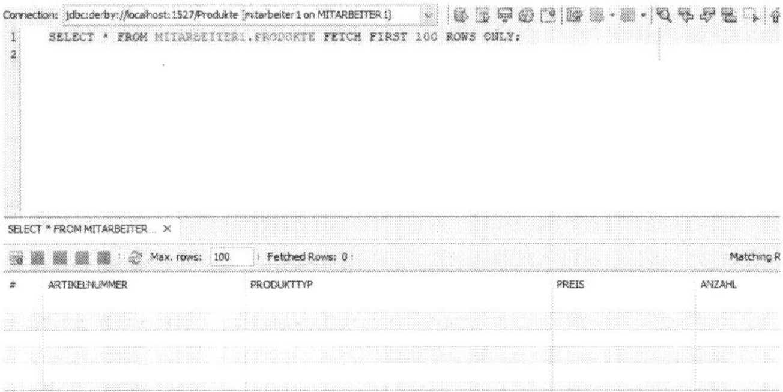

Screenshot 85 Hier werden die Inhalte eingetragen.

Ganz oben in diesem Fenster erscheint ein SQL-Befehl. Im nächsten Abschnitt wird erklärt, wie dieser zu verwenden ist. Bislang sollen die Einträge jedoch manuell vorgenommen werden. Dafür ist es notwendig, ganz links im Fenster auf das Tabellensymbol mit dem grünen Pluszeichen zu klicken. Daraufhin öffnet sich ein neues Fenster. Hier kann man ein neues Produkt hinzufügen:

Screenshot 86 Eine Zeile für ein Produkt einfügen

Wenn man weitere Produkte hinzufügen will, muss man unten im Fenster auf "Add row" klicken. Insgesamt solle drei Produkte mit folgenden Daten in die Tabelle eingefügt werden:

Artikelnummer	Produkttyp	Preis	Anzahl
1001	Bohrmaschine	44.99	42
1002	Kreissäge	52.49	83
1003	Bandschleifer	39.99	94

Damit ist die erste Tabelle erstellt und mit Inhalten gefüllt.

15.4 SQL-Befehle für den Zugriff auf die Daten

Der vorherige Abschnitt hat gezeigt, dass NetBeans eine grafische Benutzeroberfläche zur Verfügung stellt, um Datenbanken zu erstellen und mit Inhalten zu füllen. Auch für weitere Aktionen – beispielsweise zum Löschen oder zum Ändern der Daten – bietet die IDE passende Möglichkeiten. In diesem Abschnitt soll jedoch eine Alternative dazu vorgestellt werden: die Verwendung von SQL-Befehlen.

SQL ist eine standardisierte Datenbanksprache, die alle Befehle enthält, die für den Zugriff auf eine Datenbank notwendig sind. Wenn man einen SQL-Befehl an das DBMS sendet, führt dieses die entsprechende Aktion aus.

Auf den ersten Blick mag die Verwendung von SQL-Befehlen deutlich komplizierter als die grafische Benutzeroberfläche erscheinen. Dennoch ist es sehr wichtig, sich mit dieser Methode zu befassen. Wenn im nächsten Schritt ein Java-Programm entstehen soll, das auf die Datenbank zugreift, dann kann dieses die grafische Benutzeroberfläche nicht verwenden. Daher findet die Kommunikation in diesem Fall ausschließlich über SQL-Befehle statt. Daher stellen diese Kommandos die Grundlage dar, um eine Datenbank in ein Java-Programm einzubinden.

Um die SQL-Befehle kennenzulernen und auszuprobieren, ist es sinnvoll, die im vorherigen Abschnitt erstellte Datenbank nochmals im Services-Fenster aufzurufen und mit der rechten Maustaste anzuklicken. Im Menü, das sich daraufhin öffnet, soll der Punkt View Data ausgewählt werden.

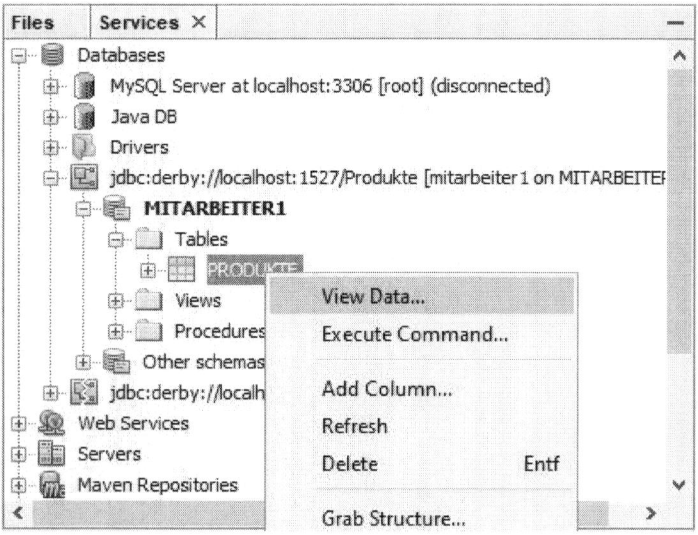

Screenshot 87 Die Datenbank für die Bearbeitung öffnen

Daraufhin öffnet sich ein neues Fenster. Im unteren Bereich ist eine Tabelle mit den Inhalten der Datenbank zu sehen. Im oberen Bereich steht bereits ein SQL-Befehl.

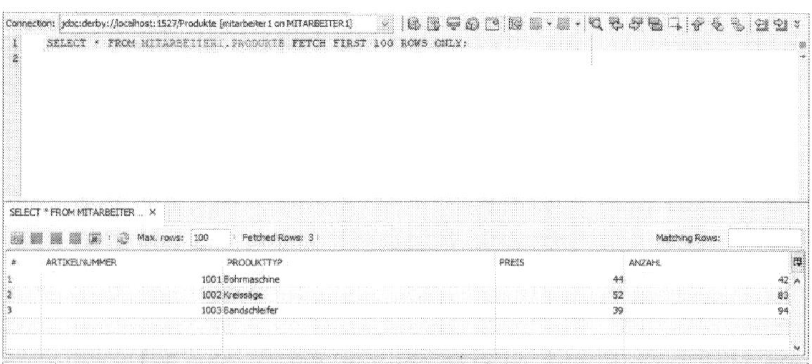

Screenshot 88 Die Oberfläche für die Eingabe der SQL-Befehle

Um diesen Befehl auszuführen, ist es notwendig, auf das Datenbanksymbol mit dem grünen Pfeil und der Beschriftung "Run SQL" ganz oben in diesem Fenster zu klicken. Dabei erneuert sich der Eintrag unten im Fenster zwar, er sieht jedoch vollkommen identisch aus wie vorher. Der entsprechende Befehl wurde bereits beim Öffnen dieses Fensters ausgeführt und dient dazu, die gesamte Tabelle abzurufen.

Der `SELECT`-Befehl dient im Allgemeinen dazu, einen Wert aus der Tabelle abzurufen. Danach folgen das Stern-Symbol und der Name der Tabelle, auf die sich der Befehl bezieht. Der Befehl im obigen Beispiel enthält noch einige weitere Informationen, die in diesem Fall jedoch nicht benötigt werden. Um ihn etwas einfacher zu gestalten, ist folgende Zeile ausreichend:

```
SELECT * from PRODUKTE
```

Wenn man diesen in das Eingabefeld einfügt und ausführt, entsteht genau das gleiche Ergebnis. Das Sternsymbol bedeutet, dass der komplette Inhalt abgerufen werden soll. Anstatt dessen wäre es jedoch auch möglich, hier einen Spaltennamen einzugeben – beispielsweise `SELECT Produkttyp from PRODUKTE`. In diesem Fall erhält man alle Einträge, die sich in der Spalte `Produkte` befinden, zurück. Auch die Angabe mehrere Spalten ist dabei erlaubt.

In vielen Fällen ist es jedoch nicht notwendig, die gesamte Tabelle abzurufen, sondern nur einen Teilbereich. Das ist möglich, indem man die Abfrage durch die `WHERE`-Klausel einschränkt. Wenn man beispielsweise nur die Werte für das Produkt mit der Artikelnummer 1001 abrufen will, wäre dafür folgender Befehl notwendig:

```
SELECT * from PRODUKTE WHERE Artikelnummer = 1001
```

Das führt dazu, dass im unteren Bereich des Fensters jetzt nur noch die erste Zeile angezeigt wird:

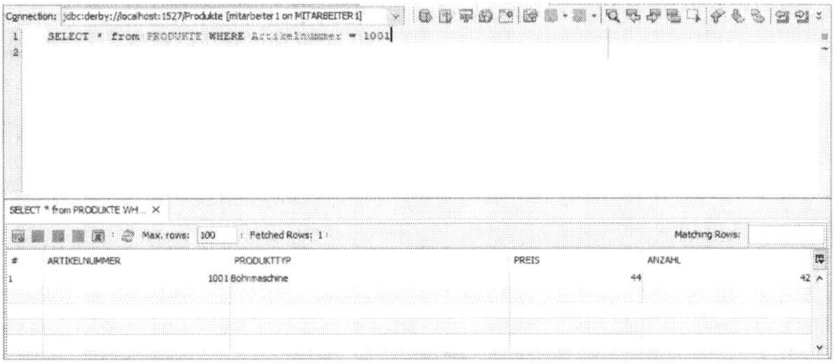

Screenshot 89 Die Ausgabe einer einzelnen Zeile

Die WHERE-Klausel kann dabei nicht nur auf die Artikelnummer Bezug nehmen, sondern auch auf jede andere Spalte. Es ist auch möglich, anstatt des Gleichheitszeichen das Größer- oder Kleinerzeichen zu verwenden. Um alle Einträge abzurufen, bei denen die Anzahl der vorhandenen Produkte größer als 50 ist, wäre beispielsweise folgender Befehl notwendig:

```
SELECT * from PRODUKTE WHERE Anzahl > 50
```

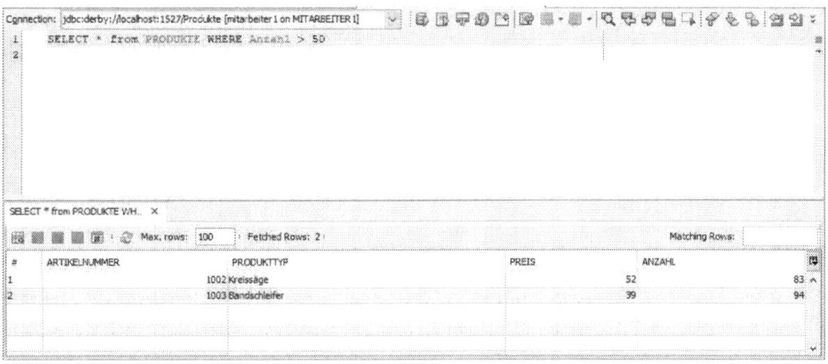

Screenshot 90 Die Abfrage der Werte mit einer Anzahl von mehr als 50

Die Bedingungen lassen sich dabei auch mit den Begriffen AND oder OR kombinieren. Wenn man beispielsweise die Werte für die Produkte mit der Artikelnummer 1001 oder 1003 abrufen will, ist dafür folgender Befehl notwendig:

```
SELECT * from PRODUKTE WHERE Artikelnummer = 1001 OR
Artikelnummer = 1003
```

Mit dem `SELECT`-Befehl ist es nicht nur möglich, einzelne Zeilen aufzurufen, sondern auch Spalten. Dafür ist es notwendig, die Bezeichnung der entsprechenden Spalte an die Stelle des Sternsymbols zu stellen. Wenn man beispielsweise alle Preise abrufen will, ist dafür folgender Befehl notwendig:

```
SELECT Preis from PRODUKTE
```

Diese Vorgehensweise lässt sich auch mit der `WHERE`-Klausel verbinden. Auf diese Weise lässt sich eine einzelne Zelle der Tabelle aufrufen. Wenn man beispielsweise den Preis des Produkts mit der Artikelnummer 1001 benötigt, erhält man diesen durch folgenden Befehl:

```
SELECT Preis from PRODUKTE WHERE Artikelnummer = 1001
```

SQL-Befehle kommen nicht nur zum Einsatz, um Daten abzurufen. Sie bieten noch viele weitere Möglichkeiten, die jedoch an dieser Stelle nicht alle erläutert werden können. Sehr wichtig ist es jedoch, Tabellen und Spalten zu erstellen und diese mit Inhalten zu füllen. Daher soll dies ebenfalls kurz erläutert werden.

Um eine neue Tabelle zu erstellen, kommt der Befehl `CREATE TABLE` zum Einsatz. Danach steht der Name der neuen Tabelle. Dann folgt eine Klammer, in der die einzelnen Spalten stehen. Dabei ist es notwendig, die Bezeichnung und den Datentyp anzugeben. Wenn es sich dabei um Zeichenketten handelt, muss die Länge in einer Klammer hinter dem Datentyp stehen. Danach ist es möglich, optionale Angaben zu machen – beispielsweise durch den Schlüsselbegriff `Primary Key` für den Primärschlüssel. Die einzelnen Spalten werden durch ein Komma getrennt. Nachdem alle Spalten eingefügt sind, muss der Befehl mit der schließenden Klammer und mit einem Semikolon beendet werden. Um eine Tabelle für die Mitarbeiter zu erstellen, wäre folgender Eintrag notwendig:

```
CREATE TABLE Mitarbeiter (
Personalnummer INTEGER Primary Key,
Vorname VARCHAR (30),
Nachname VARCHAR (30),
Gehalt INTEGER
);
```

Nun ist es erforderlich, die einzelnen Felder mit Inhalten zu füllen. Hierzu dient der `INSERT`-Befehl. Dieser fügt immer eine neue Zeile hinzu. Dabei ist es notwendig, die Spaltennamen der Felder einzugeben, die gefüllt werden sollen. Wenn ein Spaltenname nicht auftaucht, bleibt das entsprechende Feld leer. Nach dem Schlüsselbegriff `VALUES` müssen in einer Klammer die Werte stehen, die eingefügt werden sollen. Die Reihenfolge entspricht dabei der Reihenfolge der Spaltennamen in der vorhergehenden Klammer. Um einen neuen Mitarbeiter mit der Personalnummer 101, dem Vornamen Sebastian, dem Nachnamen Becker und einem Gehalt von 2500 Euro einzufügen, ist dieser Befehl erforderlich:

```
INSERT INTO Mitarbeiter (Personalnummer, Vorname, Nachname,
Gehalt) VALUES (101, 'Sebastian', 'Becker',2500)
```

Sehr wichtig ist auch der `UPDATE`-Befehl. Dieser ändert einen bereits vorhandenen Wert. Um beispielsweise das Gehalt des eben eingefügten Mitarbeiters zu ändern, ist folgendes Kommando notwendig:

```
UPDATE Mitarbeiter SET Gehalt = 3000 WHERE Personalnummer = 101
```

Dabei ist es notwendig, den Namen der Tabelle und anschließend den Schlüsselbegriff `SET` anzugeben. Danach ist es möglich, eine Spalte mit einem neuen Wert zu füllen. Sollen mehrere Spalten geändert werden, ist es notwendig, die Einträge durch ein Komma voneinander zu trennen. Um die richtige Zeile zu finden, kommt wieder die `WHERE`-Klausel zum Einsatz.

Schließlich ist es hin und wieder notwendig, einen Eintrag zu entfernen. Dabei kann nur die komplette Zeile gelöscht werden. Dafür kommt der `DELETE`-Befehl zum Einsatz. Folgender Befehl entfernt den eben eingefügten Mitarbeiter wieder:

```
DELETE from Mitarbeiter WHERE Personalnummer = 101
```

15.5 Ein Java-Programm mit einer Datenbank verbinden

Bislang wurden alle Befehle für die Datenbank über NetBeans eingegeben – zunächst über eine grafische Benutzeroberfläche und danach über SQL-Befehle. Das Ziel besteht jedoch darin, ein Java-Programm zu gestalten, das die Daten verwaltet. Dafür ist es zunächst notwendig, das Programm mit der Datenbank zu verbinden. Zu diesem Zweck soll das bereits zu Beginn erstellte Projekt Datenbanken aufgerufen werden.

Um den Zugang zu erleichtern, stehen in der Standardbibliothek passende Objekte bereit. Dafür ist es notwendig, die entsprechenden Module mit folgenden Befehlen zu importieren:

```
import java.sql.Connection;
import java.sql.DriverManager;
import java.sql.SQLException;
```

Um die Verbindung herzustellen, ist folgender Befehl notwendig:

```
Connection verbindung = DriverManager.getConnection(host,
username, password);
```

Die Werte für `host`, `username` und `password` müssen den Werten der Datenbank entsprechen. Für `username` und `password` kommen die Werte zum Einsatz, die ganz zu Beginn bei der Erstellung der Datenbank eingegeben wurden. Der Host der Datenbank, ist im Service-Fenster zu erkennen:

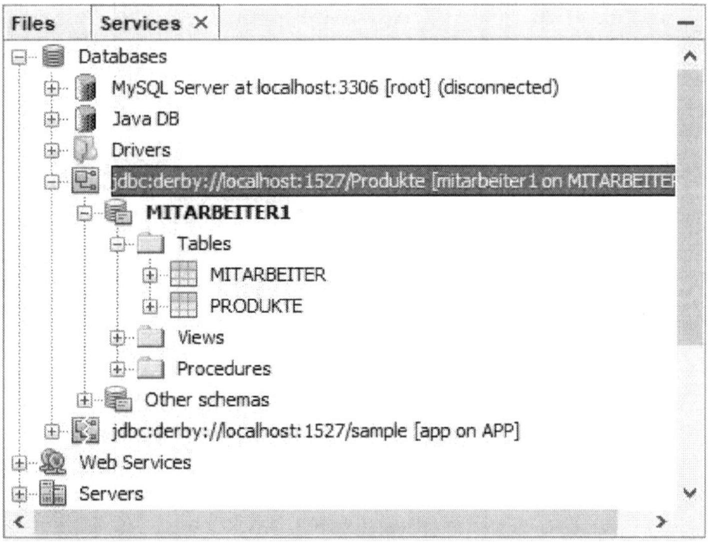

Screenshot 91 Im unterlegten Bereich lässt sich der Host ablesen.

In diesem Beispiel wäre es demnach notwendig, vor der Erzeugung dieses Objekts folgende Variablen zu deklarieren und zu initialisieren:

```
String host = "jdbc:derby://localhost:1527/Produkte";
String username = "mitarbeiter1";
String password = "xyz";
```

Damit sind die Daten für die Verbindung zur Datenbank bereits vorgegeben. Allerdings können dabei Fehler auftreten, die eine Ausnahme aufwerfen. Daher ist es notwendig, den Bereich, in dem die Verbindung erstellt wird, in einen `try`-Block zu stellen. Danach muss die Ausnahme mit folgendem Befehl abgefangen werden:

```
catch ( SQLException err ) {
    System.out.println( err.getMessage( ) );
}
```

Damit ist das Programm, das die Verbindung zur Datenbank herstellt, bereits fertig. Es sieht wie folgt aus:

```
package datenbanken;

import java.sql.Connection;
import java.sql.DriverManager;
import java.sql.SQLException;

public class Datenbanken {

    public static void main(String[] args) {

        String host = "jdbc:derby://localhost:1527/Produkte";
        String username = "mitarbeiter1";
        String password = "xyz";
        try {
           Connection verbindung = DriverManager.
           getConnection(host, username, password);
        }
        catch (SQLException err) {
           System.out.println( err.getMessage( ) );
        }
    }
}
```

Wenn man dieses nun ausführt, erscheint in der Regel jedoch folgende Fehlerbenachrichtigung:

```
No suitable driver found for jdbc:derby://localhost:1527/
Produkte
```


Das liegt daran, dass bisher kein Treiber für die Datenbankverbindung eingefügt wurde. Hierfür ist ein Programm notwendig, das derbyclient.jar heißt. Es ist möglich, dass dieses bereits auf dem Computer installiert ist. In diesem Fall lässt es sich über die Suchfunktion finden. Wenn nicht, ist es notwendig, es herunterzuladen. Die Software ist beispielsweise unter folgendem Link kostenfrei erhältlich:

https://jar-download.com/artifact-search/derbyclient

Sie lässt sich zum Projekt hinzufügen, indem man wieder zum linken oberen Fenster zurückkehrt und dabei das Tab Projects anklickt. Nun muss man das Projekt Datenbanken und hier den Ordner Libraries auswählen. Nach einem Rechtsklick darauf ist es notwendig, den Menüpunkt "Add JAR/Folder" auszuwählen.

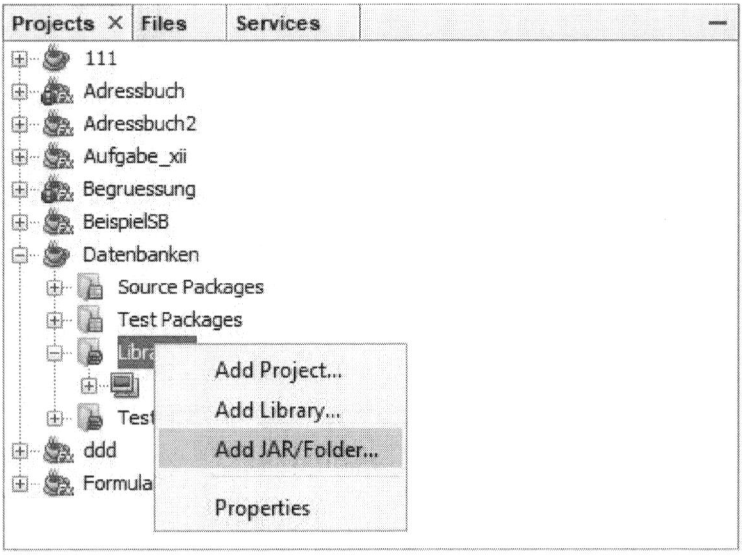

Screenshot 92 Einen Treiber hinzufügen

Nun öffnet sich ein Fenster, das die einzelnen Ordner des Computers anzeigt. Nun ist es nur noch notwendig, die soeben heruntergeladene Datei zu suchen und auszuwählen. Wenn man diese nun öffnet, wird sie zum aktuellen Projekt hinzugefügt. Nun sollte es möglich sein, das Programm ohne Fehlermeldung auszuführen.

15.6 SQL-Befehle in das Java-Programm einbauen

Nachdem die Verbindung hergestellt ist, müssen Befehle an die Datenbank übermittelt werden. Hierzu dient das Objekt `Statement`. Dafür ist es zunächst notwendig, dem vorherigen Programm folgenden `import`-Befehl hinzuzufügen:

```
import java.sql.Statement;
```

Innerhalb des try-Blocks wird dann mit folgendem Befehl ein neues Statement erzeugt:

```
Statement befehl = verbindung.createStatement( );
```

Nun ist es notwendig, den gewünschten SQL-Befehl in einer Variablen abzuspeichern. Dieses Beispielprogramm soll lediglich auf eine einzelne Zelle zugreifen:

```
String SQL = "SELECT Produkttyp FROM Produkte WHERE
Artikelnummer = 1002";
```

Mit der Methode `executeQuery()` ist es nun möglich, den Befehl auszuführen. Allerdings gilt es dabei zu beachten, dass diese Methode als Rückgabewert ein Objekt des Typs `ResultSet` hat. Die hierfür notwendige Bibliothek muss zunächst importiert werden:

```
import java.sql.ResultSet;
```

Nun ist es möglich, die Methode zu verwenden:

```
ResultSet rs = befehl.executeQuery(SQL);
```

Der Umgang mit einem `ResultSet` ist nicht ganz einfach. Dieses verwendet einen Cursor, der die aktuelle Zeile angibt. Dieser lässt sich mit den Methoden `next()` und `previous()` vor und zurück bewegen. Um auf ein Feld zuzugreifen, ist es daher zunächst notwendig, dass sich der Cursor in der richtigen Zeile befindet. Danach ist der Zugriff über die Angabe des Spaltennamens möglich.

Da diese Vorgehensweise jedoch etwas kompliziert ist, sollen in diesem Beispiel lediglich einzelne Zeilen angefordert werden. Da der Cursor jedoch nach der Erzeugung des `ResultSets` vor der ersten Zeile steht, ist es zu Beginn immer notwendig, die `next()`-Methode anzuwenden. Danach ist es möglich, über die `getSring()`-Methode auf den Inhalt der Zelle zuzugreifen (Für `Integer`-Werte wäre der Befehl `getInt()` erforderlich). Dafür ist es notwendig, den Spaltennamen in der Klammer anzugeben:

```
rs.next( );
String Produkttyp1 = rs.getString("Produkttyp");
```

Nun kann man die Variable `Produkttyp1` noch mit einem Printbefehl ausgeben. Damit ist das erste Programm mit einem Datenbankzugriff fertiggestellt:

```
package datenbanken;

import java.sql.Connection;
import java.sql.DriverManager;
import java.sql.SQLException;
import java.sql.Statement;
import java.sql.ResultSet;

public class Datenbanken {

    public static void main(String[] args) {

        String host = "jdbc:derby://localhost:1527/Produkte";
        String username = "mitarbeiter1";
        String password = "xyz";
        try {
           Connection verbindung =
           DriverManager.getConnection(host, username,
           password);
                 Statement befehl =
           verbindung.createStatement( );
           String SQL = "SELECT Produkttyp FROM Produkte
           WHERE Artikelnummer = 1002";
                 ResultSet rs = befehl.executeQuery(SQL);
                 rs.next( );
                 String Produkttyp1 = rs.getString("Produkttyp");
                 System.out.println(Produkttyp1);
        }
```

```
        catch ( SQLException err ) {
            System.out.println( err.getMessage( ) );
        }
    }

}
```

Wenn man dieses nun ausführt, wird der Begriff Kreissäge ausgegeben, der in der Datenbank im entsprechenden Feld gespeichert wurde:

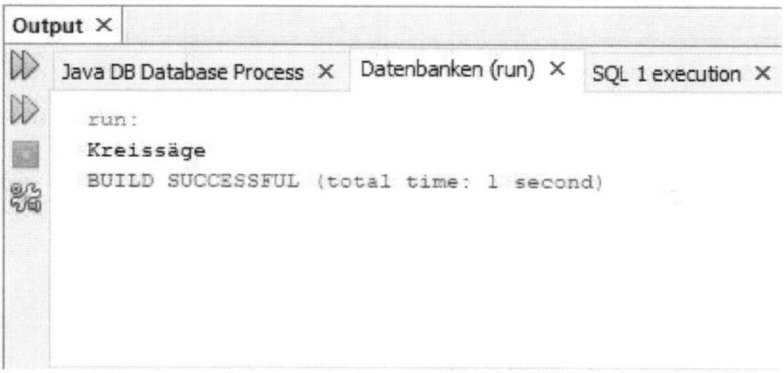

Screenshot 93 Die Ausgabe der Datenbankabfrage

Wenn man nun einen Wert in der Datenbank ändern will, ist ein recht ähnliches Programm notwendig. Allerdings ist es hierbei wichtig, bei der Erstellung des Statements folgenden Wert in die Klammer einzufügen:


```
ResultSet.TYPE_SCROLL_SENSITIVE, ResultSet.CONCUR_UPDATABLE
```

Dieser sorgt dafür, dass das `ResultSet` die Datenbank verändern kann.

Nun ist es erforderlich, wieder ein `ResultSet` zu erzeugen. Da in diesem Beispiel der Preis verändert werden soll, ist es notwendig, die entsprechende Spalte einzugeben – oder einfach die gesamte Zeile herunterzuladen:

```
String SQL = "SELECT * FROM Produkte WHERE Artikelnummer = 1002";
```

Nun folgt der Befehl `updateInt()`. Dieser dient dazu, einen `Integer`-Wert im `ResultSet` zu aktualisieren (Für Zeichenketten wäre der Befehl `updateString()` notwendig.) In der Klammer muss zunächst der Name der Spalte stehen, in der der Wert aktualisiert werden soll. Nach einem Komma folgt dann der neue Wert:

```
rs.updateInt("Preis",55);
```

Damit ist der Wert jedoch bisher nur im `ResultSet` aktualisiert. Um ihn in die Datenbank zu übermitteln, ist der Befehl `rs.updateRow();` notwendig. Das komplette Programm sieht dann wie folgt aus:

```
package datenbanken;
import java.sql.Connection;
import java.sql.DriverManager;
import java.sql.SQLException;
import java.sql.Statement;
import java.sql.ResultSet;

public class Datenbanken {
    public static void main(String[] args) {

        String host = "jdbc:derby://localhost:1527/Produkte";
        String username = "mitarbeiter1";
        String password = "xyz";
        try {
           Connection verbindung = DriverManager.
           getConnection(host, username, password);
                 Statement befehl = verbindung.createStatement(
           ResultSet.TYPE_SCROLL_SENSITIVE, ResultSet.CONCUR_
           UPDATABLE);
           String SQL = "SELECT * FROM Produkte WHERE
           Artikelnummer = 1002";
                 ResultSet rs = befehl.executeQuery(SQL);
                 rs.next( );
                 rs.updateInt("Preis",55);
                 rs.updateRow();
        }
```

```
        catch ( SQLException err ) {
                System.out.println( err.getMessage( ) );
        }
    }
}
```

Wenn man dieses nun ausführt und danach die Datenbank Produkte betrachtet, sieht man, dass der Preis für die Kreissäge (die der Artikelnummer 1002 entspricht) auf 55 Euro erhöht wurde.

Alternativ dazu ist es auch möglich, den SQL-Befehl für das Update direkt zur Datenbank zu senden. Dafür kommt nicht der `executeQuery`-Befehl zum Einsatz, sondern der Befehl `executeUpdate`. Danach steht in der Klammer der entsprechende SQL-Befehl. Dieser Befehl hat keinen Rückgabewert und es ist hierbei nicht notwendig, ein `ResultSet` zu erzeugen. Das folgende Programm hat genau die gleiche Funktion wie das vorherige Beispiel:

```
package datenbanken;
import java.sql.Connection;
import java.sql.DriverManager;
import java.sql.SQLException;
import java.sql.Statement;
public class Datenbanken {
    public static void main(String[] args) {

        String host = "jdbc:derby://localhost:1527/Produkte";
        String username = "mitarbeiter1";
        String password = "xyz";
        try {
           Connection verbindung = DriverManager.
           getConnection(host, username, password);
                Statement befehl = verbindung.createStatement();
           String SQL = "UPDATE Produkte SET Preis = 55 WHERE
           Artikelnummer = 1002";
                befehl.executeUpdate(SQL);
        }
        catch ( SQLException err ) {
                System.out.println( err.getMessage( ) );
        }
    }
}
```

15.7 Übungsaufgabe: eine einfache Datenbankanwendung gestalten

Gestalten Sie ein Programm, das aus der Tabelle Produkte alle Werte für die Bohrmaschine abruft und diese ausgibt. Danach soll das Programm die Anzahl der verfügbaren Geräte um 2 erhöhen.

Lösung:

```
package datenbanken;

import java.sql.Connection;
import java.sql.DriverManager;
import java.sql.SQLException;
import java.sql.Statement;
import java.sql.ResultSet;

public class Datenbanken {

    public static void main(String[] args) {

        String host = "jdbc:derby://localhost:1527/Produkte";
        String username = "mitarbeiter1";
        String password = "xyz";
        try {
            Connection verbindung =
            DriverManager.getConnection(host, username,
            password);
            Statement befehl = verbindung.createStatement(
            ResultSet.TYPE_SCROLL_SENSITIVE,
            ResultSet.CONCUR_UPDATABLE);
            String SQL = "SELECT * FROM Produkte WHERE
            Artikelnummer = 1001";
            ResultSet rs = befehl.executeQuery(SQL);
            rs.next( );
            int ar = rs.getInt("Artikelnummer");
            System.out.println("Artikelnummer: "+ar);
            String pr = rs.getString("Produkttyp");
            System.out.println("Produkttyp: "+pr);
            int preis = rs.getInt("Preis");
            System.out.println("Preis: "+preis);
            int anz = rs.getInt("Anzahl");
            System.out.println("Anzahl: "+anz);
            rs.updateInt("Anzahl",anz+2);
            rs.updateRow();
        }
        catch ( SQLException err ) {
            System.out.println( err.getMessage( ) );
        }
    }
}
```

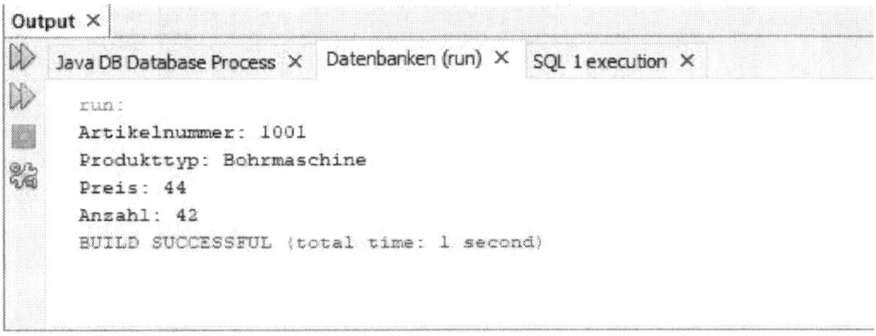

Screenshot 94 Die Ausgabe des Programms

15.8 Ein Anwendungsbeispiel für Datenbanken

Zum Abschluss soll nun noch ein kleines Anwendungsbeispiel für ein Programm entstehen, das Datenbanken verwendet. Dieses baut zunächst eine Verbindung zu einer Datenbank auf. Danach soll es eine Schleife erstellen, in der der Anwender aus fünf Optionen auswählen kann: den Datensatz für ein Produkt abzurufen, den Preis für ein Produkt zu verändern, die Anzahl zu verändern, ein neues Produkt hinzuzufügen oder das Programm zu beenden. Später soll hierfür die Klasse Aktionen mit den entsprechenden Methoden erstellt werden, um diese Aufgaben auszuführen. Das macht es notwendig, zunächst ein Objekt dieser Klasse zu erzeugen. Je nach Auswahl des Anwenders ruft das Programm dann die einzelnen Methoden auf und übergibt ihnen als Übergabewert die Verbindung zur Datenbank. Da alle diese Funktionen bereits bekannt sein sollten, soll nun einfach der komplette Code für das Hauptprogramm angegeben werden:

```
public class Datenbanken {

    public static void main(String[] args) {

        String host = "jdbc:derby://localhost:1527/Produkte";
        String username = "mitarbeiter1";
        String password = "xyz";
        int auswahl = -1;
        Aktionen aktion = new Aktionen();

        try {
```

```
        Connection verbindung = DriverManager.getConnection(host,
        username, password);
                while (auswahl != 0){

                try {
                    InputStreamReader isr = new
                    InputStreamReader(System.in);
                    BufferedReader br = new
                    BufferedReader(isr);
                    System.out.println("Aktion auswählen");
                    System.out.println("Produktinformationen
                    anzeigen: 1");
                    System.out.println("Preis ändern: 2");
                    System.out.println("Anzahl ändern: 3");
                    System.out.println("Produkt hinzufügen: 4");
                    System.out.println("Programm beenden: 0");

                    String eingabe = br.readLine();
                    auswahl = Integer.parseInt(eingabe);
                }
                catch (IOException e){
                    System.out.print("Eingabe nicht möglich.");
                }

                if (auswahl == 1){
                    aktion.anzeigen(verbindung);
                }
                else if (auswahl == 2){
                    aktion.preis(verbindung);
                }
                else if (auswahl == 3){
                    aktion.anzahl(verbindung);
                }
                else if (auswahl == 4){
                    aktion.hinzufuegen(verbindung);
                }
                else if (auswahl == 0){
                    System.out.println("Auf Wiedersehen!");
                }
                else {
                    System.out.println("Ungültige Eingabe");
                }
            }
        }
        catch ( SQLException err ) {
            System.out.println( err.getMessage( ) );
        }
    }
}
```

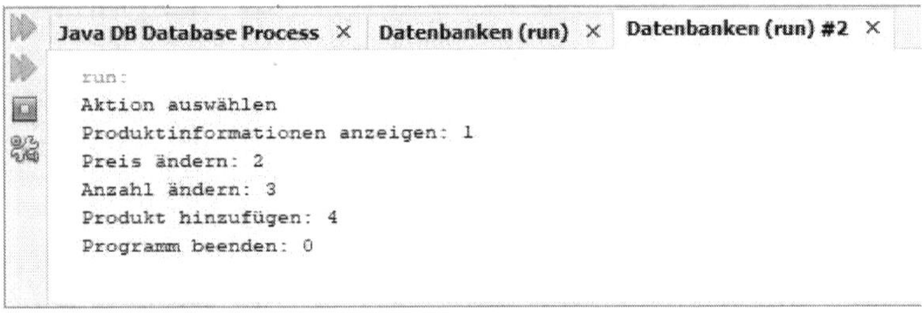

Screenshot 95 Das Hauptprogramm bietet bereits die Auswahlmöglichkeiten, ohne diese jedoch mit einer Funktion zu verbinden.

Die Methode `anzeigen()` soll den Anwender fragen, welches Produkt angezeigt werden soll. Dafür muss er die Artikelnummer eingeben. Diese wird eingelesen und in der Variablen `auswahl` gespeichert. Um die richtige Zeile auszugeben, muss wieder ein SQL-Befehl mit einem `SELECT`-Befehl erzeugt werden. Dabei ist es nun jedoch notwendig, die Artikelnummer individuell anzupassen. Dafür muss der Teil, der bisher die Artikelnummer enthielt, durch die Variable `auswahl` ersetzt werden:

```
String SQL = "SELECT * FROM Produkte WHERE Artikelnummer =
"+auswahl;
```

Die Ausgabe der Werte erfolgt dann auf die gleiche Weise wie in der vorherigen Übungsaufgabe – mit dem Unterschied, dass hierbei die Artikelnummer nicht nochmals ausgegeben werden muss, da der Anwender diese ja gerade erst eingegeben hat. Damit ist die Methode `anzeigen()` fertiggestellt:

```
public void anzeigen (Connection verbindung){
        int auswahl = 0;
        try {
            InputStreamReader isr = new
            InputStreamReader(System.in);
            BufferedReader br = new BufferedReader(isr);
            System.out.println("Welcher Artikel soll
```

```
            angezeigt werden?");
            String eingabe = br.readLine();
            auswahl = Integer.parseInt(eingabe);
        }
        catch (IOException e){
            System.out.print("Eingabe nicht möglich.");
        }
        try {
            Statement befehl = verbindung.createStatement();
            String SQL = "SELECT * FROM Produkte WHERE
            Artikelnummer = "+auswahl;
            ResultSet rs = befehl.executeQuery(SQL);
            rs.next( );
            String pr = rs.getString("Produkttyp");
            System.out.println("Produkttyp: "+pr);
            int preis = rs.getInt("Preis");
            System.out.println("Preis: "+preis);
            int anz = rs.getInt("Anzahl");
            System.out.println("Anzahl: "+anz);
        }
        catch ( SQLException err ) {
            System.out.println( err.getMessage( ) );
        }

    }
```

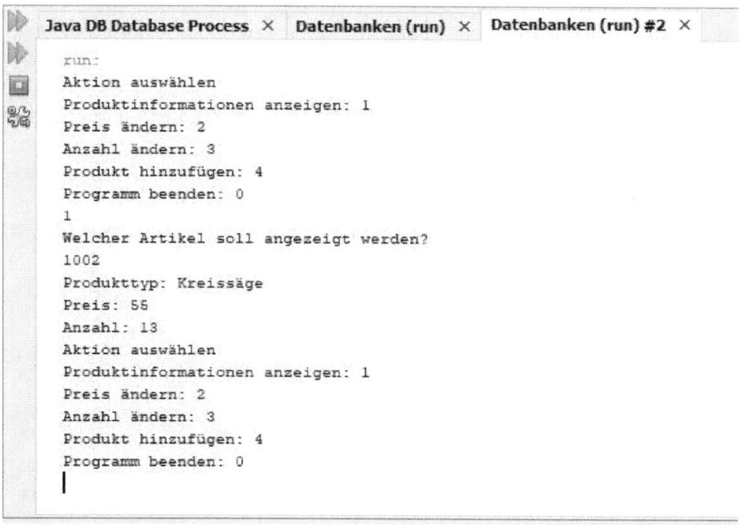

Screenshot 96 Mit der Methode anzeigen() ist es bereits möglich, Informationen zum Sortiment abzurufen.

Als nächstes folgt die Methode `preis()`. Diese muss die Artikelnummer und den neuen Preis erfragen, um die Änderung durchzuführen. Der SQL-Befehl wird wie in der Methode `anzeigen()` wieder individuell mit der Eingabe des Anwenders gestaltet. Die Aktualisierung der Daten erfolgt mit dem `updateInt`-Befehl – genau wie im Abschnitt 6 erklärt. Für die vollständige Methode ist dieser Code notwendig:

```
public void preis (Connection verbindung){
        int auswahl = 0;
        int preisNeu = 0;
        try {
            InputStreamReader isr = new
            InputStreamReader(System.in);
            BufferedReader br = new BufferedReader(isr);
            System.out.println("Artikelnummer:");
            String eingabe = br.readLine();
            auswahl = Integer.parseInt(eingabe);
            System.out.println("Neuer Preis:");
            String eingabe2 = br.readLine();
            preisNeu = Integer.parseInt(eingabe2);
        }
        catch (IOException e){
            System.out.print("Eingabe nicht möglich.");
        }
        try {
            Statement befehl =
                verbindung.createStatement(
                ResultSet.TYPE_SCROLL_SENSITIVE,
                ResultSet.CONCUR_UPDATABLE);
            String SQL = "SELECT * FROM Produkte WHERE
            Artikelnummer = "+auswahl;
            ResultSet rs = befehl.executeQuery(SQL);
            rs.next( );
            rs.updateInt("Preis",preisNeu);
            rs.updateRow();
        }
        catch ( SQLException err ) {
            System.out.println( err.getMessage( ) );
        }

    }
```

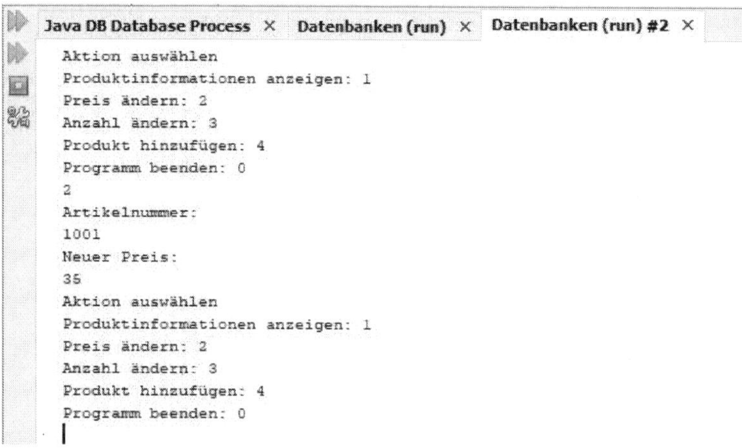

Screenshot 97 Nun lässt sich auch der Preis ändern.

Die Methode `anzahl()` ist beinahe identisch zur Methode `preis()`. Es ist lediglich notwendig, die Beschriftungen für die Eingabeaufforderung anzupassen und im updateInt-Befehl anstatt den Preis die Anzahl anzugeben. An dieser Stelle sei der Leser dazu aufgefordert, diese Methode selbst zu erstellen. Der Code wird hierfür nicht extra angegeben. Am Ende des Kapitels steht jedoch nochmals der komplette Programmcode, sodass es bei Bedarf möglich ist, die Ergebnisse abzugleichen.

Nun fehlt noch die Methode `hinzufuegen()`. Diese muss zunächst die Daten für den neuen Artikel abfragen. Dafür kommt wieder die übliche Eingabeaufforderung zum Einsatz. Danach muss das Programm die Werte in die Datenbank einfügen. Das geschieht mit dem `executeUpdate`-Befehl. Dieser benötigt in Klammern den SQL-Befehl, der ausgeführt werden soll. Um ein konkretes Produkt einzufügen, wäre dafür beispielsweise folgender Befehl notwendig:


```
INSERT INTO Produkte VALUES (1005, 'Winkelschleifer', 22, 24)
```

Das Programm soll hierbei jedoch nicht mit festen Werten arbeiten, sondern die Eingaben des Anwenders verwenden. Daher ist es notwendig, alle festen Bestandteile – zu denen auch die Kommas und die einfachen Anführungszeichen zählen – in doppelte Anführungszeichen zu setzen. Die variablen Werte werden dann durch die entsprechenden Variablen `artikelnummer`, `produkttyp`, `preis` und `anzahl` eingefügt:

```
INSERT INTO Produkte " + "VALUES ("+artikelnummer+",
'"+produkttyp+"', "+preis+", "+anzahl+")
```

Für die Erstellung der String-Variablen SQL und die Ausführung des executeUpdate-Befehls sind daher folgende Codezeilen notwendig:

```
String SQL = "INSERT INTO Produkte " + "VALUES
("+artikelnummer+", '"+produkttyp+"', "+preis+", "+anzahl+")";
befehl.executeUpdate(SQL);
```

Die komplette Methode hinzufuegen() sieht dann wie folgt aus:

```
public void hinzufuegen (Connection verbindung){
        int artikelnummer = 0;
        String produkttyp = "";
        int preis = 0;
        int anzahl = 0;
        try {
            InputStreamReader isr = new
            InputStreamReader(System.in);
            BufferedReader br = new BufferedReader(isr);
            System.out.println("Artikelnummer:");
            String eingabe = br.readLine();
            artikelnummer = Integer.parseInt(eingabe);
            System.out.println("Produkttyp:");
            produkttyp = br.readLine();
            System.out.println("Preis:");
            eingabe = br.readLine();
            preis = Integer.parseInt(eingabe);
            System.out.println("Anzahl:");
            eingabe = br.readLine();
            anzahl = Integer.parseInt(eingabe);
        }
```

```
        catch (IOException e){
            System.out.print("Eingabe nicht möglich.");
        }
        try {
            Statement befehl = verbindung.createStatement(
            ResultSet.TYPE_SCROLL_SENSITIVE,
            ResultSet.CONCUR_UPDATABLE);
            String SQL = "INSERT INTO Produkte " + "VALUES
            ("+artikelnummer+",
                '"+produkttyp+"', "+preis+", "+anzahl+")";
            befehl.executeUpdate(SQL);
        }
        catch ( SQLException err ) {
            System.out.println( err.getMessage( ) );
        }

    }
```

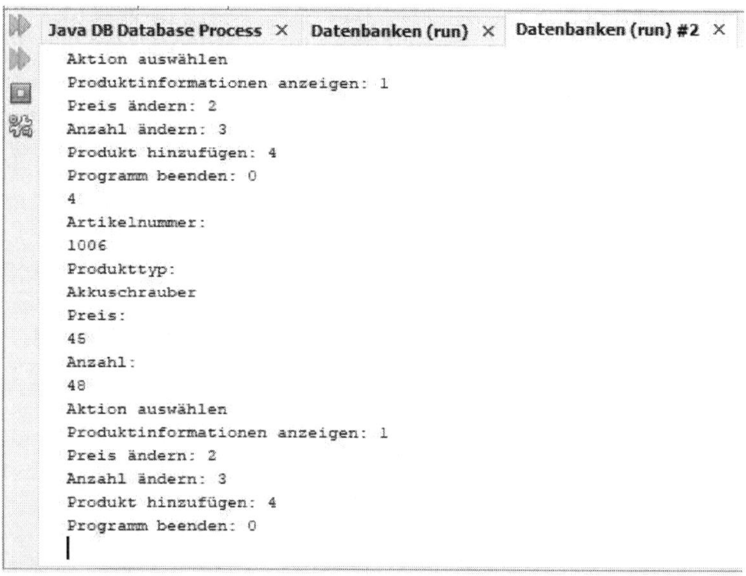

Screenshot 98 Mit der Methode hinzufuegen() lässt sich ein neues Produkt ins Sortiment aufnehmen.

Damit ist auch das gesamte Programm fertiggestellt. Um die komplette Struktur besser zu überblicken, wird hier nun nochmals der vollständige Code angegeben:

```
package datenbanken;

import java.sql.Connection;
import java.sql.DriverManager;
import java.sql.SQLException;
import java.sql.Statement;
import java.sql.ResultSet;
import java.io.*;
class Aktionen {

    public void anzeigen (Connection verbindung){
        int auswahl = 0;
        try {
            InputStreamReader isr = new
            InputStreamReader(System.in);
            BufferedReader br = new BufferedReader(isr);
            System.out.println("Welcher Artikel soll
            angezeigt werden?");
            String eingabe = br.readLine();
            auswahl = Integer.parseInt(eingabe);
        }
        catch (IOException e){
            System.out.print("Eingabe nicht möglich.");
        }
        try {
            Statement befehl = verbindung.createStatement();
            String SQL = "SELECT * FROM Produkte WHERE
            Artikelnummer = "+auswahl;
            ResultSet rs = befehl.executeQuery(SQL);
            rs.next( );
            String pr = rs.getString("Produkttyp");
            System.out.println("Produkttyp: "+pr);
            int preis = rs.getInt("Preis");
            System.out.println("Preis: "+preis);
            int anz = rs.getInt("Anzahl");
            System.out.println("Anzahl: "+anz);
        }
        catch ( SQLException err ) {
            System.out.println( err.getMessage( ) );
        }

    }
    public void preis (Connection verbindung){
        int auswahl = 0;
        int preisNeu = 0;
        try {
            InputStreamReader isr = new
            InputStreamReader(System.in);
            BufferedReader br = new BufferedReader(isr);
```

```
            System.out.println("Artikelnummer:");
            String eingabe = br.readLine();
            auswahl = Integer.parseInt(eingabe);
            System.out.println("Neuer Preis:");
            String eingabe2 = br.readLine();
            preisNeu = Integer.parseInt(eingabe2);
        }
        catch (IOException e){
            System.out.print("Eingabe nicht möglich.");
        }
        try {
            Statement befehl = verbindung.createStatement(
            ResultSet.TYPE_SCROLL_SENSITIVE,
            ResultSet.CONCUR_UPDATABLE);
            String SQL = "SELECT * FROM Produkte WHERE
            Artikelnummer = "+auswahl;
            ResultSet rs = befehl.executeQuery(SQL);
            rs.next( );
            rs.updateInt("Preis",preisNeu);
            rs.updateRow();
        }
        catch ( SQLException err ) {
            System.out.println( err.getMessage( ) );
        }

    }
    public void anzahl (Connection verbindung){
        int auswahl = 0;
        int anzahlNeu = 0;
        try {
            InputStreamReader isr = new
            InputStreamReader(System.in);
            BufferedReader br = new BufferedReader(isr);
            System.out.println("Artikelnummer:");
            String eingabe = br.readLine();
            auswahl = Integer.parseInt(eingabe);
            System.out.println("Neue Anzahl:");
            String eingabe2 = br.readLine();
            anzahlNeu = Integer.parseInt(eingabe2);
        }
        catch (IOException e){
            System.out.print("Eingabe nicht möglich.");
        }
        try {
            Statement befehl = verbindung.createStatement(
            ResultSet.TYPE_SCROLL_SENSITIVE,
            ResultSet.CONCUR_UPDATABLE);
            String SQL = "SELECT * FROM Produkte WHERE
            Artikelnummer = "+auswahl;
```

```
            ResultSet rs = befehl.executeQuery(SQL);
            rs.next( );
            rs.updateInt("Anzahl",anzahlNeu);
            rs.updateRow();
        }
        catch ( SQLException err ) {
            System.out.println( err.getMessage( ) );
        }

    }
    public void hinzufuegen (Connection verbindung){
        int artikelnummer = 0;
        String produkttyp = "";
        int preis = 0;
        int anzahl = 0;
        try {
            InputStreamReader isr = new
            InputStreamReader(System.in);
            BufferedReader br = new BufferedReader(isr);
            System.out.println("Artikelnummer:");
            String eingabe = br.readLine();
            artikelnummer = Integer.parseInt(eingabe);
            System.out.println("Produkttyp:");
            produkttyp = br.readLine();
            System.out.println("Preis:");
            eingabe = br.readLine();
            preis = Integer.parseInt(eingabe);
            System.out.println("Anzahl:");
            eingabe = br.readLine();
            anzahl = Integer.parseInt(eingabe);
        }
        catch (IOException e){
            System.out.print("Eingabe nicht möglich.");
        }
        try {
            Statement befehl = verbindung.createStatement(
            ResultSet.TYPE_SCROLL_SENSITIVE,
            ResultSet.CONCUR_UPDATABLE);
            String SQL = "INSERT INTO Produkte " + "VALUES
            ("+artikelnummer+",
                '"+produkttyp+"', "+preis+", "+anzahl+")";
            befehl.executeUpdate(SQL);
        }
        catch ( SQLException err ) {
            System.out.println( err.getMessage( ) );
        }

    }
}
```

```
public class Datenbanken {

    public static void main(String[] args) {

        String host = "jdbc:derby://localhost:1527/Produkte";
        String username = "mitarbeiter1";
        String password = "xyz";
        int auswahl = -1;
        Aktionen aktion = new Aktionen();

        try {
          Connection verbindung = DriverManager.
          getConnection(host, username, password);
           while (auswahl != 0){

              try {
                  InputStreamReader isr = new
                  InputStreamReader(System.in);
                  BufferedReader br = new
                  BufferedReader(isr);
                  System.out.println("Aktion auswählen");
                  System.out.println("Produktinformationen
                  anzeigen: 1");
                  System.out.println("Preis ändern: 2");
                  System.out.println("Anzahl ändern: 3");
                  System.out.println("Produkt hinzufügen: 4");
                  System.out.println("Programm beenden: 0");

                  String eingabe = br.readLine();
                  auswahl = Integer.parseInt(eingabe);
              }
              catch (IOException e){
                  System.out.print("Eingabe nicht möglich.");
              }

              if (auswahl == 1){
                  aktion.anzeigen(verbindung);
              }
              else if (auswahl == 2){
                  aktion.preis(verbindung);
              }
              else if (auswahl == 3){
                  aktion.anzahl(verbindung);
              }
              else if (auswahl == 4){
                  aktion.hinzufuegen(verbindung);
              }
              else if (auswahl == 0){
                  System.out.println("Auf Wiedersehen!");
```

```
                }
                else {
                    System.out.println("Ungültige Eingabe");
                }
            }
        }
        catch ( SQLException err ) {
            System.out.println( err.getMessage( ) );
        }
    }
}
```

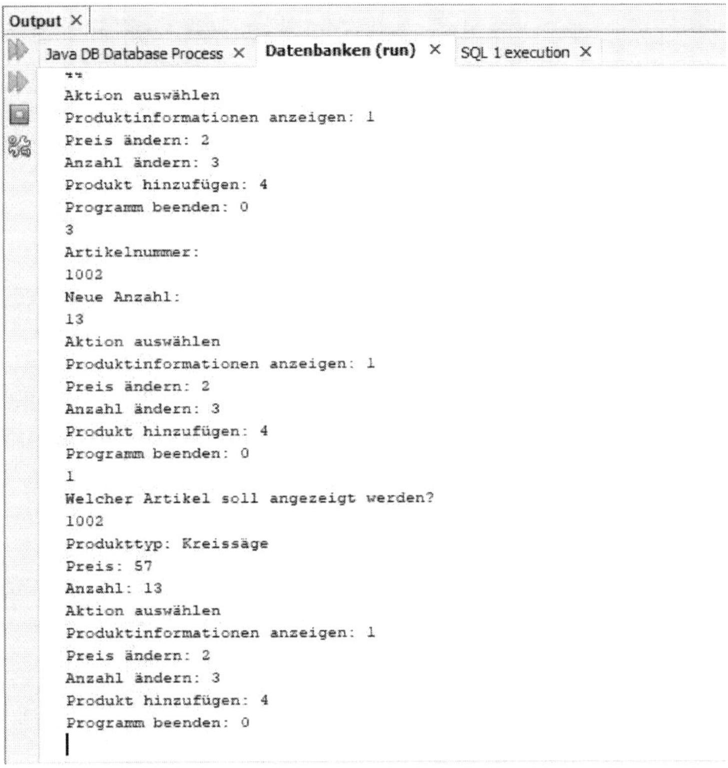

Screenshot 99 Die Ausführung des Programms

https://bmu-verlag.de/books/java-programmieren/

Downloadcode: uiop45wst

Besuchen Sie auch unsere Website:

Hier finden Sie alle unsere Programmierbücher und können sich Leseproben gratis downloaden:

www.bmu-verlag.de

Probleme? Fragen? Anregungen?

Sie können den Autor jederzeit unter bonacina@bmu-verlag.de kontaktieren!

Hat Ihnen das Buch gefallen?

Helfen Sie anderen Lesern und bewerten Sie das Buch auf Amazon:

http://amazon.de/ryp

Arduino Handbuch für Einsteiger: Der leichte Weg zum Arduino-Experten (202 Seiten)

Die Arduino Plattform, bestehend aus Hardware und Software, erleichtert den Einstieg in die Welt der Mikrocontroller sehr. In diesem Buch erfährst du alles, was notwendig ist, um deine Projekte und Ideen mit dem Arduino endlich realisieren zu können: Egal ob autonomer Roboter oder Heimautomation, mit diesem Buch kannst du sie schnell in die Tat umsetzen, ohne Vorkenntnisse zu benötigen. Zunächst werden die Grundlagen des Arduino geklärt und direkt, ohne graue Theorie, die ersten Sensoren und Aktoren verwendet. Danach geht es tiefer in die Materie mit spannenden Themen, wie die Verbindung des Arduino mit dem World Wide Web oder der Ausgabe von Texten und Diagrammen auf Displays. Am Ende lernst du einige Projekte, wie eine Arduino Wetterstation oder einen autonomen Roboter kennen und kannst darauf basierend deine Traumprojekte realisieren.

2. Auflage: aktualisiert und erweitert

Hier informieren: http://bmu-verlag.de/arduino_handbuch/

Raspberry Pi Handbuch für Einsteiger: Linux, Python und Projekte (212 Seiten)

Der Raspberry Pi ist mit seiner leistungsfähigen Hardware, seiner ausgezeichneten Energieeffizienz und seinem universellen Design sehr vielfältig einsetzbar: Der kompakte PC steuert Roboter und Smart Homes, dient als Daten- und Webserver und kann als HTPC Media Center oder Spielekonsole im Wohnzimmer verwendet werden. Dieses Buch stellt dir zahlreiche Möglichkeiten vor, wie du den Raspberry Pi praktisch im Alltag nutzen kannst. Kapitel für Kapitel lernst du die Hardware und das Betriebssystem Linux kennen und kannst dein Wissen sofort praktisch in die Tat umsetzen. Du findest anschauliche Anleitungen für die Einrichtung als Desktop PC, Spielecomputer, Smart Home Terminal und vieles mehr. Auch wie du deine ersten eigenen Programme mit Python schreiben kannst und damit den Raspberry Pi programmieren kannst, lernst du in diesem Buch. Am Schluss wirst du in der Lage sein, eigene Projekte zu entwickeln und verstehen, warum Millionen Nutzer auf der ganzen Welt auf ihren Raspberry Pi nie wieder verzichten möchten. Hol dir jetzt dieses Buch und leg sofort los!

2. Auflage: aktualisiert und erweitert

Hier informieren: http://bmu-verlag.de/raspi/

PHP und MySQL für Einsteiger: Dynamische Webseiten durch PHP 7, SQL und Objektorientierte Programmierung (224 Seiten)

PHP ist eine der wichtigsten serverseitigen Webprogrammiersprachen und in Kombination mit dem Datenbanksystem MySQL und der Datenbanksprache SQL eine einfach zu erlernende aber auch sehr leistungsfähige Programmiersprache, um dynamische Webseiten zu erstellen.

Mit diesem Buch lernen Sie beginnend mit den Grundlagen anhand vieler Praxisbeispiele, wie auch Sie eigene dynamische Webseiten mit PHP erstellen können. Dabei gibt es zu jedem Kapitel Übungsaufgaben mit ausführlichen Lösungen, um das Erlernte direkt selbst anwenden zu können.

2. Auflage: aktualisiert und erweitert

Hier informieren: http://bmu-verlag.de/php-mysql/

C++ Programmieren für Einsteiger: Der leichte Weg zum C++-Experten (278 Seiten)

Beginnend mit den Grundlagen der Programmierung wird die Programmiersprache C++ vermittelt, ohne, dass dabei Vorkenntnisse vorausgesetzt werden. Besonderer Fokus liegt dabei auf Objektorientierter Programmierung und dem Erstellen grafischer Oberflächen mit Hilfe von MFC. Auch auf C++ Besonderheiten, wie die Arbeit mit Zeigern und Referenzen, wird ausführlich eingegangen. Jedes Kapitel beinhaltet Übungsaufgaben, durch die man das Gelernte direkt anwenden kann. Nach dem Durcharbeiten des Buches kann der Leser eigene komplexe C++ Anwendungen inklusive grafischer Oberflächen erstellen.

2. Auflage: aktualisiert und erweitert

Hier informieren: http://bmu-verlag.de/cpp_programmieren/

Python 3 Programmieren für Einsteiger: Der leichte Weg zum Python-Experten (310 Seiten)

Python ist eine weit verbreitete, universell einsetzbare und leicht zu erlernende Programmiersprache und eignet sich daher bestens zum Programmieren lernen!

In diesem Buch wird das Programmieren in Python beginnend mit den Grundlagen leicht und verständlich erklärt, ohne dass dabei Vorkenntnisse vorausgesetzt werden. Ein besonderer Fokus wird dabei auf die Objektorientiere Programmierung (OOP) und das Erstellen von grafischen Oberflächen gelegt. Jedes Kapitel beinhaltet Übungsaufgaben, durch die man das Gelernte direkt anwenden kann. Nach dem Durcharbeiten des Buches kann der Leser eigene komplexere Python Anwendungen inklusive grafischer Oberfläche programmieren.

2. Auflage: aktualisiert und erweitert

Hier informieren: http://bmu-verlag.de/python/

Printed in Poland
by Amazon Fulfillment
Poland Sp. z o.o., Wrocław

73432517R00163